# 欧洲主权债务危机下银行信息披露的有效性

## ——基于管理者过度自信视角的研究

周　颉　著

中国财经出版传媒集团

经济科学出版社

Economic Science Press

## 图书在版编目（CIP）数据

欧洲主权债务危机下银行信息披露的有效性：基于管理者过度自信视角的研究/周頔著 . —北京：经济科学出版社，2017.10
ISBN 978 - 7 - 5141 - 8641 - 3

Ⅰ . ①欧…　Ⅱ . ①周…　Ⅲ . ①商业银行 - 银行会计 - 经济信息 - 研究 - 欧洲　Ⅳ . ①F835.03

中国版本图书馆 CIP 数据核字（2017）第 273285 号

责任编辑：刘　莎
责任校对：刘　昕
责任印制：邱　天

**欧洲主权债务危机下银行信息披露的有效性**

——基于管理者过度自信视角的研究

周　頔　著

经济科学出版社出版、发行　新华书店经销

社址：北京市海淀区阜成路甲 28 号　邮编：100142

总编部电话：010 - 88191217　发行部电话：010 - 88191522

网址：www. esp. com. cn

电子邮件：esp@ esp. com. cn

天猫网店：经济科学出版社旗舰店

网址：http://jjkxcbs. tmall. com

北京财经印刷厂印装

710 × 1000　16 开　18.25 印张　330000 字

2017 年 11 月第 1 版　2017 年 11 月第 1 次印刷

ISBN 978 - 7 - 5141 - 8641 - 3　定价：60.00 元

（图书出现印装问题，本社负责调换。电话：**010 - 88191510**）

（版权所有　侵权必究　举报电话：**010 - 88191586**

电子邮箱：**dbts@ esp. com. cn**）

2015 年度湖北省教育厅人文社会科学项目，项目名称：欧洲主权债务危机下管理者过度自信对各国银行业信息披露的影响，项目编号 15Q064

2015 年湖北工业大学高层次人才科研启动基金项目，项目名称：低碳经济条件下管理者过度自信对银行业信息披露的影响研究

国家自然科学基金面上项目，项目名称：中国民营企业集团金字塔结构债务融资优势研究——基于内外部资本市场的视角，项目编号 71572053

# 前　　言

　　银行业是经济活动中不可或缺的重要元素，已经成为各国资本市场发展和国际资本流动的核心载体之一。但与此同时，银行体系的不稳定性和风险高度集中化等特征，也使银行业在金融体系稳定和健康发展中备受关注。为了确保银行体系的健康发展，除了严格有效的内部风险管理之外，外部的金融监管极为关键，而提高商业银行信息披露质量、监管者准确评价银行的相对效率则是实现前述目标的重要路径。会计信息披露有助于缓解银行与资本市场参与者之间的信息不对称，优化资源配置。同时，信息披露也能够增强银行声誉和提升银行形象，能够改善银行与投资者之间的关系，相应也会减少投资者的信息成本，节约社会监督成本，改善行业信息披露环境。

　　近期几次区域性金融危机已对金融和货币系统的正常运行产生了极大破坏，尽管各国政府和相关机构都不懈努力以应对危机的负面效应，消除隐患，但金融危机仍然频繁发生。因此深刻了解金融危机的根源，并为政策制定者就如何解决这一问题提出建议，使金融制度沿此方向发展，已成为许多经济学家的首要任务。尽管我们在经济模型中强调了激励问题，信息不对称问题，以及相关利益者的协调，但在银行业会计研究中我们发现信贷摩擦依然普遍存在，甚至对一系列的银行失败缺乏有效的理论解释。而纵观中国资本市场正处于飞速发展阶段，随着市场改革的不断深化，投资者对信息的需求日益增加，监管层不断强化披露规则和内容要求，都促使了对财务信息披露的要求逐步提高。由此便催生了旨在解决这些信息问题的信息披露机制研究，这无论对于我国银行业信息披露的实际运作，还是对于理论研究的丰富完善，都有举足轻重的作用和意义。

目前关于银行业财务会计研究还有几个基本的未解决的理论问题需要探讨，包括银行信息不透明之间成本和收益的权衡问题，会计规则的变化的影响研究，如使用公允价值会计计量和前瞻性的损失准备金制度的影响。因此，本书以银行贷款损失准备和公允价值计量为切入点，探索有关银行信息披露机制的重要影响，为监管部门制定相应规则提供重要的理论见解。

此外，本书还从学科交叉的角度出发，将理性框架下的信息披露研究和非理性研究有机地结合在一起，以银行会计学领域中的信息不对称理论、委托代理理论为核心，并利用理论和实证相结合，定性与定量相结合，国际和国内银行业相比较的研究方法，对我们的理论假说做了全面系统的分析。具体内容有：

（1）理论回顾与总结。首先论述银行业的概念、原则、内容以及基本职能。在此基础上，以信息不对称研究范式解释银行在经济和社会中的作用，发现了银行业的结构性缺陷，分析银行监管的必要性。梳理和归纳了巴塞尔资本协议的发展状况，为理论分析提供了基本的文献参考。其次，重点分析了银行业会计信息披露相关文献，包括对银行业会计研究中一些突出问题的解释：如对银行的预提方法（即贷款损失准备金）的理论解释，公允价值计量的应用以及会计变更与银行危机之间的联系。最后，从非理性研究框架角度，进一步深化银行高管自身偏好对银行信息披露政策起到的特殊作用。

（2）欧洲主权债务危机中银行信息披露与贷款损失准备相关性问题实证研究。通过选取 2009～2011 年的欧洲银行的年度报告资料，从实证角度验证了在欧债危机下，银行更倾向于降低贷款损失准备，但同时为了消除投资者对银行风险管理能力的质疑，向外界传递良好信号，银行普遍倾向于通过年报或风险管理报告来增加内容披露，而管理者过度自信使得这一关系变得更为复杂。

（3）欧洲主权债务危机中银行对损失确认的及时性问题实证研究。通过选取了 2009～2010 年欧洲 15 国中的银行为样本，从实证角度验证了公允价值计量与历史成本会计计量对损失的确认在及时性上的差异。同时考虑了欧债危机的经济背景，证明了在此期间公允价值和历史成本会计的损失识别的及时性差异增大，而管理者过度自信强化了银行对损失识别的延迟倾向。

（4）从我国银行业角度，本书提出了情绪驱动的管理者过度自信，实证探究贷款损失准备金信息披露的根由。实证结果不仅证明了过度自信的银行高层管理者对于银行贷款损失准备的信息不会积极主动披露，而且发现在国有/上市银行中管理者的过度自信对信息披露的影响更为显著。

最后，根据前述的理论和实证结果，针对我国银行业，提出改善公司治理机制，优化银行管理者遴选聘任机制，完善资本市场和银行监管体系的政策建议。

综合以上研究内容，本书的主要创新点有：

（1）从会计准则和国际资本监管规则角度，探讨了商业银行信息披露机制的理论框架。以贷款损失准备计提和公允价值计量为切入点对欧洲商业银行信息披露机制进行了实证研究，把两者结果相结合，发现银行信息披露机制的发展规律和现存缺陷。

（2）揭示出银行的财务信息披露透明度的重要性。采用科学合理的方式，通过对商业银行信息披露进行比较分析，提出商业银行的贷款损失准备计提判断方法，对于银行监管者降低监管成本、及时发现银行存在的问题、其他信息使用人的决策都具有重要的意义。

（3）把管理者非理性特征纳入银行信息披露决策的影响因素，完善了银行信息披露研究体系。从银行经营管理的主体管理者角度入手，更能体现现代银行管理中事前防范、源头控制的前瞻性策略。此外，本书采用外界媒体评价法对管理者过度自信这一研究变量进行定义，并且使用情绪驱动的信心指数对管理者过度自信程度进行衡量，丰富了管理者过度自信这一指标的衡量方法。

作者

2017 年 8 月

# 目　　录

# 第1章

# 绪　　论

## 1.1　研究背景和意义

### 1.1.1　研究背景

金融经济学中有大量实证文献证明良好的货币金融体系可以提高社会经济活动和资源配置的有效性，而金融市场的长足发展决定了经济增长和效率（Levine，1997；Rajan & Zingales，1998）。从理论上讲，金融机构能够有效地将资源从储蓄者手中转移到资本市场获得最佳投资机会。此外，它们还提供了风险分担的可能，使投资者能够承担更多风险并以此获益，从而促进整个经济社会的发展。同时，它们能为投资者提供更多的综合信息，使之能更有效地投资。最后，一些区域性的国际金融组织如欧洲货币联盟（EMU）的成立也促进了各国间的自由贸易和金融交易，从而提高实际效率。

以银行倒闭、信贷和贸易的急剧削减以及（或）汇率制度的崩溃等为特征的金融危机通常对金融和货币系统的正常运行产生极大破坏，从而损害了经济有效运行。尽管各国政府和相关机构都在不懈努力以消除这些危机隐患，但金融危机仍然频繁发生，且未来仍有可能重演。其至在金融危机多次爆发后的今天，似乎也没有一个明确的解决办法。随着美国和欧洲等国的主要金融机构的崩溃，贷款和交易活动的大幅减少，我们可以注意到近期历史上几次金融危机表现出的共同特征就是，它们不仅涵盖了银行危机、信贷市场冻结以及货币危机，并且彼此之间交互影响。许多年来，学术界试图用多种理论来全面解释金融危机因由，以期能为政策制定者提供预防和减轻金融危机的指导性建议，主要包括三个有关危机的研究方向：银行危机和恐慌、信贷市场冻结和摩擦，以及货币危机。从 20 世纪东亚金融危机之后，现实世界证明这几种类型的危机可以同时发生，这也使得有关金融危机的文献变得更加完整。但必须承认的是，尽管这些研究在不断深入和发展，学者们对这一领域的研究内容并没有达成共识。

在完善资本市场中，银行信息披露没有实质性的作用，因此无须披露财务信息，也无须会计监管的存在。但是，现有的资本市场并不完美，这意味着会计信息披露和会计基础合约是解决市场缺陷的有效途径。各国的会计准则通常规定企业在编制财务报表时有权进行判断。而这种判断可能涉及应收账款的数额，设备费用的适当分配，或有价证券可能持有的时间。在信息不对称的情况下，企业可以运用这种财务判断向外界提供信息。当管理者是无私和理性的，会计信息披露能保持一定的一致性和可比性。然而，管理者如果有意利用会计选择的权利，就很可能让财务报表使用者增加成本。因为在财务报表编制过程中，管理者有意识地传达对自己有益的信息。如在他们持有的股票期权到期时，有意选择增加股票价格的会计方法。另外，选择某一特定会计方法，也有可能是因为相对于管理者拥有的私人信息，他们认为股票价格被低估了。而在实践中很难区分这两种情况，也正是由于这种混合动机的存在也使得会计选择研究变得有趣而复杂。在本书中，我们将试图提出与金融危机的主题相关的信息披露问题的基本研究框架，并描述它们与欧洲主权债务危机的关联方式。

此外，对银行高管信息披露决策的研究大都以理性假设为前提，但心理学和社会学实验证实，人的决策和判断并非完全遵循传统经济学中所讲的理性。正如西蒙（Simon，1955）提出人类用所拥有的观念处理信息的能力是有限的。鉴于此，他们不可能完全理性地处理所有信息，而是通过简化来做出决策，从而造成认知偏差，使得决策偏离理性。在此前提下，研究管理者过度自信对其信息披露决策的潜在影响，无疑能为银行会计研究注入新的生机。我们还将利用数据分析，来阐明银行在信息披露过程中可能面临的一些政策挑战。最后，我们希望通过对金融危机和信息披露的基本动因的分析，能够为探讨金融危机话题的经济学家们提供一些理论参考。

## 1.1.2　研究意义

随着我国金融体制改革的深化和市场经济的发展，我国的商业银行正面临重大转折。一些新兴商业银行正在崛起，其中，业绩优良的银行正在等待上市，一种前所未有的激烈竞争局面正在形成。然而，目前许多商业银行存在着不良资产，资本充足率较低以及潜在的金融风险等问题。纵观世界金融业兴衰和区域性的金融危机，我们可以发现，商业银行的发展及其风险防范与其信息披露相关。而在我国银行与国际接轨的过程中，尤其应当重视信息披露，以强化对银行的约束力。本文拟就商业银行信息披露的有关问题进行探讨，通过对商业银行信息披露及相关问题的实证研究，揭示了银行体系及其监管的重要性，对于我国现阶段银行业的健康发展有着极其重要的现实指导意义。

首先，有效结合会计与资本监管规则对于国际性商业银行的信息披露问题进行实证研究，有助于银行监管当局发现我国商业银行与国际标准的主要差距以制定针对性的改进措施。高质量、及时的信息披露可以有效降低银行体系的风险累积、提高金融系统稳定性。目前各国银行监管机构都十分重视银行的信息披露，在会计准则和银行监管的问题上不断更新和优化相关法规，以期提高银行系统的透明度。从目前情况看，银行信息披露的可靠性、相关性以及可理解性还有待完善。而我国商业银行信息披露质量与国际水平还存在一定差距，总结其与国际标准差异的研究成果还很匮乏。因此，对国际银行信息披露质量的发展趋势进行研究并探讨我国银行业存在的差距，能为银行业监管部门提供有价值的参考资料、改进信息披露规则具有重要意义。

其次，为银行监管部门评价银行业风险，稳定资本市场提供参考，并为银行贷款损失准备计提和金融资产公允价值计量的合理性提供了创新思路。目前，无论是国际和国内的商业银行业发展不尽相同，银行在资产规模和市场份额上差异很大，而且随着金融全球化的逐步推进，世界各国、各地区在金融业务、金融政策等方面相互交往和协调、相互渗透和扩张、相互竞争和制约已发展到一定水平，而中国金融市场的竞争也变得日益激烈。在此前提下，研究商业银行信息披露机制及相关问题可为银行业监管部门提供更为准确有效的评价方法。贷款损失准备计提的及时披露也是防范信用风险累积的重要手段，同时公允价值计量的合理运用也成为诸多银行进行利润调节的工具。本书从金融危机角度探讨商业银行信息披露机制中可能存在风险，分析我国上市银行贷款损失准备计提的合理性和充分性，既对该领域研究开拓新的思路，也为银行监管当局制定监督管理政策提供理论依据。

再次，对信息披露机制与银行会计计量之间可能存在的关系进行探索，为监管当局及时发现银行可能存在的问题提供参考。良好的信息披露机制不仅从微观上提高银行经营效率，减少了外部监管机构和投资者的监督成本，起到了一定的激励作用，而且在宏观上影响了社会资源的有效配置，具有重要的理论和现实意义。本书尝试通过对商业银行信息披露机制的实证分析，发现其与银行会计政策之间的可能关系，将有利于监管者及时发现银行的潜在问题，完善监管目标。

最后，有助于我国商业银行了解与其他国际银行间的信息披露机制和会计效率上的差距。通过对我国银行财务数据，对自身的信息披露质量与其他银行进行对照，可促使中国商业银行认识到之间的不足，并促使银行积极寻找此类差距不足产生的根源，有利于银行及时调整自身经营策略、促进银行降低成本、合理配置经营资源和提高透明度，最终实现各商业银行整体效率和信息披露质量的提升。

## 1.2　研究思路和方法

### 1.2.1　研究思路

本书将专注于银行业这一特定行业，重点分析银行业会计信息披露相关文献。包括对银行业的会计研究中一些突出问题的解释：如何在银行审慎监管中使用财务数据信息披露，如何对银行的预提方法（即贷款损失准备金）进行分割和建模。此外，会计变更与银行危机之间的联系，如公允价值的应用，最后结合银行管理者的非理性特征来进一步探讨银行的重要经济地位。具体思路如图 1－1 所示。

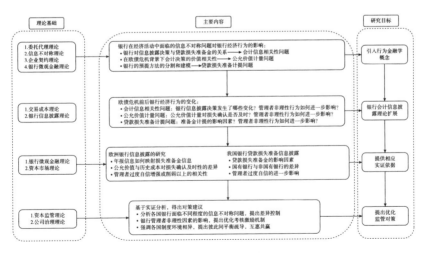

**图 1－1　研究思路**

## 1.2.2 研究方法

本书的研究方法主要是理论推导的规范研究和经验数据检验的实证研究相结合，管理者理性研究框架与非理性研究框架相结合，国际银行业数据分析和我国实际情况相结合等多种研究方法的综合应用。

首先，本书采用了规范研究和实证分析相结合的理论研究方法。通过对国内外相关的重要研究成果进行梳理与评述，明确银行与外部市场之间、银行与储户之间的信息不对称问题，以及银行管理者与股东之间、银行与储户之间以及银行与贷款者之间的代理问题，以贷款损失准备金和公允价值计量为切入点，得出了银行信息披露机制的运作机理。并据此结果，利用国际上市银行的数据，来证明银行信息披露机制的重要地位。这两种方法的有效结合、相辅相成，为银行信息披露的研究提供了理论和实证两方面的证据和结论。

其次，本书放松"理性经济人"的假设，从管理者非理性行为的角度出发，理论推导出管理者过度自信与银行信息披露机制的关系。运用多种管理者过度自信的衡量方法，从媒体评价和管理者预期信心角度，推导出非理性和理性的管理者对信息披露机制的差别影响。进而基于经验数据，严格控制相关影响变量，建立多元回归计量模型，检验研究假设，从而得出实证结果，并进行相关的稳健性检验与分析。

最后，本书还把国际银行业与我国银行业实际情况相结合。以欧债危机和国际资本协定分阶段实施为背景，通过分析发达国家、发展中国家不同市场经济条件下银行信息披露不同运作机制，得出适合我国银行业制度背景的理论结果和政策建议。

# 1.3  研究内容和创新

## 1.3.1  研究内容

本书的研究是专注于银行业的信息披露机制问题，通过构建数理模型，以贷款损失准备金和公允价值计量为切入点，探讨了银行、投资者、资本市场、监管机构等各行为主体的特征和相互关系，继而结合银行管理者的行为，分析了管理者过度自信导致的信息披露机制中可能的偏差。随后，通过对银行业的实证分析和国内外银行的对比研究，在验证了模型结果的同时，也提出了许多针对我国银行业及其监管部门切实可行的政策建议，具体的机构安排如下：

第 1 章是绪论部分，介绍了本书的研究背景、意义，以及思路、内容和创新之处。

第 2 章是基本理论回顾与总结。论述银行业的概念、原则和内容，Arrow – Debreu 模型分析银行的基本职能。在此基础上，以信息不对称研究范式解释银行在经济和社会中的作用，发现了银行业的结构性缺陷，如面临的挤兑风险、持续的信贷配给问题、经常性的偿付能力问题，通过 Diamond – Dybvig 银行挤提模型分析银行监管的必要性。最后梳理巴塞尔资本协议的发展状况，为理论分析提供了基本的文献参考。

第 3 章是重点分析银行业会计信息披露相关文献。包括对银行业的会计研究中一些突出问题的解释：如银行金融资产和负债，如何在银行审慎监管中使用财务数据，如何对银行的预提方法（即贷款损失准备金）进行分割和建模。此外，会计变更与银行危机之间的联系，如公允价值的应用，结合银行的流动性和资金供给的作用来进一步支持银行的重要经济角色。最后，进一步深化银行高管自身特征禀赋如过度自信倾向对银行信息披露政策起到的作用。

第 4 章主要是研究在欧洲主权债务危机中银行信息披露与贷款损失准备相关性问题。通过选取 2009～2011 年的 163 家欧洲银行的年度报告为样本，统计数据结果发现，自欧洲主权债务危机爆发以来，欧洲银行减少了贷款损失准备的计提，同时增加了年度报告的内容，包括年度报告中的风险管理部分的内容也增加了。通过实证研究发现，欧债危机下，银行更倾向于降低贷款损失准备，但同时为了消除投资者对银行风险管理能力的质疑，向外界传递良好信号，银行普遍倾向于通过年报或风险管理报告内容来增加信息披露，而管理者过度自信使得这种关系更复杂，与研究假设几乎一致。

第 5 章主要是研究在欧债危机中损失确认的及时性问题。为了进行实证分析，选取了 2009～2010 年欧洲 15 国中 119 家银行为样本。按照公允价值资产相对于总资产的份额的中位数将样本银行划分为公允价值会计和历史成本会计组。实证研究结果表明，公允价值计量比历史成本会计计量对损失的确认更及时，且在欧洲主权债务危机期间的公允价值和历史成本会计的损失识别的及时性存在差异。此外，结果还显示，管理者过度自信的银行对损失识别有延迟的迹象，这也与我们的研究假设一致。

第 6 章主要从我国银行业角度探究贷款损失准备金信息披露的根由，以及管理者过度自信对此的影响。其中，选取了 2011～2016 年中国 74 家商业银行的相关数据作为样本进行了实证研究。研究结果表明，银行高层管理者的过度自信对于银行信息的披露呈显著负相关关系；即银行管理者过度自信时对于银行贷款损失准备的信息不会积极主动披露，呈负相关关系。在此结论的基础上提出从引导与控制来提升银行管理者综合素质从而使银行的财务管理与决策更加合理，银行信息披露机制改革继续深化的建议。

第 7 章主要根据前述的理论和实证结果，针对我国银行业，提出改善公司治理机制，优化银行管理者遴选聘任机制，完善资本市场和银行监管体系的政策建议。具体包括，加强政府监管的主导作用，合理转换政府监管理念，科学监管；提倡政府依法适度监管；银行业应明确信息披露的目标，加快银行业市场化的全面革新；建立健全银行管理者约束、激励以及选聘机制等。

第8章主要对本书的全部研究作了回顾和总结，并对今后该领域可能的发展和研究动向提出了自己的看法。

## 1.3.2 研究创新

本书的创新集中体现在以下三个方面：

（1）在结合会计准则和国际资本监管规则、考虑金融危机的时代背景，探讨了商业银行信息披露机制，从公允价值和贷款损失准备计提角度对欧洲商业银行信息披露机制进行了实证研究。公允价值计量方法是规范银行信息披露的重要会计规则，反映了银行经营成果、财务损益的确认与计量，是信息披露的基础；贷款损失准备金计提是约束银行信贷行为，防范信用风险，也是确定资本属性，提高监管资本充足率的核心基础。二者之间相辅相成，从欧洲主权债务危机以来，国际会计准则和巴塞尔资本协定之间密切联系可见一斑。本书在考虑国际银行监管规则的基础上，专注于 2009～2010 年欧债危机期间，欧洲商业银行的信息披露机制进行了实证研究，发现了其信息披露机制的发展规律和现存缺陷。

（2）研究了银行信息披露决策与银行贷款损失准备之间的联系，揭示出银行的财务信息披露透明度能够体现银行贷款损失准备计提的特征。信息披露是商业银行对外部市场传递信息的方式，而银行贷款损失准备计提则是商业银行信贷活动中风险防范行为，二者之间存在联系。采用科学合理的方式，通过对商业银行信息披露透明度的观察与衡量，来对商业银行的贷款损失准备计提做出判断，对于银行监管者降低监管成本、及时发现银行存在的问题、其他信息使用人的决策都具有重要的意义。

（3）增加管理者非理性特征为银行信息披露决策的影响因素，完善了银行信息披露研究体系。现有的信息披露研究大都立足于传统经济学的理性经济人假设。而行为经济学的研究并不是对传统理论的否定，而是进一步延伸与拓展。因此从银行经营管理的主体管理者角度入手，更能体现现代银行管理中事前防范、源头控制的前瞻性策略。此外，本书采用外界媒体评价法和企业家信心指数对管理者过度自信程度分别进行定义与衡量，并进行相关的稳健性检验，丰富了对管理者过度自信这一指标的衡量方法。

第 2 章

# 银行基本理论回顾与总结

银行业是经济活动中不可或缺的重要元素，已经成为各国资本市场发展和国际资本流动的核心载体之一。但同时，银行体系的不稳定性和风险高度集中化等特征，也使得银行业在金融体系稳定和健康发展中备受关注。为了保证银行体系的健康，除了严格有效的内部风险管理之外，外部的金融监管极为关键，而提高商业银行信息披露质量、监管者准确评价银行的相对效率则是实现前述目标的重要路径。

## 2.1　银行业的定义与职能

### 2.1.1　银行的定义与内涵

首先，银行的狭义定义是把银行视为一个机构，其通常的业务包括发放贷款及接受公众存款。在此定义中，强调"通常"这个词是将银行和其他非金融机构区别开来，因为有些非金融公司偶尔也会向他们的客户或供应商提供一些形式的借款。狭义定义已经体现了银行核心活动，即存款和贷款。事实上，提供贷款和吸纳存款职能至关重要，它构成了商业银行的典型借贷组合。同时，由于银行相当一部分的贷款源自于其公众存款的融资。而监管机构要求在这个信贷链中银行必须遵守现行的审慎监管制度。这也成为对银行业脆弱性和银行监管正当性解释的主要理论根源。

其次，在定义中强调了"公众"这个词，突出了银行向公众提供服务的独特性。就目前情况而言，公众所获得的安全有效的支付系统是由商业银行提供的。而与专业投资者相比，公众并不擅长评估银行安全性和稳健性。为了保护存款人，以及支付系统的安全和效率，便需要监管机构对银行活动进行有效监督和干预。

最后，银行在经济资本配置中也起着至关重要的作用。在米顿（Merton，1993）指出发达顺利运作的金融体系有利于居民消费周期的有效配置以及资本在企业的高效利用于配置。几个世纪以来，金融体系的经济功能本质是由银行单独进行的。在过去的 30 年里，金融市场发展迅猛，金融创新以惊人的速度出现。金融市场开始提供原本是金融中介机构专门的服务。

## 2.1.2　银行业的职能

当代银行理论将银行职能分为四大类：

（1）支付结算流动性管理。货币被更有效地用来交换某些商品和服务是为了防止传统易货交易中可能存在的摩擦。当货币从特定商品货币的形式转变成法定货币就需要有一个机构来承担交换媒介，并提供支付手段。从历史角度看，银行在法定货币的管理中扮演两种不同的角色：币种交换和提供支付服务。这些支付服务包括替客户管理账户并提供担保付款和支付转账。之后随着银行结算活动越来越频繁，就出现了现代支付系统。而这些支付系统的安全性和效率已成为各国政府和中央银行面临的一个基本问题。

（2）资产转换。首先，银行会根据客户的要求来吸纳不同面额大小的存款。银行可以通过汇集不同额度的存款，把它转化为大额贷款，并扮演中介角色。其次，对于一部分储户来说，银行存款提供风险回报率比直接投资更好，特别是当中小投资者无法分散其投资组合时，通过银行存款能获得固定收益，并且在信息不对称的情况下，银行比投资者拥有更好的信息来源，更能保证收益的稳定性。最后，现代银行可以把储户短期资产转换成贷款方想要的期限较长的资产。但因为储户拥有索取权，所以期限转换功能必然存在风险，银行资产在某种情况下会丧失流动性。尽管如此，银行间同业拆借和衍生金融工具（掉期，期货）提供了限制这种风险的可能性，但对银行客户来说却是昂贵的。

（3）风险管理。通常影响银行风险的三个主要来源是：信用风险、利率风险和流动性风险。银行的风险管理不仅涉及银行内的程序和流程，同时也涉及银行的组织结构、政策以及操作风险的管理流程。当融资活动成为银行业活动的重要组成部分时，银行家们都试图通过贵重物品抵押，抑或通过产权的分配，或通过票据背书确保他们的贷款安全免于被起诉的。但贷款的风险似乎随着时间不减反增。最初，银行发放的是完全抵押贷款，这本质上与典当行没有区别。银行贷款风险的变化可以追溯到投资银行的起源。投资银行是由不同类型的机构进行投资理财，与传统的信用活动概念不同。投资银行的介入为银行业注入了新的理念，因为它把资金融入产业中，而不是仅仅提供传统的代管或提供担保。这意味着银行可以进行更高风险的投资，尤其是买入股票。而对贷款信用风险的评估也成为现代银行的主要职能之一。

银行资产转换功能也受风险管理的影响。当转换期限或吸纳非流动贷款担保的流动存款时，银行承担了风险。这是因为依赖于短期利率水平的资金成本可能高于银行贷款合约利率决定的利息收入。即使没有利息支付的存款，银行也可能会面临意外提款，这将迫使它寻求更昂贵的资金来源。因此，银行将不得不管理因期限差异造成的利率风险组合以及发行债券和持有债券的市场化不同而造成的各种流动性风险。自从布雷顿森林固定汇率制度结束后，利率的波动性增加使得利率风险管理成为银行的关键，是增加银行经营收益，稳定银行市场价值的主要工具。而由于银行资产的多样化及金融衍生工具市场的发展，利率风险管理的任务已转向分析利率变动对银行资产、负债的市场价值及资本净值的影响。

值得一提的是资产负债表外业务的风险，近几十年一直在飙升，由于表外业务的创新活跃，蕴含风险，也是银行监管机构颇为关注的问题之一。金融市场的竞争使得银行不得不转向更多附加值的产品来更好地适应客户的需求。为此，银行开始提供更为复杂的合同，如贷款承诺、信贷额度和担保。银行还改良了它们提供的掉期、对冲合约、证券承销合约。从会计角度来看，这些操作并不对应于银行的真实负债（或资产），而只是一种有条件的承诺。这就是它们被归类为资产负债表外业务的原因。不同因素促进了表外业务的增长。有些源于银行有意愿增加费用收入，以减少他们的杠杆，其他的目的可能是为了逃避监管和避税。不过这些服务的发展也表明非金融企业对于复杂定制的金融产品的需求趋势。鉴于银行已经有一套成熟的管理风险模式，那么不管他们资产负债表中是否持有资产，买卖风险资产都是很自然的事情。而鉴于这些资产的风险回报特点，银行可能需要对冲它们的风险，或者为从风险中获利而保留这种风险。但银行的失败可能具有重要的溢出效应，银行监管机构必须仔细监控资产负债表外业务。

（4）监控借款和收集处理监控信息。银行作为一个具体机构来协调和管理由于借款人信息不对称造成的一些问题。因此，银行制定了筛选贷款申请人的一系列条款并作为委托监督方监督贷款实施情况。迈尔（Mayer，1988）指出这种监督活动意味着企业和金融中介机构将建立一种长期的关系，从而能降低道德风险的影响。这也是金融市场上银行借贷和发行债券的主要区别之一。债券价格反映市场信息，而银行贷款是反映的银企之间的长期关系，并且对市场和监管机构都具有未知性。在这个意义上我们可以说，银行贷款的具有一定不透明度（Merton，1993）。

综上所述，银行对资本分配、风险分担与经济增长起着基本作用（Hellwig，1991）。而资本分配对于一个国家的经济发展起到了举足轻重的作用（Gerschenkron，1962）。爱德华兹和奥吉尔维（Edwards & Ogilvie，1996）基于银行在经济增长和发展中的作用，提出持续的发展理论。但金融机构对宏观经济绩效的影响在历史中的重要性还远未确定。同时，越来越多的银行主导型国家如日本和德国等国都经历过在 20 世纪 80 年代，较高的增长率，促使学术界对银行在经济中的作用进一步的研究（Mayer，1988；Allen & Gale，1997）。例如，艾伦和加勒（Allen & Gale，1995）密切关注德、美金融系统的区别。他们认为市场为导向的经济体不能很好应对不可分散风险，例如，在美国和英国，家庭持有大约一半的资产是股票，而在银行主导型如日本或德国的经济中，家庭持有资产的本质安全。银行储备可以作为对宏观经济冲击的缓冲，允许更好的跨期风险分担。而银行导向型的经济体并不擅长融资新技术，如市场对于处理投资者对新技术的意见分歧要好得多（Allen & Gale，2000a）。

## 2.2　Arrow – Debreu 简单扩展的模型

弗雷克亚斯和罗切特（Freixas & Rochet，2008）基于 Arrow – Debreu 简单扩展的模型考虑了银行的存在，即模型中的资本市场不仅包括公司和家庭，也包括了银行业。他们的模型表示：在没有交易成本的情况下，企业和家庭可以无限制地进入完善的资本市场，然后达到竞争性均衡，但此时的均衡意味着银行赚得的利润为零。并且，银行的规模和资产负债表构成对其他经济主体不产生任何影响。在这一模型中，家庭对于把钱存入银行还是投资于证券之间的选择上完全无差异，同样，公司对于通过银行贷款和证券融资上也没有任何偏好。换句话说，投资者和借款人可以自己实现有效的风险分配（Santos，2001）。他们称这种模式为银行模拟 Modigliani – Miller 定理的公司金融政策。

在这个简单模型中，其中有三种类型的代理人：字母 $e$ 代表企业，$f$ 代表家庭，$b$ 代表银行。简单起见，公共部门（政府和中央银行）在这个模型中被省略。同时考虑在一个两期的模型（$t = 1$；$2$）中，只存在唯一有形的商品，该商品最初由消费者所有并可作为计价单位。其中一些商品将在 $t = 1$ 时刻被消耗，其余的商品被公司用于投资，使得在 $t = 2$ 时刻生产出消费品。所有代理商表现为完全竞争的。该模型包含了一家代表性的公司，一名代表性的消费者以及一家代表性的银行。假定公司的总资产为其投资总额 $I$，负债由其发行的证券 $B_e$ 和贷款 $L$ 组成，家庭的总资产（即家庭储蓄）由其持有的证券 $B_f$ 和银行存款 $D$。而银行的总资产是总贷款 $L$，总负债是由其发行的证券 $B_b$ 和存款 $D$ 组成。那么对于整个资本市场来说必然存在这样的均衡：$B_e + B_b = B_f$。

首先，家庭作为消费者可以选择自己的消费函数（$C_1$；$C_2$），其中家庭储蓄 $S$ 中有一部分为银行存款 $D_f$ 和证券（债券）$B_f$，在某种程度的预算约束条件下，实现其效用函数 $U(C_1$；$C_2)$ 的最大化，其中约束条件为：

$$C_1 + B_f + D_f = \Phi_1 \tag{2.1}$$

$$pC_2 = \prod_e + \prod_b + (1 + r)B_f + (1 + r_D)D_f \tag{2.2}$$

其中，$\Phi_1$ 表示消费者在 $t = 1$ 时刻初始禀赋的消费商品，$p$ 表示商品 $C_2$ 的价格，$\prod_e$ 和 $\prod_b$ 分别代表在 $t = 2$ 时刻分配给该消费者的公司利润和银行利润。$r$ 和 $r_D$ 表示债券和存款支付的利率。由于在简单的情况下，证券和银行存款相互之间是完美的替代品，那么消费者效用函数有一个最优解，即这两个利率相等：

$$r = r_D \tag{2.3}$$

其次，对于公司而言，它选择其投资水平为 $I$ 及其资金分别通过银行贷款 $L_e$ 和发行证券 $B_e$ 的方式获得融资，以期实现其利润 $\prod_e$ 最大化，其中约束条件为：

$$\prod_e = pf(I) - (1 + r)B_e - (1 + r_L)L_e \qquad (2.4)$$

$$I = B_e + L_e \qquad (2.5)$$

其中函数 $f(\cdot)$ 表示代表性公司投资的生产函数，而 $r_L$ 的是银行贷款的利率。由于银行贷款和债券在这里完美的替代品，该方程的最优解是：

$$r = r_L \qquad (2.6)$$

再次，对于银行而言，它提供的贷款供应额为 $L_b$，而存款需求量为 $D_b$，发行债券量 $B_b$，以期实现 $\prod_b$ 利润最大化，其中约束条件为：

$$\prod_b = r_L L_b - r B_b - r_D D_b \qquad (2.7)$$

$$L_b = B_b + D_b \qquad (2.8)$$

最后达到的一般均衡中，其中利率为 $(r, r_D, r_L)$，家庭目标函数 $(C_1; C_2; B_f; D_f)$，公司目标函数 $(I; B_e; L_e)$ 以及银行目标函数 $(L_e; B_b; D_b)$，使得每个相关者都达到最优行为，且每个市场都达到均衡。商品市场：$I = S$；存款市场：$D_b = D_e$；信用市场：$L_e = L_b$；资本市场：$B_h = B_f + B_b$。最终得到最优条件为：

$$r = r_D = r_L \qquad (2.9)$$

由等式（2.9）可知，银行必须是零利润才能达到均衡。此外，他们的决策对市场其他相关者没有影响。因为家庭对存款和证券投资一视同仁，同样的公司对银行信贷与证券融资也没有特别偏好。这类似于 Modigliani - Miller 定理对公司的财务政策在银行角度的模拟（Hagen, 1976）。因此，他们得出的结论是：如果企业和家庭可以无限制地进入完善的金融市场，那么获得的竞争均衡状态就是：银行零利润，且银行资产负债表的规模和构成对其他经济主体没有影响。

# 2.3 银行会计研究理论基础

在银行会计研究理论中，信息不对称研究范式已被许多文献采用。所谓信息不对称问题，即假设不同的经济主体对相关经济变量拥有不同程度的信息，并利用这些信息为自己谋取利益。这种研究范式在经济分析中用途非常广泛。在银行业经济理论中，信息不对称研究范式也被用来解释银行在经济中的作用，发现了银行业的结构性缺陷，如面临的挤兑风险、持续的信贷配给问题、经常性的偿付能力问题，因此也为建立合理的干预机制提供了理论基础。

## 2.3.1 信息不对称基本理论

信息不对称研究范式的出现为解释会计政策的有用性以及银行在经济中发挥的作用提供了理论基础。这一研究范式似乎和会计准则制定者初衷相悖，因为在财务会计规则中明确否认会计报告的目的是提供估值基础，但会计报告的确可以帮助那些利益相关者对企业进行估值。例如，霍瑟森和沃特斯（Holthausen & Watts，2001）强调了会计信息不对称在股票估值中的重要性，因此也产生了价值相关性研究流派（value-relevance literature）。他们承认股票市场的价格包含的信息比任何单个投资者能获得的更多。这意味着，没有哪个投资者可能拥有股票价格中包含的所有信息，这便造成利益相关者之间可能存在信息不对称问题。此外，很少有个体投资者能捕捉到信息被纳入股票价格的准确时刻并能及时采取应对措施，所以信息对某些投资者来说就构成了不对称。

此外，信息不对称是管理者和股东之间委托代理问题的根源所在，它造成对外发行股权成本的增加和监管资本的提高。而财务报告可以对信息不对称产生的委托代理问题提供缓解机制。具体来说，会计信息可以用来评估银行对借款人监督的有效性，以减轻管理者和股东之间的委托代理问题，进而成为资本监管的基础。总之，信息不对称是银行业会计研究的核心焦点。正因为信息不对称的问题，无论是事前逆向选择，或事中道德风险，还是事后昂贵的状态验证，都会在本书中做进一步探讨。这些不对称产生的市场缺陷，可以看作是交易成本的具体形式。同样这些成本也可以通过银行被削减。

银行的存在提供了流动资金池，并为影响家庭的消费需求异质性冲击提供了保障。而只要这些冲击是不完全相关的，那么规模为 $N$ 的银行所需的总现金储备小于 $N$ 的储户联盟。这是因为准备金制度的基础比例，其中一些部分的存款可以用来盈利融资而非流动性投资。然而，准备金制度也是银行潜在脆弱性的根源，尤其在大量的储户出于各种原因而不是因各自的流动性需要决定撤回他们资金时。戴蒙德和戴比维格（Diamond & Dybvig, 1983）对这些问题提出了一个有趣的模型，他们指出市场经济不能提供对流动性冲击的完善保险，因此不会导致资源的有效分配。这是因为个体的流动性冲击不能被公开观测到，应对这些冲击的证券有时无法在市场上交易，这就导致金融市场不完整的问题。他们提出的模型中的假设是，企业家比投资者更好地了解他们想要开发的项目的质量。这种不对称信息，有可能产生的逆向选择，而逆向选择模式可能在借贷活动产生规模经济，从而解释金融机构作为信息共享联盟的作用。

**1. 逆向选择的资本市场简单模型**

假定有数名企业家，每位企业家拥有一个风险项目，投资规模简单标准化为 1，所有项目产生的随机利润率，表示 $R(\theta) = 1 + r(\theta)$。这些项目的净收益 $r(\theta)$ 服从均值为 $\theta$ 方差为 $\sigma^2$ 的正态分布。而对所有项目 $\sigma^2$ 而言，$\theta$ 值因项目不同而存在差异并由各企业家各自观察得到。然而，$\theta$ 统计值分布在企业家样本中是常识。投资者是风险中性的，有机会获得一个免费的存储技术。当企业家有足够的初始财富 $W_0$ 来融资他们的项目（$W_0 > 1$），但是因为他们是风险厌恶者，他们更愿意出售这些项目。企业家们有一个效用指数函数 $U(w) = -e^{-\gamma w}$。其中，$w$ 是企业家们最后的财富，$\gamma$ 是他们厌恶风险的绝对值（常数）指标，$\gamma > 0$。

如果 $\theta$ 是可观测到的值，每一个企业家将出售项目市场价值为 $\theta$，而企业家的最终财富为 $W_0 + \theta$。假定 $\theta$ 是有关企业家的私人信息，不能被投资者区分出来。就如柠檬市场（Akerlof，1970）中那样，所有企业的股票价格 $P$ 将是相同的，总的来说的只有预期收益较低时，企业家才选择出售他们的项目。另外，如果通过融资项目，企业家将获得：$E(u(W_0 + r(\theta))) = u(W_0 + \theta - 1/2\gamma\sigma^2)$。如果把项目出售给市场，企业家将获得 $u(W_0 + P)$。那么企业家只有在如下条件下才会选择进入金融市场融资：$\theta < P + 1/2\gamma\sigma^2$。这意味着只有那些拥有低回报率项目的企业家才会选择发行权益融资，而这个正好就是逆向选择问题。即，如果存在金融市场，那么投资者只能选择劣质企业家的项目，而不是选择优质企业家的项目，因为后者选择不进入资本市场。

在均衡状态下，股票的平均收益率等于 $P$（因为投资者是风险中性的），均衡结果是低效的。由于投资者是风险中性的，而企业家是规避风险型，那么最优效率要求所有的企业家获得 100% 外部融资。换而言之，要达到最优均衡，风险溢价要大于逆向选择效应，否则均衡结果是低效率的。

## 2. 融资中信号传递与资本成本

当风险溢价不能大于逆向选择效应时，那些拥有优质项目的企业家将倾向于自我融资而不是以较低的价格在市场上整体出售他们的项目。同时他们可以通过部分自我融资来资助项目，如果能说服投资者，且其他拥有低质项目企业家都对做同样的事不感兴趣（即"模仿"优质项目)。换句话说,如果对部分 $a$ 的项目进行自筹资金,企业家可以通过向外部投资者传递这个项目是好的信号来实现。当项目自身融资水平是可观测到的,存在一个连续的信号均衡,如果拥有优质项目企业家不进行自我融资,将面临项目的低价格,而当企业家部分项目进行自我融资时,将面临较高的市场价格 (Leland & Pyle,1977)。与通常的信号模型一样,有一个连续的均衡,通过优质企业家的自我融资水平 $\alpha$ 参数化 (Spencer,1973)。在信息充分的情况下,劣质型企业得到相同的结果。而对于优质型企业家,他们获得的效用水平为:$u\left(W_0 + \theta_0 - \frac{1}{2}\rho\sigma^2\alpha^2\right)$。而在信息不充分的状况下的 $u(W_0 + \theta_2)$。因此他们的资本的信息成本为:$\frac{1}{2}\rho\sigma^2\alpha^2$,并随着自我融资部分 $\alpha$ 增加而增加。

### 3. 逆向选择与借款者联盟

假设 $M$ 个相同的优质型企业家结成联盟并集体发行证券以资助其 $M$ 个项目。如果每个项目的各自收益是独立分布的,那么企业家们能共享相同的证券融资并获得相同的回报。那么每个项目预期收益仍和没有结盟时一样,但唯一的区别是每个项目的方差是因为借款者联盟多样化而变小了 $\sigma^2/M$。因此,戴蒙德 (1984) 利用莱兰德和佩勒 (Leland & Pyle,1977) 的模型中,得出的结论是单位资本成本随借款人联合规模的增加而降低。事实上,控股公司可以被看作是这样的借款人联盟。他们可以一种金融中介机构,在资本市场上发行股票,并投资于 $M$ 个项目,而持股公司融资成本较低。莱兰德和佩勒 (1977) 的模型通过考虑借款人形成联盟,只要他们能够如实地把项目质量信息在联盟内共享,那么就能获利,并以此来证明金融机构存在的合理性。

但逆向选择研究框架(即项目质量仅能被部分投资者观察到)也提供了关于金融机构形成联盟其他可能的理由。拥有私人信息的代理人面临两种类型的问题，以便从这些信息中受益。首先，如果试图直接出售她的信息，将面临典型的信誉考验：潜在的买家可能不相信这些信息的真实性。其次，通过交易获得的利润可能对获取信息的成本来说太小了。如果价格被充分揭示的话，这些利润甚至可能是零，导致众所周知的有效市场假说悖论（Grossman & Stiglitz，1980）。波伊德和普莱斯考特（Boyd & Prescott，1986）考虑经济中有两种类型的代理人（企业家），他们分别被赋予一个好的或坏的项目。每个企业家都知道自己项目的质量。在一个完美的信息设置中，最佳状态就是执行所有优质的项目，实施部分不良项目，并促使其他被赋予了劣质项目的代理人去投资优质项目。但股票市场不能实现这种最优状态，因为那些有不良项目并希望盈利的代理人没有动机披露其项目类型。然而，组成联盟的代理人（金融机构）可以做得更好，因为联盟内可能允许交叉补贴，降低优质项目的回报、增加不良项目的收益。那么在这样一种方式下，每个代理都有动机去如实透露自己项目的质量。在这种方式中，联盟的异构性可以提高市场均衡的结果。

## 4. 银行和储户之间的信息不对称

虽然银行和储户之间的信息不对称通常被假定为不考虑的因素，如党等人（Dang *et al.*，2013）认为银行信息的不透明是最佳状态。在他们的模型中，银行在提供债务时具有其独特性，即银行以平价方式提供类似货币的证券，该证券的价值并不会随时间变化而变化。为了提供这类债务，银行选择的资产组合以尽量减少信息泄漏。因为债务只有对信息不敏感，才能成为一个有效的交易媒介。他们指出对银行而言增加透明度是昂贵，因为银行提供债务并用作交易媒介，这就要求不披露资产的信息，从而使银行资金不受波动，不降低交易效率。当银行的非流动性资产组合来源于短期债务（Moreno & Takalo，2016），那么增加银行信息透明度会使得资产组合报酬降低，进而导致组合展期。同时，短期债务的债权人会考虑提高合约展期"门槛"，从而又增加了展期风险。相应地，银行为了减轻这种负面影响，选择收益大风险更高的资产组合进行展期。与此观点一致，霍尔姆斯多姆（Holmstrom，2009）模拟戴比尔斯（Debeers）批发出售钻石的方式来说明，提高透明度并会不增加市场流动性。他认为，戴比尔斯将钻石放在买家禁止查验的包裹中，可以消除买家之间的逆向选择问题。因为如果买家可以查验钻石的话，会使交易速度减缓，甚至可能完全阻止交易进行。这一观点认为，银行的最佳不透明与银行资产交易的历史是一致的。

由此可见，党等（2013）和霍尔姆斯多姆（2009）的研究结果与通常认为的较高的会计信息质量能提高透明度，解决代理问题的观点相反。他们认为目前实施的政策使得银行透明度提高了，产生了负面效应，因为这些政策降低了银行创造资金的能力。尽管这些理论还没有被直接应用于实证研究，但也无疑会为未来银行业会计属性研究提供有趣的假设。同样，穆奈特和奎因廷（Monnet & Quintin，2013）认为，在信息和资金流动性之间存在着此消彼长的权衡关系。在他们的模型中显示更多的信息会导致更好的决策，但当利益相关者要必须清算头寸时增加了利益相关者损失的风险。因此在他们的模型中，银行储户即使在没有存款保险的情况下都不会监督银行，因为他们担心失去银行提供的融资服务。

在霍瑟森和沃特斯（2001）之后，大部分危机前的实证会计研究主要检测银行财务报告和银行外部融资之间的关系。而对外部融资的研究，主要集中在外部股权融资而不是信贷市场的融资，尽管存款借贷在银行的微观经济理论中是核心内容。这种研究趋势在某种程度上也反映了会计准则制定机构焦点集中在为投资者提供决策有用的信息。尽管在后危机时期研究银行财务报告对债务影响的文献增加了，但发展还不够成熟，相信在未来在信贷市场更多的研究将帮助我们更深刻地理解信息不对称在会计信息与债权人之间的作用机理同时，虽然在理论上的银行管理人员和外部投资者（或债权人）之间的信息不对称问题对于了解银行放松资本约束能力举足轻重，但在实证研究中财务报告和资本市场之间的关联作用并不明显。其中，研究股票市场对贷款损失准备金反应主要是基于信息不对称问题，但在公允价值计量和证券化研究领域，信息不对称问题的研究非常有限。

## 5. 信息不对称与银行委托监督

为了减少家庭（储户）和企业（借款人）间信息不对称，银行发挥的经济作用在于对借款人进行监督。其中包括对贷款项目的筛选，防止机会主义行为，确认借款人履行合同约定的义务等。监督行为的范围主要有（Hellwig，1991）：在逆向选择情况下，对项目的先验筛查（Broecker，1990）；防止借款人在项目实施过程中的出现道德风险（Holmström & Tirole，1997）；当借款人未满足合同义务将面临惩罚（Diamond，1984）或审计（Krasa & Villamil，1992）。鉴于这些监督活动明显提高了贷款人与借款人之间信息不对称的合同效率，那么监督活动也可以很好地由个体贷款人自己或由专门的公司更准确地进行：如评级机构、证券分析师或审计师。金融中介的委托监管理论（Diamond，1984）表明，银行相对于其他监督机构，如评级机构、证券分析师或审计师，具有相对优势。基于此，他提出银行存在的基本理由是银行可以节约监督成本。鉴于银行的经济规模和投资者对借款人监督力度有限，银行的委托监控可以避免投资者的重复监督成本。

假定考虑一个经济体，其中 $n$ 个相同的风险中性企业寻求融资项目。每个企业需要一个单位的融资额，每个公司的回报是相同的，服从独立分布。企业从投资中获得的现金流量 $\tilde{cf}$，但这对贷款人来说事先是不可观测的。通过支付 $K$（监督成本）贷款人能够观察到实现的现金流并强制借款人执行合同还款 $\tilde{f}$，我们假设贷款是有利可图的：$E(\tilde{cf}) > 1 + r + K$，其中 $r$ 是无风险利率。假设每位投资者只投资了融资项目的 $1/m$ 部分，因此，其中 $m$ 是一个项目需要融资总额，那么投资者的总人数至少是 $mn$，才能使所有项目得到融资。直接贷款就意味着每个 $m$ 投资者会对融资项目进行监督：总监督成本将是 $nmK$。如果有一家银行出现，每个投资者将不得不支付监督银行的费用，而银行仍然需要支付监督 $n$ 家公司的费用。总成本将 $nK + nmK$，所以银行因为监督过程而相应带来一个额外费用，进而造成低效。戴蒙德的想法是，银行的激励机制可以由审计技术来提供。

银行偿还储户的动机是由银行倒闭（破产）威胁带来的。银行向储户承诺提供固定存款利率 $r_D$，只有在银行资产收益不足偿付储户的情况下才会进行审计。而预期的审计成本具有固定成本的优势，并独立于投资者的数量，表示为 $A_n$，其中 $K < A_1$，这意味着，如果项目只有一位融资者，那么其选择的监督水平将是有效的。如果银行出现，它必须为其贷款和其存款选择一个监督技术。对于它的贷款，它可以选择监督每个借款企业（总成本 $nK$）或与每一个企业签署债务合约（总成本 $nA_1$）。由于 $K < A_1$，可知银行因此成为委托监督代理，它代表贷款人监督借款人。也就是说，如果监督是有效的（$K < A_1$），投资者数量较少（$m > 1$），并且投资是有利可图的，那么当 $n$ 足够大时（多样化），金融中介代理监督将占直接贷款的主导地位。但也有研究指出只有事后监督（审计）是可用的，才能使监督者的问题解决（Krasa & Villamil，1992）。如果有足够多的独立项目，银行破产的可能性就变为零，监督银行的成本也会降低。当银行必须监督公司，也避免了重复监督成本。但其中，监督并不是由银行家进行的，而是由贷款人员进行，但后者又必须受银行的监督（Cerasi & Daltung，2000）。这个额外的代理监督会随着银行规模的增加越来越昂贵，因为越来越多的职员被雇用。因此，在多元化带来的好处〔如 Diamond（1984）指出要对银行家改善激励机制〕和内部代理监督产生的成本（随银行的规模增加而增多）之间存在权衡关系。

之后产生了一系列的研究（如，Flannery，1994；Qi，1998；Rajan，1992），这些研究认为银行负债结构的特别要求其可以作为一种工具来防止银行管理人员的机会主义行为。特别是，银行挤兑可以被看作是银行对他们的借款人不进行监督的一种可靠的惩罚。研究表明，银行的放贷能力可以通过即期存款资金增加而增加。然而，迈克安德鲁斯和罗比德斯（McAndrews & Roberds，1995）对中世纪布鲁日银行研究表明历史的逆向结果可能是由于便捷支付（决定了银行的负债结构）是银行最初的和关键的作用。而银行在金融中介中慢慢发展成的角色也来源于他们在支付中初始的中介角色。

虽然委托监督解决的是存款人和借款人之间的信息不对称问题，但存款人和银行经理之间有关银行监督有效性和绩效也会存在信息不对称问题。这表明，信息透明度是银行放贷活动中的副作用，从而导致会计信息在解决银行与储户之间信息不对称的潜在作用。至于银行监督的有效性和绩效如何财务报告中体现出来，我们将在后面一章中做具体介绍，如贷款损失准备金如何被认为投资者感知，如何用于资本管理和盈余管理中，并在金融危机中如何影响经济行为。

## 2.3.2　信贷配给理论

所谓均衡信贷配给，是指即使某些借款人愿意支付贷款合同的价格，他们的信贷需求也会被拒绝。贷款合同中的价格要素是指银行承担的利率，该利率不受政府限制。如果信贷利率有政府的高利率限制，就会出现配给现象。本书中讨论的信贷配给主要是指当信贷需求超过供给的情况下，即使银行可以自由地提高利率。

需要指出的是，贷款合同不仅具有价格元素，还有非价格元素如对抵押品的要求。如果一个借款人因为没有足够的抵押品而被拒绝给予贷款，这就不能称为信贷配给。同时信用不是一种可以完全分割的商品。事实上，借款人愿意在一个给定的利率下借更多的贷款并不一定意味着他不面临信贷配给。贷款给个体借款人可能会增加银行的风险，因此均衡利率可能是关于贷款规模的一个非线性函数。因此，当贷款的成本（或价格）并不取决于借贷数量，企业不会考虑贷款的边际成本，这会导致效率低下。在不确定的市场中，由于信贷配给和由于非价格因素而使得借款人未得到贷款的情况有明显的区别。在这样的市场中，如果借款人可以以其承诺的未来现金流的净现值来借款，那么信贷配给是不可能发生的。例如，当未来的现金流取决于投资规模大小时，那么当规模收益递减时，银行会对给定利率下贷款的设定最大额度，这不应该称为信贷配给（Freimer & Gordon，1965）。

最后，任何可以防止贷款人对不同的借款人提供差异化贷款合约的限制，如利率限制或歧视性定价，都可能会导致信贷配给不平衡。例如，当公司有不同的资产负债比率且银行必须对不同公司要求相同的利率时，信贷配给可能是帕累托优化（Smith，1972）。同样地，垄断银行因为监管不能使用价格歧视，通常对那些在缺乏监管提出更高利率的公司采取信贷配给制度（Jaffee & Modigliani，1969）。布莱克维尔和圣多米罗（Blackwell & Santomero，1982）强调配给问题本质上对那些具有较高需求弹性企业的作用。因此他们的模型预测，规模较大的公司，已获得其他融资来源，更可能容易受到信贷配给。

一般而言，一个垄断的银行所面临的回报率永远不会高于某个利率 $R^*$。正因为如此，垄断银行可能倾向于对贷款申请人实行信贷配给措施。要理解为什么银行业的竞争均衡也可能导致信贷配给，必须检查贷款的总需求和总供给。总需求是一个关于利率的递减函数。而总供给取决于银行的融资成本，比如通过吸纳存款。在一个竞争平衡下，银行的预期收益率 $\rho$ 等于融资成本（即银行获得零利润）。假设存款的供应量随着银行支付利率增加而增加，银行贷款的供应量会向后弯曲。那么此时，信贷配给就有可能发生。

## 2.3.3　逆向选择和道德风险

基于信贷配给的概念，加菲和卢赛尔（Jaffee & Russell，1976）

提出一种事前信息不对称的信贷模型。他们提出如果银行不能区分借款人的风险特征，那么低风险的借款人更偏好较低的利率贷款，而银行通过提高利率来获得一定的风险补偿，其结果在较低的利率水平上，会产生信贷配给的结果。

斯蒂格利茨和韦斯（Stiglitz & Weiss，1981）假设借款人和贷款人都是风险中性，每个借款人有相同的初始财富和项目，而不同的是他们的风险参数 $\theta$，且只能被私下观测到。银行只知道 $\theta$ 统计分布，但无法区分各个公司的风险参数 $\theta$。因此，银行对每家公司都提供相同的标准化债务契约，规定所有的公司都必须定期偿还一定数量的贷款，否则他们的现金流会被银行没收。在信息不对称的情况下，利率的增加会减少贷款需求，使得风险较小的公司被逐出市场，即逆向选择。但利率的增加并不一定意味着会增加银行的预期利润。贷款人预期收益与利率变化间的关系可能是非单调的关系，这决定了贷款人不会通过调整利率来进行市场出清，因而信贷市场出现信贷配给均衡。

斯蒂格利茨和韦斯（1981）同时也讨论了事后道德风险问题。一般来说，贷款人不会参与管理他们所投资的项目。因此，贷款方对公司的信贷实施过程要施加压力并不容易，也很难判断公司是否有偿付能力。这是信贷活动中道德风险问题的主要根源。他们发现提高利率可能促使借款人选择更高风险的投资项目，以期获得更高的预期收益。为了避免此类的道德风险问题，贷款人可能会将利率设定在预期利润最大化的水平上，而有可能会发生信贷供给低于信贷需求，出现信贷配给。

之后很多学者通过讨论斯蒂格利茨和韦斯（1981）模型中信贷配给的相关假设来进一步讨论均衡信贷配给的存在性。首先是关于银行是否有能力区分公司。一般说来，银行总是有一定的规程来对公司进行筛选。如果银行找到一种方法来区分不同类别的风险，那么对于不同类别的风险，其预期回报函数的最大值将出现在不同的水平，而信贷配给可能只发生在其中一种风险类别中。正如瑞利（Riley，

1987）认为，斯蒂格利茨和韦斯（1981）模型中信贷配给的解释可能不是经常出现的问题。德·梅扎和韦伯（De Meza & Webb，1987）提出假如每个投资项目的预期收益不同，信息不对称可能导致正向选择，即坏的项目被逐出市场，不会导致信贷配给问题。

此外，也有研究引入了事后信息不对称（Williamson，1987），当企业获得贷款后，其项目的收益是私人信息，银行必须支付监督成本才能获取。这一研究表明监督成本可能会导致信贷配给，而受配给的企业是那些监督成本较高的企业。他们指出，信贷配给取决于企业的数量，如果数量大于贷款供应量，就会产生信贷配给。

## 2.3.4　银行委托监督、代理理论和道德风险

银行的委托监督作用解释了银行持有贷款（即银行存款）的潜在原因。相较于持有贷款，银行在发放贷款和监督借款人方面存在比较优势。而持有贷款（存款）即增加了银行资产负债表上的总资产，也使银行面临了挤兑风险（Diamond & Dybvig，1983）。因此持有贷款的银行将更愿意去监督借款人以及披露信用风险的信息（Diamond，1984；Boyd & Prescott，1986）。而持有贷款也可能造成流动性错配（Calomiris & Gorton，1991），即持有贷款造成银行资产和负债之间错位，进而引起储户恐慌的可能性。

基于企业和银行层面，霍尔姆斯多姆和梯若尔（Holmström & Tirole，1997）利用一个简单的模型来捕获资本和监控之间的替代性的概念，他们获得委托监督结论。但他们并没有使用戴蒙德（1984）模型中的多样化假设，而是假设银行融资的项目之间具有完美的相关性，而戴蒙德（1984）的模型中假设项目之间存在独立性。他们的模型提出银行层面的道德风险问题由银行资本解决。

更具体地说，在他们的模型中考虑了三类代理人：①公司（借款人），由 $e$ 表示；②监督者（银行），由 $m$ 表示；以及③投资者

（储户），由 $d$ 表示。每一个公司所有的项目成本相同，即初始投资额 $I$，项目成功获得的回报率为 $y$（可验证的），但当项目失败时回报为零。有两种类型的项目：一类是优质项目且成功的概率为 $p_H$，另一类是劣质项目且成功的概率为 $p_L$，其中 $p_H - p_L$ 之差由 $\Delta p$ 来表示。不良项目可能使借款人攫取私人利益，这也是道德风险的根源。监督这些公司需要花费一个非金钱计量的成本 $C$，这意味着使借款人私人利益从 $B$（无监督情况下）降低到 $b$（有监督情况下）。当投资者是风险中性时，又因为不能监督公司投资者处于信息弱势状态，其投资项目总预期收益率 $(1 + r)$。可知，即使公司（或借款人）能获取私人利益也只有优质项目才能有一个正的预期净现值的条件为：$p_H y > 1 + r > p_L y + B$。

各公司的区别仅限于其资本水平 A（假定 A 是能被公开观测到的）。样本公司的资本的分布函数（连续）是由累积函数 $G(.)$ 来代表的。最后，银行的资本是外生变量。由于各个银行资产收益率是完全相关的，唯一相关的参数是银行总资本 $K_m$，这决定了银行业的总贷款能力。以下展示了公司通过寻求不同外部融资方式产生的不同可能性。

## 1. 直接借款

一个公司可以直接从不知情的投资者借款，并承诺如果项目成功的话回报率为 $R_u$，以此换取投资者的初始投资 $I_u$。鉴于公司在获得激励的情况下会选择好的项目，那么对于回报率 $R_u$ 就存在一个上限：$p_H(y - R_u) \geq p_L(y - R_u) + B \leftrightarrow R_u \leq y - B/\Delta p$。不知情投资者因个人理性约束也意味他能提供的投资 $I_u$ 存在一个上限：$p_H R_u \geq (1 + r) I_u \to I_u \leq p_H R_u /(1 + r) \leq p_H(y - B/\Delta p)/(1 + r)$。因此，推导出当公司只有拥有足够多的资金 A 时，项目才能得到融资即 $A + I_u \geq I \to A \geq I - p_H(y - B/\Delta p)/(1 + r)$。

## 2. 银行贷款

如果公司没有足够的资本发行直接债务，那么它可以尝试从银行

贷款 $I_m$（作为交换承诺当项目成功时回报率是 $R_m$），并且可以直接从不知情的投资者借用资金 $I_u$（以换取返回 $R_m$ 成功的情况下）。公司的激励相容约束条件为：$p_H(y - R_u - R_m) \geqslant p_L(y - R_u - R_m) + b \leftrightarrow R_u + R_m \leqslant y - b/\Delta p$；而银行对公司进行监督的激励条件是：$p_H R_m - C \geqslant p_L R_m \leftrightarrow R_m \geqslant C/\Delta p$。因为银行资金总是比直接融资昂贵，公司会尽可能少地向银行借钱。那么在均衡状态下，资本充裕的公司选择直接发行债务，拥有中等水平资本的公司选择向银行贷款，而处于资本匮乏的公司则无法存续下去。

霍尔姆斯多姆和梯若尔（1997）也考虑更一般化的模型，即投资水平是可变的。他们研究了三种金融震荡的影响：信贷紧缩，这相当于银行业的资本 $K_m$ 的减少；抵押资产缩水，相当于对企业资产的负面冲击；以及储蓄量缩水，这相当于供给函数 $S$ 的向下移位。他们的模型表明：信贷紧缩造成资本市场的回报率减少，银行贷款的回报率增加；抵押资产缩水造成资本市场的回报率和银行贷款的回报率都减少；而储蓄量缩水造成资本市场的回报率增加，银行贷款的回报率减小。

由于银行的委托监督功能造成了银行和储户之间的信息不对称，最终银行因为未能充分内化的承担风险成本或他们监督工作带来的效益上升而导致了可能的代理问题。具体而言，由于银行经理有追求高风险的动机却与存款人要求报酬曲线不一致，银行可能投入那些在存款者看来是极不理想的风险投资。此外，也有银行持有贷款与出售贷款或进行资产证券化都会面临很多会计准则和资本监管的约束。例如，在资产负债表中记录的贷款会减少监管资本比率，增加风险加权资产，这便促使银行承担高风险去增加收益和提高监管资本水平。

## 2.3.5　银行资本结构理论

在关于银行资本结构的相关争论中，MM 理论，融资优序理论，资本监管和存款保险都被学者们用来解释银行选择资本结构的原因。其中，关于外部股权是否比债务资本更昂贵的问题，阿德马蒂等（Admati *et al.*，2010）创造性地指出增加对银行的股权要求会面临显著的社会成本是有缺陷的论断。对于银行股东和银行经理，他们都有一些强烈的动机，以维持高杠杆，并抵制增加股本要求。银行显示的高杠杆偏好是因为政府通过税收对高杠杆债务进行补贴奖励以及对无保险债务的隐性担保，而惩罚从股权融资中得到好处的经理和股东。如果政策制定者要求增加股本，这些政府补贴也将减少。当然，银行家反对提高资本金要求是因为反对这种更严格的监管可能符合他们的利益。因此他们认为银行选择高杠杆并不意味着这是社会最优，资本化较好的银行在贷款决策中遭受扭曲较少，并且会表现得更好。

然而其他学者却认为，MM 理论很难支持阿德马蒂等（2010）的有关银行资本监管的结论。例如，在 MM 理论框架下，银行业应该是不存在的（De Angelo & Stulz，2013）。他们认为，银行的高存款（高杠杆）融资的出现是因为流动债权对银行而言是有利可图的经营活动。创建一个拥有高债务的资本结构是金融机构在处理流动债权时的最佳决策。其次，债务税盾适用于任何行业，所以显然不能以节税观点来解释银行业相对较高的股权偏好。同时，阿德马蒂等（2012）关于无保险债务的隐性担保的观点也很微妙，且实证结果不支持这样的解释。隐性债务担保通常被认为主要是从美国联邦存款保险公司（FDIC）保险延伸覆盖到了无保险存款。这源于 19 世纪 80 年代美国银行大批倒闭，美联储愿意让短期债权人在监管机构接管倒闭银行前收回他们的资金，而存款保险的覆盖范围扩展至隐性担保也是因为 FDIC 保险和联邦储备局的创新举措。然而，实证数据没有提供合理证据证明银行的高杠杆是因为隐性担保与 FDIC 保险或获得联邦储备贷款有关（Berger *et al.*，1995；Gropp & Heider，2009）。

除此之外，还有一些研究也显示阿德马蒂等（2010）的隐性担保论断与实际情况不符。例如，显性和隐性的政府担保会导致银行机构以监管机构允许的最低资本运作，但这种解释与事实不符（Berger et al.，2008）。在以 1992～2006 年美国银行为样本分析中发现美国银行希望持有的资本都普遍高于最严格的监管资本要求水平。他们进而考虑这是否是由于资本结构中的融资优序，即当银行保留收益非常有利可图时，他们的资本比率被动上升。或者是否由于市场条件下的最优资本结构的原因，大型银行积极瞄准高资本比率是因为市场条件使他们达到最佳状态。而在其非线性回归框架中得出结论，银行总是积极地管理其资本比率，这又与融资优序观点不一致。同时他们发现银行总是会有一个特定目标资本比率，而这个目标比例通常会超过监管资本要求。资本充足率一般的银行比那些资本雄厚的银行有更高的调整速度，但有财务困难的银行在强大的资本监管压力下只能缓慢地向其目标比例调整。最终没有发现任何证据表明，债券市场的压力影响资本调整速度。

最后，一些研究试图解释为什么目标资本结构比率显著高于监管最低要求。例如，佩拉和凯普（Peura & Keppo，2006）研究了最优银行资本选择与股权机会成本之间的动态平衡，发现特许权价值的损失会造成银行违反最低监管资本要求，增加重组成本。他们指出收益率的波动可以部分解释银行资本比率的变化。银行间资本市场不完善程度的差异构成次要解释。而阿伦等（Allen et al.，2011）认为，银行以高杠杆经营是因为金融服务的竞争性决定的，更大的信贷市场竞争增加资本持有。他们的经验证据表明银行持有的资本总是高于监管最低要求，但这并没有阻止金融危机。其中市场约束是诱发银行持有更多资本的动力之一。在完全竞争的市场，银行可以实现最佳地使用昂贵的资本，而不是使用利率来对贷款进行监督。另外，格罗普和海德尔（Gropp & Heider，2009）认为，有些观测不到的不随时间变化的银行固定效应可能是银行资本结构的最终最重要的决定因素。而正因为此，银行的杠杆率才会一直收敛与某个银行目标资本比率且不随时间变化。

另一种解释银行对债务资本的依赖是由于银行与股权投资者之间较高的信息不对称使得权益成本高于债务成本。其中，贝切特等（Becht et al.，2011）提出银行业是和风险息息相关的行业，它们可以迅速轻松地承担风险，也可以在一定程度上掩盖它们承担了多少风险。它们的投资组合往往是缺乏流动性并很难估值，它们头寸也可以变化迅速，这就使得其资产和负债的构成是非常复杂。银行也会屈从其长期资金的可用性来选择它的债务或股权。和这种观点相一致，卡什亚普等（Kashyap et al.，2008）通过对金融危机的研究，指出银行自己融资在很大程度上依赖于银行的治理问题和过度的短期杠杆之间的相关性。任何防止金融危机复发的尝试都应该认识到，要通过银行摆脱杠杆作用来解决治理问题是困难的。而直接的监管措施，如要求更多的监管资本并没有促进经济增长。同时对于社会来说，在金融危机中继续拯救银行系统是非常昂贵，可能使经济被拖入金融危机所造成的混乱中。

博尔顿和弗雷克亚斯（Bolton & Freixas，2006）分析了有银行贷款和证券市场的金融部门的一般均衡模型中金融政策的传导效应，发现银行的净资产信息不对称问题，增加了外部权益资本成本。在模型中，货币政策不会通过改变银行的流动性而影响银行贷款，相反，它通过改变银行对公司债券贷款的价差变化，从而引起企业融资的总成本的变化，并对银行的权益资本基础产生影响。此外，信息不对称既可能导致融资债务偏好，与迈尔斯和马吉鲁夫（Myers & Majluf，1984）的融资优序理论相吻合，也可能导致对权益融资的偏好，这主要是由假设前提中对市场错误定价和自然状态的关系来确定（Bolton & Dewatripont，2006）。

相关领域学者在基于信息不对称的导致昂贵的外部权益方面做了很多银行会计学方面研究。这些会计研究主要通过把贷款损失准备金和股权融资相结合揭示了为什么银行获得高杠杆率的原因。例如，银行可以通过减少贷款来减少未来资本不足的担忧。资本紧缩理论预测

（Beatty & Liao，2011），在经济衰退期间贷款对监管资本约束是特别敏感的。当监管资本下降时，外部融资摩擦就会增加。监管机构和政策制定者认为，目前的贷款损失准备金规则放大的顺周期性。他们研究发现，在危机时期，那些贷款损失准备金计提具有较大延迟的银行要比延迟较小的银行更趋于减少发放贷款。因为对于前者来说，在危机中，它更难补充资本。这些结果与希维尔（Van den Heuvel，2009）文中的模型得出的结论相一致。在该模型中昂贵的外部股权会导致银行在经济衰退时由于资本降低而减少放贷。他认为，由于新的股权成本提高，股本较低的银行将减少贷款来满足监管资本的要求。他的模型明确表明，银行减少贷款，甚至可以发生在监管资本要求不受约束的时候，这是因为银行可能最佳地选择放弃当前有利可图的贷款以便降低未来资本充足性的风险。比蒂和廖（Beatty & Liao，2011）还发现，那些贷款损失准备金计提延迟较少的在扩张期会积累更多的股权资本，以此作为在危机中遭受损失的缓冲。此外，布什曼和威廉姆斯（Bushman & Williams，2015）发现延迟贷款损失准备金与股票市场流动性风险，增加了筹集新股本的资金摩擦。

最后，关于是否外部股权比债务资本更昂贵的问题对监管部门应对当前的金融危机也具有重要意义。那些认为 MM 理论适用银行的学者认为外部股权的成本并不比其他形式的融资成本更昂贵，并主张大幅提高资本金比率以防止未来的危机。相反，那些认为信息不对称使得外部股权更昂贵的学者建议使用应急资本作为一个不太昂贵的缓冲机制来解决经济危机中的资本充足率问题。如，当有危机或其他突发事件发生时，债务能迅速转换成股权。这将允许在某些敏感时期有额外的资金筹集和运用，而不会是信息不对称问题加剧恶劣的经济环境。

## 2.3.6　相关问题的解决方法

在最近几次区域性金融危机中，政府对银行不断纾困救助行为中突显出一个令人担忧的问题，即人们对有保险的活期存款并未提供适当的监督也未形成风险激励。金融界呼吁，要求银行持有额外的股本以应对风险。理论界也对这项政策建议的相对成本进行辩论，而在实证方面，这部分的研究文献还比较有限。

## 1. 银行股权资本

活期债务或股权都可以作为可行的替代机制来控制银行的代理问题。在梯若尔（2006）的模型中，当债权人得到了有关银行不好的信号，他就有权要求提前还款，但当他得到是好的信号时，他就不会这么做，从而就排除了存款或恐慌。尽管活期债务可能对银行起到了一定的监督作用，但当储户认为一些银行经营不善，但无法检测到哪些银行可能资不抵债时，储户的某些行为可能也会招致大范围的恐慌。也就是当银行和储户之间的银行绩效信息不对称时，储户可能又有困难监控银行时。他认为，这两种激励机制产生不同的流动性影响：活期债务监督作用可以增加公司流动性，而资本市场监督作用却不能实现。

此外，银行委托监督作用可能使银行基于市场激励机制考虑而持有比社会最优水平更多的资本，以此来削弱委托监督工作带来的道德风险成本（Allen *et al.*，2011）表明。模型发现：第一，银行自愿持有比最低监管资本要求的更高水平，监管资本的变化不影响银行的资本结构。第二，更大的信贷市场竞争会增加银行的资本持有，因为它从资产方面引入了市场规范机制。第三，如果银行更多的参与密集监控型贷款，那么就应该更加资本化。同样，公司因增加了监督而增加价值会应该更愿意从高资本银行那里获取贷款。第四，银行的资本持有量随固定存款保险覆盖面增加而减少。第五，资本需求的增加意味着银行的投资组合从交易型借贷转向更多的关系型借贷。第六，他们预测，在那些银行资本中外部股权持有较低或在股东权利保护较强的国家的银行，其资本化程度要比股权分散的银行资本化程度更高。

**2. 银行业恐慌**

所谓银行业恐慌的信息不对称理论是指，当储户不了解银行资产组合实际价值，同时又接收有关宏观经济的负面消息时，他们就会恐慌（Calomiris & Gorton，1991）。也就是说，即使储户们不知道银行倒闭的实际可能性，但只要他们有理由相信，其中某一银行倒闭的可能性增加了，他们就会从所有银行撤出存款。虽然银行挤兑通常被认为是代价昂贵，并能波及整个社会，造成惨重的损失，但在他们的模型中银行挤兑被看作作为一种来防止的机会主义行为的方法，而银行业恐慌则被视为是对银行绩效变相监督。

可以看出，会计信息对存款人了解银行投资组合价值起着至关作用（Holod & Peek，2007）。在银根紧缩期，信息不对称会对银行发行无保险存款能力产生影响。信息不对称问题较小的上市银行在货币紧缩期内能更好地发行无保险的大额定期存款，因此也很少面临融资约束的困境，相比之下面临较大信息不对称问题的私人银行情况不容乐观。并且，由于公开上市的银行与私人持股银行在财务报告要求上存在差异，这种差异严重影响了银行吸纳存款的能力。即使在私人银行提供了资本监管文件，情况依然如此。值得注意的是，存款保险制度在某种程度上能够改变有保险储户对会计信息重要性的认识。

**3. 银行资本监管机制**

银行与存款人之间的信息不对称可以直接或间接地解释银行资本监管的必要性。弗兰内利等（Flannery *et al.*，2004）和博尔顿（2011）认为，由于缺乏及时准确的信息，外界很难对银行价值进行估计。这便能直接解释市场机制在对银行管理者和股东的控制中为何出现市场失灵，故此需要一个监管解决方案。另一些学者则认为信息不对称和资本监管的需要存在间接关系，那是由于银行有时会进行长期非流动性资产和短期负债资金之间的转换。例如，银行提供流动性服务，使他们面临存款风险或挤兑（Diamond & Dybvig，1983）。这是因为银行资产清算价值一般低于其流动存款的价值。通过降低银行资产的流动性，信息不对称增加了银行挤兑的可能性而资本监管对降低挤兑发生的潜在可能性。

基于不完全契约理论的方法，德瓦特里波特和梯若尔（Dewatripont & Tirole，1994）提出，当高风险项目的损失最终由分散的且毫无经验的投资者承担时，市场就需要有监管部门来进行调控。在这种情况下，如果没有其他代表性机构来进行对金融合约进行监督、背书、强制履行或干预的话，政府可能会被要求成为代理监督人。基于外部性的概念，阿查亚（Acharya，2000）指出，有时市场机制不能解决的问题应该由银行的监管机构来解决。银行失败会导致两种外部效应相互抵消。负外部性的效应是存款的总供给减少，经济的总投资也减少，而积极的外部性的效应是，存款可能从失败的银行存款转移到经营良好的银行，从而保护了存款者利益。

无论起源如何，不可否认资本监管使得银行有别于其他行业的存在，这也充分赋予了众多研究人员对银行监管深度探讨的可能，特别是监管制度对会计自由裁量权和银行的经济行为不同层面的影响。银行资本监管制度很大程度上是基于财务报告准则，这对会计研究有重要影响。因为报告的会计数字会影响银行监管资本充足率。在美国金融危机后，有学者开始质疑公允价值计价方式可能是造成或加剧了危机，这一论断无疑是对会计方法在资本监管潜在重要性的背书。但事实上公允价值计量法在现实中并不显著影响监管资本计算（Badertscher et al.，2012）。

弗兰内利等（Flannery et al.，2004）运用信息不对称对资本监管进行了进一步解释。正是因为外部投资者对银行资产估值的异常困难，为银行监管的产生提供了可能。银行贷款通常是不透明的，无法估计不可出售的贷款的真实价值。莫甘和斯蒂罗（Morgan & Stiroh，2001）也提出越来越多业务的多样性和复杂性也可能增加了银行的不透明。弗兰内利等（2004）进而利用实证分析比较银行和非银行机构的信息透明度来判断银行是否需要政府监管，但是他们没有发现金融与非金融机构的不透明度存在明显差异。具体而言，虽然他们发现资产负债表组成影响着买卖价差，但相较非银行机构，他们并没有发现银行拥有更高的股权买卖价差。与此相反，莫甘（Morgan，2002）却发现，穆迪和标准普尔评级机构在对银行评级时（比其他公司）存在更多的分歧，且分歧更大的银行是那些持有更多的贷款和可供交易的资产，而拥有更多的有形资产和更高的监管资本的银行分歧较小。为了解释这两篇论文结论的差异，弗兰内利等（2013）重点研究了论文中涉及的宏观金融状况是否存在差异。他们发现莫甘（2002）的样本中包括了动荡的 20 世纪 80 年代，而弗兰内利等（2004）的样本区间是一段相对稳定的时期。弗兰内利等（2013）进而重新收集了样本，囊括了 1993 ~ 2009 年的数据，其中不但包括非危机时期，也包括了长期资本管理相关的动荡时期以及美国次贷金融危机时期。他们研究发现，相对于非金融机构，在危机时期银行拥有更高的价差和价格受交易影响较大，而在非危机时期他们没有发现显著的差异。这些研究结果似乎表明，相比非金融机构，银行信息在经济衰退或动荡时更不透明，而银行监管在这段时间发挥了作用。

随着银行资本是否应该受到监管的研究不断发展，银行资本监管制度本身也随着时间的变化而不断演进。从监管角度来说，银行资本监管制度主要分为微观审慎监管和宏观审慎监管。而长久以来，银行监管一直采取的是微观审慎监督的做法，微观审慎监督法是为了限制个别银行危机，最终保护存款人和投资者免于遭受财务的窘困。这种微观审慎监督法的目的是迫使银行内部消化损失，从而保护存款保险基金，减轻道德风险（Hanson *et al.*，2011）。在研究此类影响的会计文献中，都假设每家银行是一个独立的观测体，符合银行监管微观审慎法的理念。同时系统性风险对个别银行来说被认为是外源性的因素，而银行之间的相关性也被忽略。但随着金融危机不断爆发，监管机构的监管从一开始的微观角度慢慢转向重视宏观审慎监督。宏观审慎监督法旨在限制金融系统范围的危机，其目的是避免 GDP 的急剧下滑。在这个模式下，所有行业机构面临的共同风险被视作为宏观审慎监管的重中之重。同样地，宏观审慎监督法可以定义为努力控制多个金融机构共同遭受市场冲击而导致资产负债表严重缩水，进而引发有关的社会成本（Hanson *et al.*，2011）。不过目前大多数银行会计的研究还没有以宏观审慎监管作为焦点，而布什曼和威廉姆斯（2015）首次在这方面做了突破，他们使用了协方差法对贷款损失准备的及时性进行了宏观效应的分析。

如上所述，资本监管制度对委托代理问题也起到一定的缓和作用，但在研究中必须把它与债务契约机制分割开了，即区分两者在解决委托代理问题时的不同运作机理。换句话说，这两种机制的差异也进一步解释了银行会计研究的重要性。梯若尔（2001）指出监管的目的在于解决市场失灵。如果不存在失灵，那么监管制度便没有意义。德瓦特里波特和梯若尔（Dewatripont & Tirole，1994）提出了一个代表性假设，即银行监管就是为了保护小储户免于道德风险以及解决逆向选择问题。如果银行由分散的存款人来监管，履行监察功能，包括筛选、审计、签订契约和干预。毫无疑问，成本会是非常昂贵的，而且多个存款人的监管重复这些活动亦是一种浪费。此外，这些重复活动也可能衍生搭便车的问题，这便更加需要一个有代表性的机构来统一执行监督职能。

不过，德瓦特里波特和梯若尔（1994）提出银行监管者对银行的控制和银行对非金融企业的控制还是存在一定差异。其中一个重要区别就是提供给银行监管机构是有限的自由裁量权，而银行在制定贷款协议时却有更大的灵活性。这是因为对于监管资本的定义是统一的，适用所有银行，而贷款协议中净资产的定义却因不同公司而各不相同。同样，米勒（Miller，1995）指出，过于规范化标准化的政府政策，一刀切的制度是不可能、也不应期望能像私人合同那样实现的各方利益者的微妙平衡。他进一步指出，银行监管可能将继续作为银行和监管机构之间发生摩擦、效率低下的始作俑者。大部分的资本管理的会计研究就是利用这种统一的监管资本要求对银行进行横截面的差异分析。具体来说，监管机构无法撤销事前或事后会计自由裁量权使得银行会计研究有个很好的空间来检验会计自由裁量权在一个统一的规制下的使用。

# 2.4 银行资本监管制度概况

几乎每个国家都有发达的银行体系并接受监管。银行监管对银行管理者的行为和银行业的具体特征都有重要影响。事实上，在对银行理论的研究而不涉及银行监管几乎是不可能的。这部分我们主要讨论专门针对银行体系的安全性和健全性有关监管问题。传统上有关银行业安全和稳健中使用的监管工具可分为六大类：存款利率上限；入门、分支、网络和合并的限制规定；投资组合的限制，包括准备金要求；存款保险；资本要求；制度监管和监督政策。这当中我们将重点介绍对监管资本监督制度。

## 2.4.1 银行监管的理论基础

在考虑银行监管问题理论基础时，从某种角度也可把它看作是公共监管的一般理论在银行业问题上的具体应用。但需要指出的是，尽管一些公共监管理论和模型可以应用于解决银行监管的问题中，却仍然有不适用的情况。在这部分中，我们将首先介绍有关监管和市场失灵的一般论点，引入银行固有的脆弱性以及银行融资结构，进而分析银行业监管存在的正当性、涉及范围以及银行监管的工具。

## 1. 市场失灵理论

在一般情况下，市场失灵理论证实了公共监管的合理性。市场失灵主要来自外部性市场力量或买卖之间的信息不对称。在金融机构的背景下，当代银行理论对银行业的涌现进行了一系列的解释。金融机构的出现某种程度上的确缓解了由于信息不对称产生的问题，但银行并没能完全解决相关的市场失灵问题，甚至还可能造成新的市场失灵问题。例如银行的出现提供了流动性保险，解决了由于市场不存在而导致市场失灵的问题。然而，银行业创造了一个新的市场失灵，如银行挤兑，因此银行需要监管。

从效率的角度来看，监管是因为银行业的市场失灵，而它的存在有赖于对市场失灵的识别。然而，一旦调控政策到位，政客们往往会为了自己的利益而利用监管政策。首先，监管机构通过迫使银行持有无偿储备以增加财政收入。其次，通过设定强制性的最低投资比例，监管机构可能将信贷转向政治敏感的行业，如住房、出口、小型企业或投资不受青睐的地区。最后，一些银行法规的颁布可能由于政府为了努力控制其他活动（如洗钱等）。

在接下来的部分中，我们将重点介绍银行业的两个主要市场失灵：由于银行的非流动性资产和流动性负债造成银行的脆弱性以及由于存款人无法监督银行管理的事实而造成的市场失灵。

（1）银行的脆弱性

从银行业的发展历史来看，银行恐慌与部分准备金制度息息相关。换句话说，银行通过活期存款来获得贷款融资，那么一旦经济衰退就会伴随着银行系统的公众信心的丧失，往往导致银行恐慌。为了避免银行恐慌，银行私下开发了合作制度以保护它们的集体声誉，而随后各国政府对银行体系施加控制。卡洛米里斯（Calomiris，1993）比较了美国国有银行时期（1863～1913 年）与 20 世纪 30 年代的银行崩溃导致的恐慌。他认为，国有银行期间，几家银行实际已经失败了且银行恐慌性兑换受到了限制，因为期间暂时停止纸币流通作为替代货币。但在 20 世纪 30 年代并没有发生限制兑换。他认为，当经营风险可以大大减少时，银行可以形成大型网络并与其他银行自愿签订共保等合作安排。正是因为银行核心服务的储户和借款人的性质决定了银行财务结构（流动负债和非流动性资产），从而解释了银行的脆弱性（Klausner & White，1993）。

（2）对存款人与消费者信心的保护

在一个自由的银行世界里，银行倒闭成本可能是非常昂贵的，特别是对破产银行的债权人（如存款人、股东和其他银行），以及对已与破产银行建立了密切关系的借款人来说都是昂贵的。此外，银行的破产可能会蔓延到其他银行（这是因为银行间贷款占银行负债的很大比重），同样也危及了非金融企业的偿债能力。此外，银行倒闭可能会暂时损害支付系统，因为失败的银行管理的付款终结在其倒闭之前可能会被重新审核。因此，对于监管机构而言，对银行偿付能力监管就是为了保护公众（本质上是储户）和支付系统的安全。这似乎表面上是相当合理，然而，可以发现两个简单的反驳观点。

首先，银行的失败与非金融公司的失败之间没有质的区别。所有的银行倒闭造成的负面外部效应，在非金融公司的失败中也同样存在。但对偿付能力监管存在本质是针对金融中介机构并没有针对非金融行业。此外银行的特质在于他们的债权人同时也是他们的客户。对于非金融公司，其债务主要是由专业投资者持有（如银行、风险投资家，或告知私人投资者），而银行的债务（保险公司）大部分是由一些信息弱势，分布疏散的小投资者持有，且没有能力监控银行的活动。当然大公司也是由公众提供资金，且大公司发行的股票和债券分布广泛。但是，有两点是不同的：这些证券并没有作为支付手段（证券可以缓和协调银行监督过程中的搭便车问题），而金融中介机构的资产负债率相比非金融企业来说是相当高的。因此，在参与对公众持有公司的监督过程中的搭便车问题似乎是要比银行和保险公司的情况在量上更为严重。

其次，除非银行经理被怀疑有不诚实的行为，否则他们不应该有任何兴趣来促成自己银行的失败。相比银行工作人员，监管机构的工作人员，可能拥有更少的先验能力，获得更少内部信息，比银行经理缺乏激励，但却要决定商业银行的偿付能力，这是否有一定的合理性还有待斟酌。詹森和麦克林（Jensen & Meckling，1976）观测发现，公司内部，如管理者、股东、债权人之间存在兴趣冲突。例如，某个银行的资本由少数股东（内部人）持有，他们同时自己管理银行。这些所有者经理人将倾向于选择比储户认为更危险的投资政策。由于储户不能控制银行的活动（或与银行管理者讨价还价），他们的利益必须由一些机构来保护。该机构可以是一个公共监管机构，承担的使命就是最大限度地提高存款的效用，也可以是存款保险公司，其目标是最大限度地减少投保人的预期成本。值得注意的是，在股权被广泛持有的大银行中，最重要的冲突是银行经理和外部金融家（储户和股东）之间的冲突。这个冲突可以通过引入不完全契约范式来解决，即如果没有书面合同或强制指定银行经理的行为，唯一的方法来惩戒经理是威胁他会受到外界干预。

基于以上观点，德瓦特里波特和梯若尔（1993）开发了关于企业结构的通用模型。他们最重要的结果是，债务和股权是适当的激励工具，可以促使最佳的管理业绩。事实上，权益给出了效用函数是关于公司清算价值的凸函数。因此，股权持有人往往倾向于银行经理的风险决策。所以当公司表现良好时，给予他们控制权是适当的。相反，债权人有一个凹的效用函数；他们更倾向于规避风险。因此，当公司表现不佳（破产）时，给予他们控制权是恰当的。该模型同样适用于银行监管的框架。

## 2. 银行失败的外部负效应

鉴于银行的独有特点，使银行失败对其他经济主体产生了强烈的外部负效应。

　　首先，银行的出现的确解决了信息不对称问题或市场不完善问题。但是银行的破产可能使其客户再次面临银行本应解决的市场缺陷。失败银行的潜在借款人将失去信用记录，而必须向另一家银行证明其信用。所有先前由失败银行筛选和监控的投资以及在关系中建立的投资都将消失。其次，金融脆弱性产生的金融传染效应，这在第 3 章中将具体阐述。因为银行倒闭可能预示着银行资产的缺陷，这可能导致储户质疑所有其他银行的偿付能力。因此，银行倒闭可能会产生一个完全理性的对任何其他银行风险的评估和公众范围的撤资。传染效应发展途径是由于存款人预期发生了改变，或者银行之间的相互依赖导致的金融相互依赖，又因为银行倒闭而发生变化。银行金融脆弱性中非流动资产与流动负债特征促进了传染效应。最后，银行倒闭对造成的小储户违约成本可能对于政府来说是不能被接受的。

## 2.4.2　银行监管的框架

　　基于市场失灵理论及银行失败的外部负效应理论，我们可以认为强大的监管机构的行为是为社会的最佳利益服务，并且受监管的银行将顺从地遵守监管规则。而事实上，监管者可能会偏离其理想目标功能，而银行也可能会对监管进行战略型应对。一般而言，监管可以由一个或多个不同权责的监管机构共同来执行，它们相互补充，但有时也会相互竞争。这些机构中有些可能代表一个公共利益的法规执行任务，而另一些机构可能负责某特定行业的长期利益。然而，在任何委托代理框架下，任何机构在执行过程中都会可能产生有偏差的目标。这是一个众所周知的监管特点，公认的监管机构的行为是以政府的利益（缺乏独立性的中央银行）或以行业的利益（如在监管捕获的情况下）来实施的。具体而言，在现行法律框架内，监管机构将制定一系列的监管规则,构成监管框架。当面对这些规则,银行将在行动中调整自己的策略,向监管者提供信息。

## 2.4.3 国际监管准则——巴塞尔协议的变迁

有关监管理论大多关注的是对最优监管规则的监管分析。其目的是分析一个给定的监管制度,无论是现存或正被监管当局研究,其所产生的经济后果。例如,有关资本充足率的要求中,这项规定是否成功地实现其目标(减少银行倒闭风险)?它是否引起银行更多的风险吗?它是否改变信贷市场的均衡利率?

监管分析得出了两个主要结论。其一,银行监管是昂贵的,无论是直接成本(监管人员的工资,银行的管理成本),还是间接成本(通过监管产生的市场扭曲)。其二,在均衡状态下,将产生监管的最优水平和特征使得监管制度之间相互关联。例如,监管资本的最佳水平取决于银行业的破产规则以及破产蔓延到其他银行的概率。

虽然银行资本监管的经济基础尚未在理论文献中完整诠释,但资本充足率这个规则本身,在过去的三十年中已经成为对银行的安全和稳健的监管评价的重要组成部分。例如,美国货币监理署和其他联邦银行监管机构在评估银行是采用了统一的内部评级体系(FFIEC),这个评价体系有六个部分(CAMELS)组成:资本充足率、资产质量、管理、盈利、流动性和市场风险敏感度,资本充足率位列榜首,足见其重要性。然而,监管机构对资本充足率的评估方法却因为往往随时间或者突发事件(如最近的金融危机)的变化而发生改变。

在 20 世纪 80 年代美国储贷危机前,1974 年联邦德国赫斯塔特银行(Herstatt Bank)和其美国交易对手美国富兰克林国民银行(Franklin National Bank)的倒闭,暴露了国际金融市场和货币问题,迫切需要成立国际组织来协调,进行国与国之间的合作来降低未来的与国际金融相关风险。之后，十国中央银行行长于当年在瑞士巴塞尔组建立巴塞尔银行监理委员会（简称巴塞尔委员会 Basel Committee on Banking Supervision），作为国际清算银行的一个正式机构，以各国中央银行官员和银行监管当局为代表，总部在瑞士的巴塞尔，被广泛视为银行监管领域的首要国际组织。委员会的成员来自比利时、加拿大、法国、德国、意大利、日本、卢森堡、荷兰、西班牙、瑞典、瑞士、英国、美国。该委员会的主要宗旨在于加强成员国合作，交换各国的监管安排方面的信息、消弭世界各国监管范围差异、改善国际银行业务监管技术的有效性、建立资本充足率的最低标准及研究在其他领域确立标准的有效性。需要强调的是，委员会并不具备任何凌驾于国家之上的正式监管特权，其文件从不具备亦从未试图具备任何法律效力。不过，它制定了许多监管标准和指导原则，提倡最佳监管做法，期望各国采取措施，根据本国国情，通过具体的立法或其他安排予以实施。委员会鼓励采用共同的方法和共同的标准，但并不强求成员方在监管技术上的一致。

## 1. BASEL I

1975 年 9 月出台的巴塞尔协议极为简单，核心内容就是针对国际性银行监管主体缺位的现实，突出强调了两点：①任何银行的国外机构都不能逃避监管；②母国和东道国应共同承担的职责。1983 年 5 月，修改后的《巴塞尔协议》推出。这个协议基本上是前一个协议的具体化和明细化。比如明确了母国和东道国的监管责任和监督权力，分行、子行和合资银行的清偿能力、流动性、外汇活动及其头寸各由哪方负责等，由此体现"监督必须充分"的监管原则。而《巴塞尔协议》的实质性进步体现在 1988 年 7 月通过的《关于统一国际银行的资本计算和资本标准的报告》（简称《巴塞尔报告》）。其目的是通过规定银行资本充足率，减少各国规定的资本数量差异，加强对银行资本及风险资产的监管，消除银行间的不公平竞争。该协议第一次建立了一套完整的国际通用的、以加权方式衡量表内与表外风险的资本充足率标准，有效地扼制了与债务危机有关的国际风险。正因为此，许多文献中直接把该协议视为《巴塞尔协议 I》（BASLE I）。

该报告主要有四部分内容：资本的分类；风险、权重的计算标准；1992 年资本与资产的标准比例和过渡期的实施安排；以及各国监管当局自由决定的范围。体现协议核心思想的是前两项。《巴塞尔报告》的核心内容是资本的分类。具体内容如表 2 - 1 所示。

表 2 - 1                  巴塞尔资本协议 I 基本内容

BASEL I

| 基本组成 | 主要内容 |
| --- | --- |
| 资本的分类 | 分为两级。<br>第一级是核心资本，要求银行资本中至少有 50% 是实收资本（普通股和永久非累积优先股。普通股可以通过发行股票吸收社会资金，也可以通过银行的盈余账户转入，发行优先股也能增加银行资本因此也是构成股本的重要手段）及从税后利润保留中提取的公开储备（通过保留盈余或其他盈余的方式在资产负债表上明确反映的储备，如股票发行溢价、未分配利润和公积金等）所组成。<br>第二级是附属资本，其最高额可等同于核心资本额。附属资本由未公开的储备（只包括虽未公开，但已反映在损益表上并为银行的监管机构所接受的储备）、重估储备（包括对记入资产负债表上的银行自身房产的正事重估和来自由隐蔽价值的资本的名义增值）、普通准备金（普通呆账准备金，可以被用于弥补未来的不可确定的任何损失，符合资本的基本特征）、带有债务性质的资本工具、长期次级债务和资本扣除部分组成。 |
| 风险加权制 | 即根据不同资产的风险程度确定相应的风险权重，计算加权风险资产总额：一是确定资产负债表内的资产风险权数，即将不用资产的风险权数确定为五个档次：分别为 0、10、20、50、100。二是确定表外项目的风险权数。确定了 1、20、50、100 四个档次的信用转换系数，以此再与资产负债表内与该项业务对应项目的风险权数相乘，作为表外项目的风险权数。 |
| 目标标准比率以及过渡期的实施安排 | 银行资本充足率 = 总资本与加权风险资产之比不低于 8%，其中核心资本部分至少为 4%。过渡期从协议发布起至 1992 年底止，到 1992 年底，所有从事大额跨境业务的银行资本金要达到 8% 的要求。 |

续表

BASEL I

| 基本组成 | 主要内容 |
|---|---|
| 各国监管当局自由决定的范围 | 强调国家风险对银行信用风险的重要作用，明确规定不同国家的授信风险权重比例存在差异。 |

不足：对风险的理解比较片面，未涵盖信用风险和市场以外的其他风险，而信用风险权数区分过于粗略；对金融形势的适应性不足；忽视了全面风险管理的问题。

## 2. BASEL II

《巴塞尔资本协议 II》（BASEL II）是由国际清算银行下的巴塞尔银行监理委员会（BCBS）所促成，内容针对 1988 年的 BASEL I 做了大幅修改，以期标准化国际上的风险控管制度，提升国际金融服务的风险控管能力。新协议将风险扩大到信用风险、市场风险、操作风险和利率风险，并提出"三个支柱"，基本框架如图 2 - 1 所示。

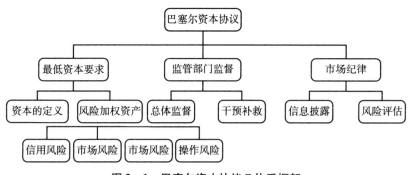

**图 2 - 1　巴塞尔资本协议 II 体系框架**

《巴塞尔资本协议 II》要求资本监管更为准确地反映银行经营的风险状况，进一步提高金融体系的安全性和稳健性。三大支柱包括最低资本要求、监管部门的监督检查和市场纪律。具体内容如表 2 - 2 所示。

表 2-2　　　　　　　　　巴塞尔资本协议 II 基本内容

| 基本组成 | 主要内容 |
|---|---|
| 第一大支柱：最低资本要求 | ①即最低资本充足率达到 8%，而银行的核心资本的充足率应为 4%。<br>②在测算信用风险时，协议提供了三种可供选择的方案，包括标准法（银行根据外部评级结果，以标准化处理方式计量信用风险）、内部评级初级法（允许银行测算与每个借款人相关的违约概率，其他数值由监管部门提供）及内部评级高级法（允许银行测算其他必须的数值）。<br>③在测算市场风险和操作风险时，协议提供了三个方案，包括基本指标法［资本要求可依据某一单一指标（如总收入）乘以一个百分比；标准法（将银行业务划分为投资银行业务、商业银行业务和其他业务，各乘以一个百分比）；内部计量法（由银行自己收集数据，计算损失概率）］。<br>④总的风险加权资产 = 由②计算出来的风险加权资产 + 由③计算出来的风险加权资产。要求信用风险、市场风险和操作风险的最低资本充足率为 8%。 |
| 第二大支柱：监管部门的监督检查 | 确保各银行建立起合理有效的内部评估程序，强调银行要评估各类风险总体所需的资本，用于判断其面临的风险状况，并以此为基础对其资本是否充足做出评估。监管当局应建立机制，重点监控从风险轮廓或经营情况角度观察应予注意的银行，从市场的性质、收益的有效性和可靠性等因素进行监督检查，以全面判断该银行的资本是否充足。 |
| 第三大支柱：信息披露/市场纪律 | 通过建立一套披露要求以达到促进市场纪律的目的，披露要求将便于市场参与者评价有关适用范围、资本、风险、风险评估程序以及银行资本充足率的重要信息。 |
| 相比 BASEL I 改进之处 | 国际银行业的监管提供了统一标准；强调了风险管理的重要性，对信用风险、市场风险、操作风险等做了详细的规定，把表外业务也列入风险资产的衡量框架中，并且对衍生金融工具的风险计算做了有益尝试，监管内容更全面，约束力更强。 |

资料来源：《巴塞尔新资本协议》中国银行业监督管理委员会翻译件，2003.

此外，第一大支柱中涉及与信用风险、市场风险以及操作风险有关的最低总资本要求的计算问题。最低资本要求由三个基本要素构成：受规章限制的资本的定义、风险加权资产以及资本对风险加权资产的最小比率。新协议在原来只考虑信用风险的基础上，进一步考虑了市场风险和操作风险。在计算资本比率时，市场风险和操作风险的资本要求乘以 12.5（即最低资本比率 8% 的倒数），再加上针对信用风险的风险加权资产，就得到分母，即总的风险加权资产。分子是监管资本，两者相除得到资本比率的数值。

第二大支柱中的监管部门的监督检查，是在实施监管的过程中，应当遵循如下四项原则：原则一：银行应具备一整套程序，用于评估与其风险轮廓相适应的总体资本水平，并制定保持资本水平的战略。原则二：监管当局应检查和评价银行内部资本充足率的评估情况及其战略，以及银行监测和确保满足监管资本比率的能力。若对结果不满意，监管当局应采取适当的监管措施。原则三：监管当局应鼓励银行资本水平高于监管资本比率，应该要求有能力银行在满足最低资本要求的基础上，另外持有更多的资本。原则四：监管当局应尽早采取干预措施，从而避免银行的资本低于抵御风险所需的最低水平；如果得不到保护或恢复则需迅速采取补救措施。

第三大支柱中总体披露原则是银行应具备一套经董事会批准的披露政策，政策应涉及银行决定披露内容的方法和对于披露过程的内部控制。在披露范围包括适用范围、资本构成、资本充足率、风险披露和评估等方面提出了定性和定量的信息披露要求。对于一般银行，要求每半年进行一次信息披露；而大型银行，要求它们每季度进行一次信息披露；对于市场风险，在每次重大事件发生之后都要进行相关的信息披露。

## 3. BASEL Ⅲ

《巴塞尔资本协议Ⅲ》于 2013 年 1 月 6 日发布其最新规定。新规定放宽了对高流动性资产的定义和实施时间。确立了微观审慎和宏观审慎相结合的金融监管新模式，大幅度提高了商业银行资本监管要求，建立全球一致的流动性监管量化标准，将对商业银行经营模式、银行体系稳健性乃至宏观经济运行产生深远影响。具体内容如表 2 - 3 所示。

表 2 - 3　　　　　　　　　　巴塞尔资本协议Ⅲ基本内容

| 改进部分 | 主要内容 |
|---|---|
| 强化资本充足率监管 | ①将最低普通股要求从 2% 提升至 4.5%，此外，银行还需要计提 2.5% 的资本留存超额资本来抵御未来可能存在的经济下行压力，这便使得对普通股的总体要求达到了 7%。<br>②监管资本为三级分类，即核心一级资本、其他一级资本和二级资本；取消三级资本。其中一级资本的最低要求为 6%，严格执行对核心一级资本的扣除规定，提升资本工具吸收损失能力。<br>③引入逆周期资本监管框架，包括 2.5% 的留存超额资本（防护缓冲资本）和 0～2.5% 的逆周期超额资本。增加系统重要性银行的附加资本要求，暂定为 1%。<br>④扩大新资本协议的风险覆盖范围，提高交易账户风险暴露，再证券化和资产将支持型商业票据流动性额度的资本要求。加强对交易对手信用险的资本要求和风险管理标准的建议。采用差异化的信用风险权重方法，明确操作风险的资本要求；提高交易性业务、资产证券化业务、场外衍生品交易等复杂金融工具的风险权重。<br>⑤引入杠杆率监管标准，即一级资本占调整后表内外资产余额的比例不低于 3%。建立反周期资本监管框架。<br>⑥资本监管标准从 2012 年 1 月 1 日开始执行，系统重要性银行和非系统重要性银行应分别于 2013 年底和 2016 年底前达到新的资本监管标准。 |
| 改进流动性风险监管 | ①建立多维度的流动性风险监管标准和监测指标体系：建立流动性覆盖率、净稳定融资比例、流动性比例、存贷比以及核心负债依存度、流动性缺口率、客户存款集中度以及同业负债集中度等多个流动性风险监管和监测指标。其核心的两个流动性风险监管新指标——流动性覆盖率和净稳定资金比例均不得低于 100%。同时，推动银行业金融机构建立多情景、多方法、多币种和多时间跨度的流动性风险内部监控指标体系。<br>②新的流动性风险监管标准和监测指标体系自 2012 年 1 月 1 日开始实施，流动性覆盖率和净稳定融资比例分别给予 2 年和 5 年的观察期，银行业金融机构应于 2013 年底和 2016 年底前分别达到流动性覆盖率和净稳定融资比例的监管要求。 |

| 改进部分 | 主要内容 |
|---|---|
| 强化贷款损失准备监管 | ①贷款拨备率不低于 2.5%，拨备覆盖率（贷款）不低于 150%，原则上按两者孰高的方法确定银行业金融机构贷款损失准备监管要求。<br>②过渡期安排：新标准自 2012 年 1 月 1 日开始实施，系统重要性银行应于 2013 年底前达标；对非系统重要性银行，监管部门将设定差异化的过渡期安排，并鼓励提前达标；盈利能力较强、贷款损失准备补提较少的银行业金融机构应在 2016 年底前达标；个别盈利能力较低、贷款损失准备补提较多的银行业金融机构应在 2018 年底前达标。 |

资料来源：BIS《2010 增强银行体系稳健性》和《2010 流动性风险计量、标准和监测的国际框架》中国银行业监督管理委员会翻译件，以及《2013 中国银监会关于中国银行业实施新监管标准的指导意见》。

## 2.4.4　各国对银行资本监管制度概况

在巴塞尔委员会的提倡下，到 2008 年，全球已经有五十多个国家加入的资本协议制度。各个国家实施的进程跟美国对比，进度远远低于美国，表现得比较迟缓，在 2005 年，美国有关部门发表新资本协议并且设定了必要的过渡期，在此基础上延迟到 2009 年。在此前，美国商业银行早在 1998 年经过调整对旧资本协议已经完全适用。所以在新协定下，美国只让核心银行改变旧资本协议并逐渐向资本协议过渡，大多数银行并不愿意改变接受新资本协议，他们依旧实施旧资本协议。在美国并不强制性要求所有的银行实施新资本协议，这是因为，资本市场对美国的金融体系影响较大，信息的大量披露影响了政府对内部评价的依赖感；而且美国银行结构组成不具有规律性，比较分散，就算再小的银行也可能占据着举足轻重的地位，所以更不能强制性的规定小银行执行要求拥有资金成本雄厚才能执行的新资本协议。此外美国的监督系统错综复杂，对于事情的协调需要通过很多机制，耗费的时间较多。2008 年，金融危机全面爆发，让美国政府发现缺陷的问题主要来源是市场约束，美国的金融监督系统从此进入了大范围的整改，对资产证券以及其他衍生产品的信息披露加强管理；对投资消费者的利益加强保护；在进行危机控制时保持政府领导，政府才是险情的第一处理人。其中强调，充分发挥市场的自我约束能力，但政府的强制性监管在有些方面会减弱市场的自我约束能力。

在欧洲，欧盟委员会提出新资本协议的必要性，并且提出了第三方请求，在 2007～2009 年，在欧洲范围内的银行必须满足第三方请求，对于相关信息进行披露，而具体实行新资本协议的时间，由监管力度以及具体情况决定。在 2009 年，欧行监管委员会对 25 家银行进行了相关分析评估，最终结果表明，这 25 家银行都愿意把信息披露给公众，能让公众正确看待银行可能出现的风险状况或者资金正常的运行情况等。此外，25 家银行对于证券化信息的质量有所提高，并且擅长定性分析。在这样的发展前景下，某些内容的信息披露仍然需要提高：自有资产的构成特征、信用风险部门的缓释信息、对信用风险以及市场风险回溯测试的信息、对手交易信用风险的信息以及其他证券的信息。

此外，澳大利亚没有进入巴塞尔委员会，但其金融监督管理机构审慎监管署（APRA），对实施新资本协议长期保持积极的态度。在 2007 年，APRA 完成了大部分新资本协议规定的有关内容，并且很好地推行了 13 个与新资本协议类似有关的审慎监管准则。同时，澳大利亚的金融机构都对 APRA 规定做出了响应，从 2008 年起，开始陆续实施新资本协议。但目前澳大利亚商业银行信息披露规范大部分集中在信用贷款资产质量、信用风险的集中程度和呆账准备资金等方面，而对银行信用风险缓解信息技术披露在某些方面有着一定的要求，但总体来说依然与《巴塞尔协议》有着一定的距离。

最后，我国商业银行显示实际运作看，在国家证监会的相关要求中，有关市场的风险权数、标准法和投资两者之间相结合以及和不同的风险资产相对应的资本要求等都没有与新协定等同的相关要求，在大体上我国的商业银行在信息披露规范还有待提高。此外，中国证监会对商业银行也针对内部控制制度的完整性、合理性和有效性提出相应的具体说明，并且强烈要求相关的会计事务所做出相应评价报告。但对于操作风险性，中国证监会并没有强制性的去要求上市银行一定要做出信息披露。

第 3 章

# 银行信息披露理论
# 相关文献分析

在这一章中将专注于银行业这一特定行业，重点分析银行业会计信息披露相关文献。包括对银行业的会计研究中一些突出问题的解释：如银行金融资产和负债，如何在银行审慎监管中使用财务数据，如何对银行的预提方法（即贷款损失准备金）进行分割和建模。此外，会计变更与银行危机之间的联系，如公允价值计量的应用，结合银行的流动性和资金供给的作用来进一步支持银行的重要经济角色。

现有的银行会计研究对有关会计信息披露相关问题都进行了不同层次的研究。它们的理论基础主要集中于银行与市场投资者之间以及银行与市场监管者之间的信息不对称问题。而银行的不同资产衍生出的信息不对称问题也为与银行会计信息披露问题提供了广阔的研究平台。本章把银行业会计信息披露研究分为四个部分。它们分别是围绕以下几个基本问题和相关的经济问题展开的。也就是，第一，银行会计信息价值和风险的相关性问题；第二，会计自由裁量权对盈余管理和监管资本报告的影响；第三，在金融危机背景下会计决策对银行的经济行为的影响；第四，在金融危机背景下银行高层管理者对银行会计决策行为的影响。具体而言，为了研究这些问题，目前银行会计信息披露的文献主要是从贷款损失准备（loan loss provision）和资产的公允价值（fair value accounting）核算为切入点。贷款损失准备金是

银行为抵御贷款可能造成的信用风险而提取的用于弥补银行到期不能
收回的贷款损失。它是银行应对未来对资本的潜在需求的表征，具有
防范银行信用风险与补充银行资本的特性。贷款损失准备金计提不仅
影响着银行的资本充足状况和盈利状况，而且也是衡量商业银行资产
质量的重要指标。相应地，研究银行贷款损失准备计提状况可以解释
估计损失对于评估银行不透明资产（如银行贷款）的重要性，以及
贷款损失准备金计提对监管资本比率计算的影响。

相较而言，在金融危机期间银行信息披露政策备受争议，普遍认
为银行公允价值计量、贷款损失准备在银行信息披露中起到了重要作
用，其中公允价值计量更是提高资本市场信息的可靠性，恢复金融稳
定，是未来会计计量发展的方向和趋势。但事实上，以公允价值认定
的银行资产往往表现得更不透明，对监管资本比率的影响也不显著。
因此，这部分文献的发展很大程度上是由于投资者对银行的信息风险
和披露的公允价值估值的可靠性存在质疑，同时金融监管机构对上市
公司，特别是对金融机构披露公允价值信息做出了统一明确的规范，
并要求扩大有关公允价值信息的披露，其目的在于提高财务信息的透
明度，减少不可靠的估值信息加剧信息不对称，降低财务风险。

## 3.1　银行会计信息与市场<br>定价机制相关性研究

银行会计信息与市场定价机制相关性研究是指研究股权和债务市
场对银行会计信息价值评估和风险相关性文献。这些研究主要集中在
银行信息披露（银行使用的贷款损失准备金）是否减少了市场与银
行之间的信息不对称，或者是否不同的会计策略如公允价值计量所导
致的银行市场价值和风险相关性问题。此外，从目前的文献来看，大
多数研究主要侧重于外部股权投资者与银行之间利益冲突的角度。最

后，虽然一些研究试图了解价值或风险相关中的替代监管制度产生的影响，但见解仍有限，未能考虑到制度变迁带来的潜在银行行为变化。

## 3.1.1 贷款损失准备政策与价值相关性研究

有关银行贷款损失准备金的研究在银行会计文献中占有重要地位。贷款损失准备金是银行为避免贷款损失所发生的风险而提前提取的用于弥补银行到期不能收回的贷款损失的准备金。商业银行的准备金计提情况不仅影响着商业银行的资本充足状况和盈利状况，而且也是衡量银行绩效、资产质量的重要指标。同时，因为它可以用来应对银行未来对资本损失的潜在估计，反映了信息的不对称，成为银行会计文献的研究重点。

在第 2 章的 2.3 和 2.4 部分中已经分别综述了银行会计研究的基础理论（信息不对称）模型和提供了制度背景的一些介绍。这一部分，我们将重点讨论银行财务报告对股票和债券的估值和风险评估影响的研究。随着霍瑟森和沃特斯（2001）的研究开始，大部分危机前的实证会计研究主要检测银行财务报告和银行外部融资之间的关系。而对外部融资的研究，主要集中在外部股权融资而不是信贷市场的融资。这样的研究趋势在某种程度上也反映了会计准则制定机构焦点集中在为投资者提供决策有用的信息。尽管在后危机时期研究银行财务报告对债务的影响的文献增加了，但发展还不够成熟，相信在未来在信贷市场更多的研究将帮助我们更深刻地理解信息不对称在会计信息与债权人之间的作用机理。同时，虽然在理论上的银行管理人员和外部投资者（或债权人）之间的信息不对称问题对于了解银行放松资本约束能力举足轻重，但在实证研究中财务报告和资本市场之间的关联作用并不明显。虽然研究股票市场对贷款损失准备金反应主要是基于信息不对称问题，但在公允价值计量研究领域，信息不对称问题的研究非常有限。虽然最近已有一些学者开始研究银行的信息环境的影响，并把研究重点转移到了债务市场，这种转变目前还不明朗。特别是，在股权与债权人之间的代理冲突，以及在信息获取和风险偏好的差异还没有被深入探讨。

为了解决有信息优势的银行管理者和处于信息劣势的投资者或监管机构之间的信息不对称问题，管理者可能更愿意通过贷款损失准备计提以传达他们的私人信息。例如，尼考尔斯等（Nichols *et al.*，2009）发现，相比民营私有银行，上市银行面临较高的信息不对称问题，因此上市银行会提供及时的贷款损失准备金来缓解信息不对称问题。另外，管理者可能利用他们的信息优势进行盈余管理，其结果是管理者通过投机取巧的方法获得盈余平滑效果，或者可能正好与股东利益相吻合。为了评估贷款损失准备金（loan loss provisions，LLP）或拨备存量（loan loss reserves，LLR）[①] 中信息含量，学者们研究了股票收益/价值与准备金/拨备存量水平之间的相关性。

基于信号理论，比弗等（Beaver *et al.*，1989）首次讨论了市场价值与贷款损失拨备存量 LLR 之间是否存在正相关关系。他们的理论是：银行高盈利对于市场是一个积极的信号，会使得市场认为银行经营状态良好，盈余状态平稳，所以管理者愿意去认定贷款损失准备金。这种"收益平滑"行为可以使收益更具信息性，能揭示银行的良好类型。他们特别指出贷款组合的补充披露有关贷款组合的各种特征，对贷款损失准备金也起到了很大的信息增量作用。实证结果表明，以市场/账面价值比衡量的市场价值与贷款损失拨备存量之间的正相关关系，说明银行管理层愿意向市场传达信息，即银行的盈利能力能够承受增加的贷款损失准备金对盈利的冲击。瓦伦（Wahlen，

---

①　贷款损失拨备存量 LLR 反映了管理层对银行贷款组合在某一时刻所固有的损失估计。银行注销不良贷款时是贷款损失拨备存量提取，而不是直接与盈余挂钩。为了调整因某季度或某年内不良贷款增加的贷款损失拨备存量，银行作出非现金损失准备金 LLP。总之，贷款损失准备金增加拨备存量，但减少盈利。不良贷款的冲销减少了拨备存量，过去冲销的贷款回收率增加了拨备存量。无论是不良贷款冲销还是回收都不直接影响盈利。

1994）研究发现，只有当银行发生不良贷款和冲销的事件是出乎市场预期时，市场回报和未来现金流量才会随着突然的或自由裁断的准备金的增长而增长，同时也强调了其他控制变量中信息含量的重要性。此外，刘和瑞恩（Liu & Ryan，1995）测试了股票回报率和贷款损失是否取决于贷款类型。他们的研究显示，贷款损失准备金的及时性减少了准备金的自由裁量权，进而影响了准备金中包含的信息量。具体而言，银行在确认那些大而频繁或需重新谈判的异构贷款的损失准备金往往不及时，从而会公布一些负面新闻，导致损失准备金与收益之间的正相关。比弗和恩格尔（Beaver & Engel，1996）的研究也支持这一信号假说，他们强调了贷款损失准备金中自由裁量部分，发现相较于非自由裁量部分，市场价值只与自由裁量的贷款损失准备金呈正相关关系。

另一方面，艾利洛伊特等（Elliot et al.，1991）的研究也是基于信号理论。不同的是，他们的论点侧重于银行使用贷款损失准备金只是来表达他们解决贷款问题的能力，或表明他们是"优质"的类型，其中并不含有盈利平滑的动机。他们把研究扩展到市场反应部分，发现在欠发达国家，资本市场亦对大型银行公布的对问题贷款增加贷款损失准备金作的信息披露作出积极反应。相反，当银行（如波士顿银行）发布大型冲销公告时，即大量不良贷款无法收回，资本市场会作出消极反应。对于这一结果，艾利洛伊特等（1991）的解释是资本市场对待贷款损失准备金变化的态度通常是积极的，因为市场认为准备金变化是代表银行愿意处理问题贷款的信号。而当真正冲销发生时，市场反应就变得消极是因为冲销导致银行的资本充足率减少，而贷款损失准备金实际上却提高银行的资本充足率。类似的结果在格瑞芬等（Grffin et al.，1991）的研究中也得到了印证，即对于大银行的贷款损失准备金增加被市场视为可靠的信号，且产生了积极的市场反应，说明了市场首肯银行解决坏账的意图和能力。刘等（Liu et al.，1997）的结果也支持这一结论，即准备金是用于传递银行有意愿和解决不良贷款能力的信号。他们的数据显示只有在第四季度银行有较低的监管资本比率时，自由裁量的贷款损失准备才会产生的市场正向反应。

但值得注意的是，以上两个基于信号理论的研究也引发了之后更多的对贷款损失准备信号理论的直接检测，但在检测过程中并没有区分出信号理论中平滑盈余。此外，除了以上股票回报率和贷款损失准备正相关的研究，还有其他一些文献从资本充足率和经济周期角度研究了贷款损失准备。如，有文献提出在巴塞尔协议出现前，贷款损失条款实际上增加了监管资本。因此，积极的市场反应可能反映的是银行资本充足率的增加。例如，指出对于资本比率较低的银行而言，对贷款损失准备产生了正向价值的反应，因为较低的资本比率银行更多地得益于贷款损失准备的增加（Liu *et al.*，1997）。此外，在经济良好时期，充足的贷款损失准备金水平可能意味银行能更及时的确认准备金。而那些更及时确认的银行表现出较弱的顺周期性，也不太受经济衰退的影响（如 Beatty & Liao，2011；Bushman & Williams，2012），所以市场可能会对那些及时确认贷款损失准备金的银行做出积极反应。

最后，阿赫迈德等（Ahmed *et al.*，1999）考察了监管资本是否能解释贷款损失准备和股票回报率的关系。他们研究发现在后巴塞尔协议时期，自由裁断的贷款损失准备与股票回报率与负相关，且贷款损失准备减少了第 1 级（Tier 1）核心资本。基于这一发现，他们提出监管资本可以解释在前巴塞尔协议时期贷款损失准备和股票回报率正相关，而在后巴塞尔协议时期两者的负相关的原因。他们还发现，自由裁量的贷款损失准备与下一期贷款损失准备前利润收益负相关，这与信号假说不相符。虽然他们的研究揭示了监管资本解释的贷款损失准备和股票回报率的可能性，他们并没有直接实证分析这种监管资本的假说。

可以看到，过往文献中的研究都试图对贷款损失准备和股票回报率之间的正向关系提供一些解释，但由于这些文献考虑的范围比较有限，所以仍然忽略了贷款损失准备/拨备存量对收益，资本或税收管理的影响。其次，在实证文献中出现的混合结果也让人质疑市场价值/收益率和损失准备/拨备存量是否真的存在积极关联，以及这种关联的可持续性。换句话说，只专注于信号假说对贷款损失准备的解释，而不考虑贷款损失准备市场机制的其他属性，如对盈余、资本或税收管理的内在机理有限理解，是难以提供贷款损失准备金市场价值相关性的有力证据。

## 3.1.2　贷款损失准备决策与财务报告自由裁量权

大量文献研究了银行是否使用财务报告自由裁量权去规避资本充足的要求或实现盈余平滑。其中大多数关于会计选择的研究通常只研究一种会计选择或只考虑会计选择中的单一动机（Fields *et al.*，2001）。而对于银行会计文献中通常研究一个以上的会计选择，并且在一个模型中既考虑资本动机也考虑盈余管理动机。鉴于贷款损失准备是最重要的银行收益动机，本方面的研究主要集中在贷款损失准备金中自由裁量权的影响。

通常在文献中对于会计报告的选择被视为相互独立的，比蒂等（Beatty *et al.*，1995）首次考虑了各种会计选择共同作用的可能性。其基本假设是，管理者对财务报告中采取自由裁量权的动机取决于在自由裁量之前，资本或收益的数额。随后很多文献利用财务报告中自由裁量和资本之间的相关性来衡量资本管理，而自由裁量前后的收益之间的相关性被作为对盈余管理的衡量。而在研究中要识别的资本或盈利动机是极具挑战性，因为需要寻找一个真实存在却不受这些动机干扰的对照组。此外，在监管资本中考虑盈余的影响时，将资本和盈余动机分离开来也更具有难度。针对这些问题，在过往的文献中通过采用了多种方法，至少部分地解决这些识别上的困难。比如，会计选择对监管资本的影响已被用来验证资本管理是否存在，而股权交易状态的差异已被用来分离盈余管理激励作用。

在 20 世纪 80 年代末（巴塞尔协议前）的大部分文献表明贷款损失准备对盈余与监管资本计算起着相反的作用，这也促进了对盈利管理和监管资本管理动机单独的识别。这解释了为何即使较高贷款损失准备会减少收益，低资本银行依旧愿意增加他们的贷款损失准备，以满足监管资本要求。在此期间，一系列实证研究（Moyer，1990；Collins *et al.*，1995；Beatty *et al.*，1995）表明增加贷款损失准备会引起监管资本比率的增加，同时资本比率越低的银行更有动机进行资本管理。他们的结果还表明，在巴塞尔协议前监管资本比率与贷款损失准备之间呈负相关关系。即在巴塞尔协议前，银行通过贷款损失准备的自由裁量权来操纵其报告中的监管资本。相比之下，在这些文献中对盈余管理检测的结果则不太一致。其中，莫耶（Moyer，1990）没有在研究中考虑盈余管理问题，科林斯等（Collins *et al.*，1995）发现盈余和贷款损失准备之间的正相关关系，这符合他们的收益平滑假说，而比蒂等（1995）没有发现收益与贷款损失准备之间存在显著关联。在巴塞尔协议前时期关于盈余管理文献的结果缺乏一致性并且由于缺乏相应的数据，对区分资本管理动机和盈余管理动机存在较大的困难，因此结果也有待于进一步考证。

自 1990 年以来，各国银行陆续采用了巴塞尔协定中资本充足率的规定，这为学者们验证巴塞尔协议前资本管理结果提供了验证的可能。值得注意的是，在巴塞尔协议前，资本充足率随着损失准备金增加而增加是因为贷款损失存量是计入监管资本，但在巴塞尔协议中要求把贷款损失存量从 1 级核心资本计算中剔除，所以在巴塞尔资本协定 I 实施后，1 级核心资本比率就随之下降。因此，低资本的银行就有动机去减少贷款损失准备，以避免违反新资本协定中的最低资本标准。金和克罗斯（Kim & Kross，1998）和阿赫迈德等（1999）利用这个时间段，比较了与巴塞尔协定前的研究，发现对资本管理解释相一致的证据。具体来说，金和克罗斯（1998）发现在巴塞尔协定实施后，银行经理的行为对某些应计项目报告的行为变化，在1989年监管制度变化后，银行贷款损失拨备自由裁量的幅度在减少。特别是相比1985~1988年期间低资本比率的银行在1990~1992年期间减少贷款损失准备金增加冲销。而资本比率较高的银行损失准备金在这两个期间里没有显著差异。阿赫迈德等（1999）利用资本充足率的1990个变化值，对资本和盈余管理对银行贷款损失的影响的进行测试。结果发现贷款损失准备主要是用于资本管理，且监管资本和自由裁量贷的款贷款损失准备之间的负相关是在后巴塞尔时期变成了正相关。这些研究结果证实了巴塞尔协定会抑制机会主义的贷款损失准备金自由裁量的观点。此外，施里弗斯和达尔（Shrieves & Dahl，2003）以1989~1996年607个面板数据为样本，探讨根据巴塞尔协议在自由裁量权会计实践的背景下，日本国际银行是否把盈余管理作为监管资本套利的一种手段。具体而言，在样本区间，日本银行的贷款是受到资本约束的，银行会设置证券销售的收益和贷款损失准备金的相关规定，以这样的方式平滑收益和补充监管资本。结果发现盈余管理的形式可能有助于日本银行遵守国际资本监管。不过他们同时认为，盈余管理行为还有其他解释的可能，如信息传递，税收或经济动机。但也不是所有的研究都得出了相同的结果，阿南达拉詹等（Anandarajan *et al.*，2007）以巴塞尔协议在澳大利亚实施为研究对象，探讨在何种程度上澳大利亚银行使用贷款损失准备来实现资本、盈余管理和信号传递的。在协议实施后，银行更频繁地使用贷款损失拨备来进行盈余管理，并且上市商业银行比非上市商业银行更积极地使用LLP来实现盈余管理。这表明，财务报告的盈利可能不能通过这些数字来反映真实的经济现实。最后，他们的研究并没有发现银行资本管理和信号传递在协议实施后有任何改变。

比蒂等（2002）实证分析了银行的盈余管理诱因。她们比较了公开上市银行与私人持股银行之间在利用贷款损失拨备的自由裁量以避免的盈利减少的行为差异，以检查是否高频率的小幅度盈利增加相对于小幅度盈利下降的上市公司财务报告是由于盈余管理。他们的样本期间是覆盖了巴塞尔资本协定实施前和实施后，结果发现，上市银行的股东比私人银行的股东更可能依赖于简单盈利的启发式来评估公司的业绩，上市银行有更多的激励机制使得其盈利报告能稳步增加。相对于私人银行，上市银行较少报告利润下降，更可能使用自由裁量权的贷款损失拨备以消除盈利减少的影响，实现其盈利的目标，并且更愿意报告长周期的连续盈利增加。这些发现虽然与盈余平滑理论有所不同，但从侧面也反映了贷款损失准备金的自由裁量权与盈余管理的激励机制相关，这与收益对资本管理的影响是不同的。由此，我们提出本书中的第一个研究方向：贷款损失准备是银行管理者信息披露的重要手段之一，同时也会随着经济环境变化而发生改变。

## 3.1.3　公允价值计量的市场价值相关性研究

自 20 世纪 80 年代美国储贷危机以来，公允价值会计又被人们重新搬上历史舞台。公允价值的争论再次引起人们对公允价值会计在金融危机中潜在影响的广泛关注。但这期间人们对公允价值会计与历史成本会计的争论一直在持续，甚至在大萧条时期公允价值会计被认为是银行倒闭的诱因。有些学者认为，尽管公允价值会计计量的引入可能使得价值的决定权不适当地分配，但历史成本会计计量导致了一个扭曲的风险转移激励机制。例如，公允价值会计计量模式下银行违反监管资本要求反而要比历史成本会计计量模式下更频繁（Barth *et al.*，1995）。在历史成本会计计量制度下，当资产公允价值下降（例如，公允价值资本比率低于最低资本要求），银行有采取承担过度风险的动机，即使他们没有违反他们的资本监管要求（Dewatripont & Tirole，1994）。但这种冒险行为相对于监管干预与公允价值资本要求相结合的模式，可能不能达到社会最优状态。

在 21 世纪的几场金融危机期间，学者们对公允价值会计所产生的潜在影响进行了广泛研究（Dewatripont *et al.*，2010）。其中，公允价值会计计量与历史成本会计的相关性、可靠性以及经济后果也一直是研究的焦点。银行业一直是公允价值会计计量文献中研究的焦点行业。这主要是因为银行业的特殊性决定的，如其对金融资产的大量使用，而金融资产的价格往往会受公允价值计价的影响，其程度要远远超过其他非金融公司。此外，银行监管对公允价值会计的运用也起到了一定的影响。例如，美国银行业监管机构是公允价值计量方法的早期批评者，提出监管资本的规定应使用审慎原则来降低公允价值会计的影响。

支持实行公允价值计量的学者认为，公允价值是一个更具有相关性的金融工具，它为投资者提供更透明，及时和准确的信息。而反对者则认为，当市场流动性不足或市场不景气时，公允价值计量可能会导致意想不到的恶性后果。对于公允价值争论的焦点主要集中于公允价值计量的会计信息告知了价格，但价格却不能如实反馈于会计报告中。一般而言，信息守恒研究框架下，有两种公允价值的情形被考虑：一种是有效价格，即价格等于股东认可的公允价值，另一种是非有效价格，即价格不等于股东认可的公平允值。在第一种情形下，普遍认为，如果市场通过公允价值来计量历史成本收益以获得市场价格，那么用有效价格的公允价值收益来替换历史成本收益可以消除市场在建立公允价格时所面临的信息不对称问题。在第二种情形下，普遍认为，当存在市场错误定价，如在 20 世纪 90 年代纳斯达克泡沫，那么公允价值会计不仅因为设置价格的增加而减少历史成本收益，而且进一步助长泡沫所带来的价格飞涨并计入财务报表中。类似的研究（Peek，2011）指出公开资本市场中的投资者不只仅对基本信息进行交易，所以资本市场的作用主要是收集和权衡各个投资者分散的意见，从而消化信息，而不是生产新的信息。另外，投资者尤其不喜欢模糊状态，所以一旦资本市场出现状态模糊时期，如美国次贷危机等，投资者就会变得尤为悲观。斯坦顿和瓦莱斯（Stanton & Wallace，2011）也指出在金融危机期间市场价格的低效率，他们发现在危机期间的 CDS 指数与抵押贷款违约率的任何合理假设不一致。其中，信用违约掉期（CDS）ABX. HE 指数是基于一揽子抵押贷款证券的信用指数，是危机期间金融机构广泛使用的基准，标志他们持有的次级抵押贷款组合风险等级。实证结果发现，CDS 指数等级为 AAA 的资产价格与抵押贷款违约率的任何合理假设不一致，而这些价格的变化与观察到的标的物贷款业绩变化只是弱相关，这让人严重怀疑 CDS 作为估值基准的合理性。此外，CDS 指数等级为 AAA 的资产价格的变化与面临较高抵押市场风险的大型投资银行卖空活动相关。这表明资本约束、限制抵押债券保险的供应量的作用显著。董等（Dong *et al.*，2012）检测了当历史成本会计被替换为公允价值会计，是否会造成一些定价中重要的渐进信息的丢失。他们在可供出售证券的出售过程中，发现一些未实现的证券投资收益和损失需要重新分类记入净收益，这表明渐进式的信息会发挥重要的作用。他们发现，重新分类的收益和损失的信息是逐步反映于市场价值和市场回报，其系数与净收入中相对固定的成分有关，但相较与未实现损益，其价值不具有持续性。他们认为这些研究结果表明，摊余成本信息对投资者投资决策是有用的，FASB 应继续要求企业披露实现的利得和损失的信息。

**1. 公允价值对股票市场的影响及其会计行为的经济后果**

在公允价值会计研究中，有很多学者考察了银行公允价值披露的价值相关性（Barth，1994；Barth *et al.*，1996；Eccher *et al*，1996；Nelson，1996；Venkatachalam，1996；Wong，2000）。这些研究解决的根本问题是有关证券的公允价值是否是一种可靠估计方法。研究一致认为，投资者认为公允价值估计这些证券要比使用历史成本计价更具有价值相关性。证券的公允价值估计的可靠性会随着各种类型的证券变化而变化，并与预期的公允价值估计误差程度相关。特别是，交易量较少的证券中有公允价值估计误差要比交易更积极的证券更大，其估价可靠性较低。其中，一些研究解决的问题是资产公允价值估计和公允价值证券收益和损失是否同样可靠。如巴瑟（Barth，1994）的研究认为，公允价值的估计误差是加剧了证券的收益和损失，这是基于公允价值变动，与公允价值相关的相对误差造成的。事实上，在证券收益和损失的估计误差可能是巨大的，以至于消除其价值相关性。

学者们在公允价值的价值相关性研究中对公允价值估计中不同的测量方法之间在价值相关性上的重要性也进行了研究。比如宋等（Song et al.，2010）根据 SFAS157 把公允价值资产进行三级分类，重点考虑了公允价值计量方法如何影响认定公允价值的价值相关性。他们的结论是，对于那些观察不到的，公司自己决定的估值存在更大的信息不对称问题，这也导致了第三级资产公允价值（相对于 1 级和 2 级资产）的价值相关性减少。因为 1 级和 2 级资产的公允价值主要还是依靠市场价值。尽管宋等（2010）的研究显示在公平值估计中自由裁量权和噪音的潜在重要性，但他们并没有试图文中区分两者的影响。之后，阿塔穆罗和张（Altamuro & Zhang，2013）试图把公允价值估计中自由裁量部分从第三级资产中分离出来，特别研究了按揭债务管理资产（MSRs）的确认公允价值中管理者自由裁量部分。他们发现，与第二级的 MSR 资产公允价值相比，通过费用来衡量的第三级 MSR 资产公允价值更能反映未来现金流的持续性。他们还发现，第三级资产公允价值与代理违约风险和提前还款风险有较强的关联。由此可见，管理者在估计第三级资产公允价值时使用了自由裁量权，主要是为了向市场提供预测未来银行绩效和风险的有用信息。这些结果是与管理者愿意通过自由裁量的公允价值来传达信息的假说相一致。与此结果一致，程（Cheng，2012）检验了在 FSP157 - 3 会计准则颁布前后抵押贷款支持证券（MBS）的公允价值与经济因素和公司特征因素的关系。当金融资产的市场不活跃和重大的调整需要重新估计公允价值时，FSP 157 – 3 允许额外的会计自由裁量权的公允价值报告。通过使用观察到的经济因素、公司各种报告的激励机制以及报告实体的抵押贷款银行业务，对 MBS 公允价值报告进行评估，实证表明在 FSP157 – 3 规则下公司使用了额外的会计自由裁量权对证券公允价值进行报告，且抵押支持证券的公允价值和经济因素的关联度在新的 FSP157 – 3 规则下降低了。

除了对证券股价相关性问题，也有一些对银行贷款进行公允价值估计的问题研究。一般而言，贷款的公允价值的可靠性是值得怀疑的，因为银行经理选择的报告数据是由他们判断的估计值。相反于银行家的估值，投资者感知的银行贷款公允价值却反映了贷款的基本价值，并比历史成本估值更具相关性和可靠性（Barth *et al.*，1996）。此外，鉴于银行经理有动机行使他们的自由裁量权来估计贷款公允价值，一些研究发现（Barth *et al.*，1996）行使这种自由裁量权会降低公允价值估计的可靠性。这是因为在监管资本较低的银行，其贷款公允价值的定价倍数较低。不过，管理者自由裁量权的贷款公允价值估计并不能完全消除其价值相关性。这些研究中通常隐含的假设前提是，管理者和股票投资者之间的信息不对称对公允价值计量的影响和对公允价值中的随机测量误差的影响是一样。相比之下，比弗和文卡塔查拉姆（Beaver & Venkatachalam，2000）的研究是个例外，他们直接研究股权市场如何对银行贷款的公允价值估计中自由裁量权进行估价，以此来检测信号理论假设和机会主义理论假设。其中他们将贷款的公允价值分为三个部分：自由裁量、非自由裁量和噪声。他们发现公允价值估计中的自由裁量部分与市场价值关联为更显著的正相关，从而暗示了信号理论假说的成立，符合自由裁量行为会受到信号因素激励的论点。相反，公允价值估计中噪音部分要比非自由裁量与市场价值更显著的负相关。

如上文献大多专注于银行的金融资产和负债的主导地位，因此，在很大程度上忽略银行具有的监管方面特征，如监管部门的资本要求。例如，阿伦和卡莱提（Allen & Carletti，2008）认为，用市场价格来评估银行的低流动性市场的偿债能力是不可取的，因为市场价格的冲击可能是由于其他行业（如保险业）造成的。此外，普兰廷等（Plantin *et al.*，2008）认为银行贷款所隐含的信息不对称问题对于理解历史成本会计制度与公允价值会计制度的真实影响非常重要。在他们的模型中，假设银行经理由于多种原因试图最大限度地提高预期收益，包括薪酬合约或审慎比率。他们发现，正因为历史成本计量法对价格信号反应不敏感才导致增值的资产被低效出售，因为该会计制度并不能反映这些价值的增加。而公允价值会计制度可以克服这个问题，但它却扭曲了非流动性资产，如贷款中包含的信息。他们认为，在一般情况下，公允价值会计制度会使资产价格波动放大，波动程度将比经济糟糕状态下基本资产的价格波动。他们指出，那些创造顺周期性的交易战略决策使得公允价值会计制度下的信贷资产价格不稳定，而那些创造逆周期性的交易战略决策使得历史成本会计制度下的基础资产的价格不稳定。

除了信息不对称问题，有些研究把新的会计准则造成的影响也视为其中一个理论焦点。在某种程度上，不仅研究人员对价值相关性研究感兴趣，而且会计标准的制定者，如 FASB（美国财务会计准则委员会）、IASB（国际会计准则理事会）、其他政策制定者和监管机构，如证券交易委员会（SEC）、公司经理以及财务报表使用者，包括金融、信息中介都对价值相关性研究感兴趣。例如，对公允价值估计的价值相关性问题还涉及到了有关衍生工具的计量。其研究的基本问题是衍生工具的公允价值估计是否可靠。而衍生工具的市场发展以及估值技术的更新换代使得衍生工具的公允价值的可靠性特别值得怀疑。研究发现，投资者认为衍生品的公允价值反映了潜在的经济量比他们的名义金额更精确（Venkatachalam，1996）。也有研究探讨了 SFAS 准则要求的外汇产品的衍生物是否其名义金额及公允价值的定量披露与由投资者评估股权回报货币波动的敏感性信息相关（汇率风险）

（Wong，2000）。由于衍生工具通常是被用来改变资产风险，在研究中选择了资产风险暴露（如运用 Delta 指标来衡量风险）为来检查 SFAS 准则对衍生工具产生的效果。实证表明，对衍生工具的披露可能有用，因为其名义金额在估计外汇投资组合 Delta 值时是一个独立变量，而公允价值捕获的单位 Delta 值，可直接用于评估外汇风险。此外，公允价值会计相关文献还涉及非金融无形资产的相关问题。一些研究分析了购买的无形资产或内部开发的无形资产相关的历史成本是否能准确反映无形资产的价值，普遍发现无形资产的成本，如资本化的商业软件和商誉与投资者价值相关，反映无形资产价值隐含在股价中并具有一定的可靠性。

　　此外，在一些国家的会计准则中，有些需要披露的项目只需在资产负债表确认，但在损益表不需确认，而有些需要在资产负债表和损益表中同时确认。鉴于此，部分学者开始研究一个重要问题，即关于投资者对公允价值的估值是否取决于披露还是确认。虽然之间区别可能导致信息属性的差异，但对于银行，这种区别是特别重要的意义。因为这样可能对监管资本计算产生不同的影响。阿赫迈德等（2006）检验了投资者在评估衍生金融工具的差异是否取决于这些工具的公允价值是否确认或披露。他们分析了在 SFAS133 规则实施前衍生品的披露状况，以及在 SFAS133 规则实施之后衍生金融工具公允价值的强制识别，比较了两者所包含的价值相关性是否不同。他们发现披露的衍生工具的估值系数不显著，而确认衍生工具的估值系数却是显著的。这些结果表明对衍生工具确认和披露相互之间不可替代，而 SFAS 133 规则增加了衍生金融工具的透明度。鉴于，SFAS115 规则需要银行确认以前只在脚注中披露证券投资的公允价值，比蒂等（1996）和考内特等（Cornett et al.，1996）以不同的方法对相同问题进行研究，发现 SFAS115 规则的实施引起了负面的市场反应。这说明识别和披露对投资者使用和感知公允价值的影响存在差异。此外，区别披露与认可差异的研究存在着方法论上的缺陷，银行行为的改变可能不是由于披露与认定的差异，而是由于规则的变化会造成如监管资本计算方法的变化。因此，把价值相关性的变化单单归咎于财务报表信息的定位，这方法不一定准确。为了解决这个方法问题，研究人员开始着手探讨控制行为变化有哪些诱因。

可以看到，学者们对公允价值计量问题进行了多种多样的研究，但这些研究似乎仍然缺乏对公允价值的全面系统的研究。我们认为公允价值计量问题的分析不应仅局限于某个公允价值会计准则的变化，而是应该更深入地探究银行管理者和股东之间的信息问题，这些信息问题如何受到公允价值计量变化的影响，以及信息的问题是否还受到监管机构和其他相关者的影响，最后形成相应的理论体系。只有这样全面的调查才有可能解释为何在文献中出现不一致或混合的结果。

## 2. 公允价值对股权风险评估的影响及其会计行为的经济后果

关于公允价值的风险相关性研究与价值相关性研究一样都面临许多相似的问题。价值相关性研究是评估特定财务数字是否反映了投资者在评估公司股票所需的信息，而不是估计公司的价值（Barth et al.，2001）。而风险相关性研究解释股票市场风险，同时也为企业的风险进行评估。那么把财务报告的噪音与市场波动的相关性解释为代表更高的企业风险，这也许值得商榷。具体而言，在风险相关性研究中同样要解释信息不对称带来的影响、股票的风险测量如何影响信息不对称问题以及公允价值认定和披露是否引起了银行行为差异，尤其是对监管资本的计算。

基于对利润表中引入了公允价值变动损益、突出了资产减值损失、改变了投资收益和少数股东损益的披露位置以及在利润表中引入了其他综合收益，部分文献也探讨了公允价值会计和股票市场风险之间的关联。例如，霍德尔等（Hodder et al.，2006）指出既然公允价值计量的金融工具对银行绩效和风险评估的如此关键，研究银行风险与公允价值会计的关系具有重要意义。在他们的研究中调查了风险相关性的三个性能指标的标准方差：净收益，综合收益，以及自己构建的一个完全公允价值计价的收入。他们对 1996～2004 年间美国 202 家商业银行样本的分析发现，以完全公允价值计价的收入波动性是综合收益的三倍以上，是净收益的五倍以上。此外，他们还发现，以完全公允价值计价的收入（超出净收益和综合收益的波动性）的增量波动与市场 $\beta$ 值、股票回报率的标准方差以及长期利率 $\beta$ 值呈正相关关系。此外以完全公允价值计价的收入增量波动性与超额收益率和银行的股票价格呈正相关关系并对隐含在银行股票价格的预期收益产生积极的影响。研究结果表明，以完全公允价值计价的收入波动反映了风险的因素，与资本市场定价的风险密切相关，而这些风险因素并没有被净收益或综合收益的波动性捕捉到。

巴瑟等（1995）探讨了收益重述和资本监管是否反映了银行披露证券投资的公允价值。他们发现：公允价值为基础的收益比历史成本收益具有更大的波动性，但股价不反映增量波动性。此外，银行在公允价值会计规则下比在历史成本会计规则更频繁地违反监管资本要求。公允价值的违规行为有助于预测监管资本的违规行为，但股价不反映这种潜在的监管风险加大。且只有历史成本的违规行为才被市场视为信息事件。最后，股票价格反映利率变动，即使投资证券的合约现金流量是固定的。基于这些发现，他们认为公允价值会计并没有比历史成本会计能够捕捉更多的潜在经济风险。

雷德尔和赛拉费姆（Riedl & Serafeim，2011）研究了在金融工具强制性披露的规则 SFAS 157 下，银行股票 $\beta$ 系数和公允价值之间的关系，以检测在金融工具中公允价值更大的信息风险是否导致更高的资本成本。他们特别关注了公允价值会计中不同的认定方法。他们发现，相较于那些指定的第一级或第二级资本，公司拥有高风险的第三级资本的金融资产面临高水平的 $\beta$ 系数。其中，他们利用分析师报道率、市场资本总值，分析师预测误差和分析师预测分散来衡量公司的信息环境。他们还发现公允价值隐含的 $\beta$ 系数的差异在那些信息环境较差的公司中更显著，即更不透明的金融资产会有更高的资本成本。他们认为，在企业信息环境的差异可以减轻不同指定的公允价值的信息风险。

虽然如上论文都探讨公允价值与市场 $\beta$ 系数值的关联，但对结果的解释却不一致。霍德尔等（2006）认为公允价值与市场 $\beta$ 值正相关的结果表明公允价值会计计量更好地反映了企业的风险，而雷德尔和赛拉费姆（2011）却认为公允价值与市场贝塔系数正相关表明与公允价值计量的会计数据包含的信息风险更大。这两种解释对研究会计数据的性质有着非常不同的含义。其中，公允价值计量中的噪声部分可能会影响这些解释。因为公允价值计量中的噪声部分可能与市场波动率呈正或负相关。如果公允价值计量中的噪声部分真的受市场波动率影响的话，那么霍德尔等（2006）文中对收益波动率不同测量法和 $\beta$ 系数之间显著相关性的解释就不成立了。此外，雷德尔和赛拉费姆（2011）文中对公司拥有高风险的第三级资本的金融资产时将面临高水平的 $\beta$ 系数的解释是否合理也取决于在对第三级资本测量中噪声部分是否受信息不对称的驱动。

此外，风险相关性研究把新的会计准则造成的影响也视为一个理论焦点，特别在对银行系统研究时，探讨了现行金融监管制度和会计准则可能产生的经济后果。例如，霍德尔等（2006）研究的是如果用其他监管制度来替代现行制度所可能造成影响并对此进行了比较。尽管他们的研究是对了解未来监管制度潜在影响迈出了重要的第一步，但值得注意的是他们研究中隐含的假设前提是，在其他替代的监管制度下，银行的行为将保持不变。换句话说，如果银行报告财务动机随着不同公允价值计量发生变化的话，那么根据现行报告制度得出的结论可能就不能扩展到替代制度的研究范畴。这其实也是许多经济学家感兴趣的议题。例如，贝纳德等（Bernard et al.，1995）使用丹麦数据来进行检测，专注于逐日盯市会计政策（MTM）作为存款保险制度管理的一个要素。存款保险可以保护存款人的存款并独立于发行实体的财务健康，但它也导致了潜在的道德风险成本，如银行有动机进行高风险投资。当存款被存款保险覆盖时，陷入困境的银行所有者仍享有与风险资产相关的全部升值潜力，而当风险资产收益下行时造成的存款人损失则由存款保险系统或纳税人承担。而存款保险制度能否更有效地运用市值会计，需要考虑使用这种制度的好处和成本。他们的实证结果表明逐日盯市会计政策并不是为了避免监管干预。他们还发现，丹麦公允价值会计制度下的会计报告比美国历史成本报告制度下在产生会计报告更可靠。

波尔等（Ball *et al.*，2013）发现当银行持有较多的交易证券时，它将面对更高的买卖价差，而这个买卖价差正是用来衡量关于风险的信息量。而拥有较高的可供出售证券及持有到期证券的银行没有类似的关系。他们认为，逐日盯市会计政策（MTM）造成会计信息不对称的原因有三：首先，在逐日盯市会计政策下，不知情的投资者会面临昂贵的成本去确定在何种程度上证券的收益和损失是由于预期回报的冲击还是由于预期现金流量的冲击引起的。因此，他们在区分随后的季度盈利意外部分和预期部分时处于一个信息弱势状态。其次，在不完美流动市场中，管理者可以操纵逐日盯市会计政策（MTM）中的损益来影响证券交易的交易价格。最后，逐日盯市会计政策（MTM）降低了银行管理者通过发布自愿性盈余预测传递私人信息的能力。因此，公允价值会计制度可能会伴随着更高的不透明度和信息风险。

尽管从理论上来说管理者可以操纵公允价值会计的论断有其合理性（Ball *et al.*，2013；Song *et al.*，2010），但只有有限的文献直接研究了管理者操纵公允价值的动机。如，利弗尼等（Livne *et al.*，2011）的研究探讨了公允价值会计对美国银行业 CEO 的薪酬作用。他们提出公允价值会计在薪酬中使用可能导致代理成本回拨问题，即如果现金薪酬是基于未实现利润那么可能会在未来发生反转。同时，公允价值会计可能是一个对目前 CEO 的管理工作很好的衡量工具。

他们发现美国 CEO 的现金红利（或薪酬）与交易性金融资产和可供出售资产的公允价值都呈正相关。这一发现或许可以表明机会主义的公允价值管理的可能性。

### 3. 公允价值对债券市场的影响及其会计行为的经济后果

债券市场对银行公允价值会计的价值相关性研究相较比较少，这主要是因为债务数据收集较难。许多人认为，建立在以公允价值计量金融工具的会计模式下的财务报表，将不能公平地代表银行的商业模式。布兰克斯普等（Blankespoor *et al.*，2013）对此论断进行了研究，分析使用公允价值的金融工具的财务报表是否比那些较少使用公允价值计量的财务报表能更好地描述银行的信用风险。他们采用了霍德尔等（2006）在股票市场的方法，即风险相关性的三个性能指标的标准方差：净收益，综合收益，以及构建的一个完全公允价值计价的收入。将它们应用于债券市场，研究在不同的会计计量方法下（包括公允价值计量，GAAP 会计准则混合计量和 1 级监管资本价值计量）的杠杆比率的不同程度差异，评估在何种程度上各种衡量的杠杆比率与各种信贷风险相关，以此说明银行的债券收益率和银行倒闭的关系。他们发现，银行披露的未确认贷款公允价值似乎是累计公允价值在阐释收益价差力度的主要来源。他们使用银行倒闭模型，结果发现公允价值和一级资本比率之间对导致银行倒闭的任何三年中解释力没有存在显著差异。该文的结论是，以公允价值计量金融工具的银行财务报表要比现行的 GAAP 财务报表更能描述的银行业务模式中所固有的信用风险。

布兰克斯普等（2013）通过检验债券收益率和银行倒闭的关系，试图澄清会计信息和市场为基础的计量方法的关系，以作为解释相关银行风险的证据。然而，债券收益率的利差与银行倒闭的结果不一致使得他们的解释含糊不清。其中债券收益率更可能是受公允价值中的信息风险的影响，这类似于雷德尔和赛拉费恩（2011）对证券贝塔系数的解释。此外，布兰克斯普等（2013）发现，公允价值计量的杠杆率比 GAAP 计量的杠杆率更能反映银行的信用风险。这就导出了一个隐含的推论即公允价值计量无论是否被披露与确认或是否被纳入监管资本比率的计算，都不随之发生变化。也就是说，这些文献的结论不考虑银行在公允价值计量的不同制度下会表现出不同会计行为的可能性。

阿罗拉等（Arora *et al.*，2014）的研究也支持了信息风险的解释，他们评估了资产可靠性和证券价格之间的关系了，着重关注资产可靠性的增加与财务报告中公允价值会计的运用是否相关。他们的研究表明，对资产可靠性计量的关注应集中在短期信贷利差。因此，专注于信用期限结构，可以方便地识别资产可靠性对安全价格的影响。利用信贷市场数据，他们发现，二级资本，尤其是三级资本相较于一级资本具有较高的短期信用利差。这个利差是信用违约掉期合约 CDS 一年利差与 CDS 五年或十年利差相比的比例作为衡量标准。他们的研究结果表明，由于 SFAS 157 披露的二级和三级资本是短期信用利差和一般信贷期限结构形状的一个重要决定因素，而二级和三级资本测量与一级资本的测量相比显得并不可靠，从而市场由于信息风险而要求更高的利差。

阿赫迈德等（2011）以 SFAS 133 规则为背景分析了对银行衍生品在债券市场受到的风险的不同的会计测量的风险相关性。他们发现在 SFAS 133 规则实施之后，用于套期保值的有关利率衍生品和利率和汇率的衍生品都与固定利率债券的利差呈负相关关系。他们得出的结论是，SFAS 133 规则增加了对债券投资者的会计计量的衍生工具的风险相关性。这与 SFAS 133 规则实施后，更多的金融对冲产品被分类为交易资产的情况相一致。即 SFAS 133 规则增加了对债券投资者的衍生工具会计计量措施的风险相关性，同时也降低了资本成本方面使银行受益。和以往研究相似，阿赫迈德等（2011）也没有试图区分是债券衍生产品分类对利差的影响还是 SFAS 133 的实施产生的实际经济效果或对行为产生影响。同时，在他们的研究中还缺乏有效的对照组使他们不能控制潜在的时间混合效应。

如上文献所示，我们可以看到很多在公允价值的研究中（Hodder et al.，2006；Blankespoor et al.，2013）会比较不同会计制度如何反映市场相关变量的变化，如收益波动或利差。但这些研究中的方法还是有缺陷的，因为他们试图预测了拟议的制度的影响。尽管理论模拟可以用于对法规实施前的评估，但是创建这样的样本本身就需要建立一个模型来描述银行将如何对拟议的政策发生行为的变化和作出反应。因为缺少描述这些变化的经济行为的经济模型，所以目前会计研究通常得出结论都是基于同一个假设，即银行的经济行为将不会随着政策改变而发生任何变化。由此，我们提出本书的第二个研究方向，即应考虑由于会计计量方法的变化造成银行可能的行为变化，这样才能有效地了解制度变革带来的潜在影响。

## 3.2　银行业危机及市场反应研究

银行恐慌或银行挤兑是 20 世纪 40 年代世界经济中频繁发生的现象。以美国为例，在 1890～1908 年共经历了 21 次银行恐慌（Kemmerer，1910），而在 1929～1933 年共经历了 21 次银行恐慌（Friedman & Schwartz，1963），这是美国金融史上是最严重的时期。银行恐慌的季节性模式严重地影响了这段时间的实际国民生产总值平均增长率为 3.75%，但如果把发生银行恐慌的年份分离出去，国民生产总值平均增长率就增加为 6.82%（Miron，1986）由此可见银行恐慌关系到一个国家乃至世界的经济发展。而进入 21 世纪之后，这种现象仍然持续，许多国家如美国、东亚、墨西哥和北欧国家也都相继经历了银行业危机，因此，银行挤兑和银行恐慌作为银行固有的本质部分，应该在理论上被重视。传统的理论一般认为银行危机是部分准备金制度的必然结果，因此通过中央银行最终贷款人的作用政府监管机构可以防范银行危机的爆发。银行存款合约通常允许存款人按需要提取存款的名义面值。一旦这些存款中的一小部分被银行用于非流动性和风险性的贷款或投资的融资时，就有可能出现流动性危机。但假如银行持有 100% 的储备，他们可以立即归还存款人的存款而不会引发银行危机。这种观点理所当然地认为部分准备体制存在内在的缺陷。

　　我们首先从理论上探讨现行的银行存款合同是否有效的，尽管存在银行挤兑的可能性，部分准备金制度是否合理。所谓银行挤兑，是指当储户得知银行经营不善的消息时，他们会担心银行破产从而使自己的存款受损，因此会做出取回自己存款的决定。这种坏消息可能是由于银行资产价值造成的基础性银行挤兑也可能是大额提款造成的投机性银行挤兑。提款超过银行预期的流动性需求就产生了负外部效应使得银行面临流动性短缺，增加了银行失败的概率。甚至如果相关利益者认为银行失败是整个行业发生困难的征兆，那么它也能对整个银行系统产生外部性效应。在这种情况下，银行挤兑可能演变成银行恐慌。

## 3.2.1　流动性保险模型

　　这部分将首先回顾流动性保险的简单模型（Diamond & Dybvig，1983）。然后讨论在不同的制度安排下，个体经济代理人如何提供流动性保险。戴蒙德和戴比维格（1983）的模型提出：银行发行活期存款可以在市场上提高竞争力，因为活期存款能向那些需要随机消费的客户提供更好的风险分担合约。而活期存款也可能造成一个不良的平衡（银行挤兑），即所有储户包括即使那些不关心银行倒闭的人都会因为恐慌而立即撤出存款。值得注意的是，银行挤兑会造成真正的经济问题，因为即使是"健康"的银行也会被迫倒闭，导致贷款的收回和生产性投资的终止。此外，他们的模型还提供出一个应对框架，用于分析停止或防止银行挤兑的方法，如暂停兑换和活期存款保险（类似于央行的"最后贷款人"制度）。

他们的模型考虑了在一个包含三期（$t = 0$，1，2），只有一件商品的经济体中，其中有连续分布的代理人（或消费者），每个代理人（或消费者）在 $t = 0$ 时刻都被赋予一个单位的商品，并会在 $t = 1$ 和 $t = 2$ 时刻进行消费。这些代理人是事前相同，但他们都服从关于流动性冲击的独立分布（i.i.d.），并具有以下特征：他们以一定的概率 $p_i$（其中 $i = 1$；2，且 $p_1 + p_2 = 1$），相应地在 $t = i$ 时刻进行消费。所有消费者在期初 $t = 0$ 是相同的。只有在 $t = 1$ 时刻，每个消费者才认识他的类型。其中 $i = 1$ 型的代理人（非耐心型消费者）的效用函数是 $u(A_1)$，而 $i = 2$ 型的代理人（耐心型消费者）的效用函数是 $u(A_2)$。所有的代理人都有相同的事前效用函数

$$U = p_1 u(A_1) + p_2 u(A_2) \tag{3.1}$$

假定效用函数 $u$ 是递增的凹函数。

现有一种存储技术，使得商品从某一个时刻转换到下一个时刻，其成本为 0。更重要的是，同时存在一种长期的非流动性技术，可以使得代理人在 $t = 0$ 时刻投资一个单位商品并在 $t = 2$ 时刻获得回报为 $R > 1$。而非流动性技术反映了一个事实，如果投资于这种长期技术，代理人想要提前在 $t = 1$ 时刻清算的话，将获得低回报 $R \leqslant 1$。

假定代理人之间不存在交易。每个代理人在 $t = 0$ 时刻自主选择投资 $I$ 于长期技术，并把剩余部分（$1 - I$）存储起来。一旦在 $t = 1$ 时刻受到流动性冲击时该投资将被清算，并产生一定的消费水平如下

$$A_1 = RI + 1 - I \tag{3.2}$$

如果消费是发生在 $t = 2$ 时刻，那么获得的消费水平如下：

$$A_2 = RI + 1 - I \tag{3.3}$$

在 $t = 0$ 时刻，消费者选择投资水平为 $I$，使得在约束条件（3.2）和（3.3）下效用函数 $U$ 达到最大化。注意，因为 $R < 1 < R$，那么可

得 $A_1 \leq 1$ 且 $A_2 \leq R$ ，至少存在一个严格的不等式。这是因为投资决策总是表现为事后低效并且概率为正：即如果 $i = 1$ （代理人为类型 1 非耐心型投资人），那么有效的决定是 $I = 0$ ，否则如果 $i = 2$ （代理人为类型 2 耐心型投资人），那么他的有效决策就是 $I = 1$ 。这种低效率可以通过开放金融市场来减轻。

假定代理人之间存在一个完全竞争的金融市场。如果债券市场在 $t = 1$ 时刻开放，在 $t = 1$ 时刻有 $n$ 单位的商品进行了交易，并承诺在 $t = 2$ 时刻可以收到一个单位的商品。每个消费者在 $t = 1$ 和在 $t = 2$ 时刻获得的消费水平为

$$A_1 = nRI + 1 - I \tag{3.4}$$

以及

$$A_2 = RI + (1 - I)/n \tag{3.5}$$

在第一种情况下，非耐心型的消费者会通过金融市场出售 $RI$ 单位的债券（而不是清算他的长期投资），而在第二种情况下耐心型代理人会在 $t = 1$ 时刻购买 $(1 - I)/n$ 单位的债券（而不是把商品再存储一段时间）。可以推出： $A_1 = nA_2$ 。

当 $nR > 1$ 时，代理人的效用是随着 $I$ 的增加而增加，而当 $nR < 1$ 时，就变成是随着 $I$ 的增加而递减。由于代理人在 $t = 0$ 时刻选择投资于长期技术的金额为 $I$ ，得出当其仅当 $nR = 1$ 存在最优值。因此，唯一的（内部）债券均衡价格为 $n = 1/R$ ，并且获得的分配为 $A_1 = 1$ ；$A_2 = R$ ，这是帕累托主导的自给自足的分配。这是因为金融市场的存在，确保了投资决策是有效的。然而，这种市场配置一般不是帕累托最优的，因为流动性风险分配不当。

如果所有代理人是事前相同的，那么该模型的唯一的对称的最优分配可表示为：$\text{Max } U = p_1 u(A_1) + p_2 u(A_2)$ 其中约束条件为：$p_1 A_1 = 1 - I$ 且 $p_2 A_2 = RI$

那么， $U$ 将成为关于单变量 $I$ 的函数，改写为下式：

$$U(I) = p_1 u((1 - I)/p_1) + p_2 u(RI/p_2)$$

那么 $U$ 的最优解表示为 $(C_1^*, C_2^*, I^*)$，而一阶导数的条件为：

$$-u'(A_1^*) + Ru'(A_2^*) = 0 \qquad (3.6)$$

一般来说，市场优化配置 $(A_1 = 1, A_2 = R, I = p_2)$ 只在个别情况下才能满足条件（3.6）如 $u'(1) = Ru'(R)$。因为 $R > 1$ 可以推出 $u'(1) > u'(R)$。由此可见，非耐心型消费者的最佳配置会比在耐心型消费者的最佳配置获得更多的效用。因此，非耐心型消费者需要对 $t = 1$ 时刻可能收到的流动性冲击进行投保。

首先，可以考虑银行可以提供这种保险。通过向银行提供流动性，银行可以向投资者保证在存款到期时有一个合理的利润，作为最优风险分担。为了说明银行如何提供这种保险，戴蒙德和戴比维格（1983）首先考察了传统的活期存款合同，但发现在他们的研究框架中的活期存款合同同时也使得银行容易受到挤兑威胁。如果按照耐心型的代理人在 $t = 1$ 时刻撤出存款，而非耐心型的代理人继续等到 $t = 1$ 时刻消费，那么活期存款合同 $(A_1^*, A_2^*)$ 将是一个均衡合约，达到最优风险分担。这里关键问题是，部分准备金制度是否稳定，即银行是否能够履行其存款合同的义务。而这很大程度上取决于耐心型消费者的行为，转而又取决于耐心型消费者对银行安全的预期。如果考虑耐心型消费者预期该银行将能够履行其义务的情况，那么该类型消费者既可以选择在 $t = 2$ 时刻撤出 $A_2^*$，也可以选择在 $t = 1$ 时刻撤回 $A_2^*$ 并将它存储到 $t = 2$ 时刻。由于 $R > 1$ 和 $u'$ 是递减函数，公式（3.6）导出：$A_2^* > A_1^*$。$A_2^* > A_1^*$ 意味着，如果耐心型消费者信任银行，她／他总是偏好在 $t = 2$ 时刻取出存款。通过大数法则，在 $t = 2$ 时刻提款比例将正好是 $p_1$。这就决定了流动资产储备额为 $p_1 C_1^*$，使得银行能避免过早清算。有了这些储备，银行偿债能力的概率为 1，同时消费者的期望也得到满足。因此，银行部门将存在一个平衡，并实现最佳配置。

然而，另一种平衡也同样存在，它却可能导致低效分配。假如所有耐心型消费者预期其他耐心型消费者选择在 $t = 1$ 时刻退出。银行将被迫清算其长期投资，资产总价值为 $p_1A_1^* + (1 - p_1A_1^*)R$，该值小于 1，也小于其负债总额（$A_1^*$）。在没有其他制度安排的情况下，将导致银行失败，更没有什么资产留给 $t = 2$ 时刻。预计到这一点，耐心型消费者的最佳策略是在 $t = 1$ 时刻取出存款。因此消费者最初的期望是自我实现的。更糟糕的是，银行挤兑均衡所提供的分配要比在没有银行的市场中获得的分配要少。银行挤兑破坏了代理之间的风险分担，使一些本可以延续到 $t = 2$ 时刻的生产被迫在 $t = 1$ 时刻提前中断。换句话说，有一个次优均衡，其中所有的消费者选择在 $t = 1$ 时刻取出存款，导致银行被清算，这就是所谓的一个低效的银行挤兑。

综上所述，当挤兑额不是随机数，市场达到完全信息分布，那么活期存款合约也可以达到一个最优平衡。然而在银行挤兑均衡中，消费者拥有活期存款合约会比直接拥有资产效用更差。可见，只有当耐心型消费者不提前退出时，部分准备金银行系统才会导致最优分配。

那么到底是什么原因导致耐心型存款人想提前取款退出？基本上存在两个原因导致耐心型消费者会提前取款退出。第一个原因是，如果存款人在 $t = 2$ 时刻获得的收益相对于在 $t = 1$ 时刻获得的相对收益（$A_1^*/A_2^* - 1$）要低于耐心消费者可以从其他地方获得的收益，无论是存储（如在本模型那样）或再投资于金融市场，他们会更喜欢提早取款撤出。当然如果代理人的类型可以观察到，那么可以避免耐心型代理人提前退出。第二个导致耐心型（类型 1）消费者会提前取款退出的原因是，基于前文所述的存款人之间的博弈有两个平衡点的事实，一个有效的和一个低效率。效率低下的均衡只出现在存款人之间的协调失败，来自他们对银行缺乏信心。学者们试图通过提供选择机制来解决这个问题。例如，当某个代理人去银行取钱，她能得到的钱数额将取决于有多少其他代理人试图同时取钱，以及有多少代理人可能在不久的将来需要钱（Postlewaite & Vives，1987）。除了在代理人是风险中立的情况下，活期存款合同将不是最优的，因为最佳的合同通常会使所有代理人承担一些潜在的投资决策所涉及的风险。如果我们考虑到潜在的风险，那么银行的一个职能似乎就是为了来区分风险而提供不同的回报。而银行代理监督会造成严重的道德风险问题，使银行储户只愿接受风险最小的活期存款合同。所以银行所考虑的合同就是储户承担的唯一风险，在银行根本无法偿还的情况下，储户将无法得到他们的钱。因此他们的模型表明，如果一些代理人可能观察到某些有关银行的信号，如关于银行挤兑的可能性信息，就转化为以"信息基础"造成的银行挤兑。

那么是否存在方法来避免银行挤兑问题？一个自然而简单的方法是：暂停活期存款合约可兑换机制。当在 $t=1$ 时刻取款数额太多时，银行可以暂停兑换，这一政策同样也可以防止因为挤兑而诱使非耐心型消费者的提前取款。银行暂停兑换措施可以保证那些参与挤兑的消费者无法获益，因为银行资产的清算价值是固定的，而非耐心型消费者没有意愿进行挤兑，其结果是每种类型的消费者选择自己的均衡行为，即使其他消费者非理性行为也不会让他改变选择，那么活期存款合约就非常稳定，这种均衡本质上是最优的活期存款均衡，实现最佳的风险分担。需要指出的是，这一结论的强大前提是可挤兑额是提前已知不是随机数。但当可挤兑额是随机数，我们发现任何一个银行合约，包括暂停兑换机制，都不能实现充分的信息优化。但尽管如此，暂停兑换机制还是能改善无保险活期存款合约，防止挤兑。但即使自由兑换的中止会消除银行挤兑，它会以一定的成本为代价，因为在风险分担方面，存款合同的效率会降低。因此，有必要对货币和银行系统进行改革。

首先是对银行体系进行监管约束。而这当中最重要的改革就是存款保险机制的实施，以便防止银行体系不稳定，保证在任何可能的情况下，所有银行都可以履行其合同义务。换句话说，是对银行投资机会进行一系列监管约束，使他们在任何可能的事件中都能保证安全。主要包括三个方面：第一，有足够的流动性，银行应保证即使发生银行挤兑的情况下也能偿还所有存款人债务；第二，银行面临银行挤兑后通过对其长期技术的清算，能够获得充足的流动性；第三，银行面临银行挤兑后通过对其长期技术的证券化，能够获得足够的流动性。但就风险和资源分配方面而言，在这三种观点下的银行体系仍然会导致低效的分配。

保证银行体系有足够的流动性是指银行需要有百分之百的存款准备金率，而不是部分准备金。流动储备金（$1 - I$）至少等于 $A_1$，即取款日为时刻 1 时最大可能的偿付数额。在实践中，银行资产的期限结构应与负债的期限结构完全匹配。这意味着由银行提供的存款合同（$A_1$；$A_2$）必须满足 $A_1 \leqslant 1 - I$ 以及 $A_2 \geqslant RI$ 两个条件。因此，在对银行体系进行监管约束下，最优存款合同（$A_1$；$A_2$）可以表示为：

$$Max\ U = p_1 u(A_1) + p_2 u(A_2)$$

其中，约束条件为：$A_1 \leqslant 1 - I$ 且 $A_2 \geqslant RI$ Wallace（1996）指出，这个最优存款合约事实上是以代理人没有交易为主的行为，即如果 $i = 1$（代理人为类型 1 非耐心型投资人），那么有效的决策是 $I = 0$，否则如果 $i = 2$（代理人为类型 2 耐心型投资人），那么他的有效决策就是 $I = 1$，那么这将允许银行变卖一些资产以满足储户意外撤资。如果银行提供了存款合同（$A_1$；$A_2$），那么在长期技术上的投资额 $I$ 必须是这样的：$A_1 \leqslant RI + 1 - I$。

即该银行在 $t = 1$ 时刻的资产清算价值能覆盖最大可能的提款金额。同样地，在 $t = 2$ 时刻，$A_2 \geqslant RI + 1 - I$。这实际上就回到代理人没有交易的情况。

高顿和潘纳齐（Gorton & Pennacchi，1993）建议通过货币市场基金吸纳的存款（无风险）来发行金融证券以此代替银行。另外，银行将被允许对其长期资产证券化以满足储户的提款。如果可以通过这样一个货币市场基金来提供最优存款合同，那么它的特点就符合在开放的金融市场下所描述的市场均衡。因此，除了涉及货币市场基金（或货币服务公司），对银行体系进行监管约束与流动性保险的有效提供是对立的。但这种监管约束能否在其他制度安排下保证银行体系的稳定，还有待观察。

另外，如果流动性冲击是完全可以被多样化分散，那么当非耐心型消费者比例 $p_1$ 是已知时，就可以摆脱导致效率低下的银行挤兑的问题。例如，银行可以在 $t=1$ 时刻宣布，如果总取款额超过 $p_1 A_1^*$ 时将不再提供服务。确定此门槛后，自由兑换就被暂停。耐心型消费者因此知道，该银行将能够在 $t=2$ 时刻履行其义务，那么他们将没有兴趣选择在 $t=1$ 时刻退出。那么银行挤兑的威胁也随之消失了。

另一种等效的方式来摆脱低效的银行挤兑就是令银行存款人信任银行。在这种信任基础上，即使银行不能履行其义务，存款人也坚信会收到存款的全部价值。而差额是由一个新的机构，即存款保险系统通过银行缴纳的保费（或税收）来支付的。在目前的简单框架中，政府提供存款保险系统的存在是足以摆脱银行倒闭。因为存款保险如果由政府提供，那么允许银行存款合同在没有保险的情况下达到最优，永远不会失败。存款保险保证，承诺的回报将支付给所有选择撤出存款的消费者。如果这是一个真正实际的价值保证，那么能保证的数额将受到限制，因为政府必须通过征收实际税赋来兑现存款担保。如果存款担保是名义上的价值保证，那么税收是由货币创造而造成的名义资产（通货膨胀）税。同时，存款保险由私人保险公司的话，那么由于其储备规模约束，他不可能做出无条件的保证。当然，存款担保也可以由有一定的权力的私人机构通过征税或创造资金来支付存款保险索赔，那么这样的组织通常也被认为是一个政府部门。最后，受私人抵押品数量的限制，商业担保存款竞争优势也不明显。因此存款保险应该是一种政府行为。而存款保险是允许依情况而定的分配。例如，如果存款保险制度由公共机构运行，靠税收收入支撑，那么政府可以在征收税收的基础上实现 $p_1$。

由于活期存款经济能比市场经济达到更好的风险分担，但易受银行挤兑影响，因此杰克林（Jacklin，1987）对戴蒙德和戴比维格

（1983）的活期存款合约的观点提出质疑。他指出，银行提供的活期存款合约并不是实现最佳分配的必要条件。相反，这可以当耐心型代理人和非耐心型的代理人在发现他们的类型交易后，在市场中实现。在这样的市场解决方案中，不会出现银行系统的脆弱性。因此，可以说，活期存款合约和银行挤兑只会出现在交易受限的模式中。戴蒙德（1997）分析这种交易限制的影响，例如，一些代理商可以进入金融市场的环境，而另一些则不能。由于不同投资者复杂程度的差异，在这样的模型中，银行自然会成为最优解的一部分，那么它们带来的脆弱性和运行性也会随之而来。杰克林（1987）认为可能存在其他合同安排既能实现相同的风险分担又不容易出现银行挤兑。他的模型表明，有时权益可以和存款合同效用相同。他提出，有效的分配（$A_1^*$，$A_2^*$）也可以通过各方参与型合同获得，即消费者是银行的股东而不是储户。这些参与型合同的优点是，他们可以防止银行挤兑。例如，股权合同可以通过有效的存款合同为主，获得收益的稳定性和效率之间的权衡，这是由于存款合同可以因银行挤兑而被摧毁。如果发生在一个公平有效地分配权益经济中，信息对称合约、激励相容合约和股权合约三种合同框架是等价的。不过，如果效率分配存在于银行经济区之外，银行经济通常会表现得更好。这是因为各个股权合约在某种意义上说是相互之间激励相容的合同，它们不会面临消费者联盟的提前支取（偏差），而存款合同仅单独激励相容的。如果代理商被允许在市场上交易他们的存款合同，这些合同就等同于股权合约。这种情况是因为在 $t=2$ 时刻存款合同拥有了市场价格；在均衡时，代理人对于在 $t=2$ 时刻出售他们的存款合约或在银行兑现进行兑现没有任何偏好。杰克林和布哈塔查亚（Jacklin & Bhattacharya，1988）研究了当耐心型代理人知道银行未来收益的情况，解决股权与银行活期存款在银行融资中的相对性能问题。在股权经济中，均衡价格是被充分揭示的；而在活期存款均衡中，可兑换性被暂停，对耐心型存款会有配给，所以这些存款是由耐心型和知情的非耐心型代理人承担的。

通过对模型参数的特定值相对性能的比较表明，对于较低分散的回报，活期存款表现更好，而对于较高分散的回报，股权融资是首选。尽管如此，活期存款合同仍可获得改善，当非耐心型代理人成为知情者时，它需要保持激励相容。

## 3.2.2　银行挤兑与再融资

戴蒙德和拉詹（Diamond & Rajan，2001）提出银行挤兑另一个解决办法是缔约双方有权对原来商定的合约重新谈判。这是由于同一个开发项目对于企业家来说可能比其主要融资方显得更有价值。同样地，对于有过处理这种资产经验的融资方来说，该资产价值也会高于其他融资方。

在这样的背景下，银行挤兑机制可能会限制一个金融家的谈判力量，因此减少向存款人还款金额的威胁可能引发的银行挤兑。而如果金融家只需对付的是某个独特的储户存款取款，就不会造成任何威胁，金融家也可以谈判获得更低的支付额。换言之，银行挤兑的可能性通常是银行脆弱性的特征，这给存款人带来了更多的议价能力，因此可能导致更高的融资水平。

首先来考虑一个简单模型，即某个经济中有过剩的储蓄，使资金的机会成本等于1。企业家有项目但没有现金，所以他们会向金融家的代理人借款。尽管如此，企业家不能承诺在未来对此项目负责（Hart & Moore，1994），因为他们不能转移人力资本。因此，企业家可能会以退出为筹码为他们的贷款合同讨价还价中获得更好的条件。

假设一个企业家在项目中的投资额为 $Ic(I<1)$。这使得其在 $t=1$ 时刻获得无风险的现金流量为 $c$。一个金融家愿意提供资金，作为交换贷款的偿还额为 $C$。如果金融家在 $t=1$ 时刻之前清算了该项目，可以得到 $V_1$。如果当金融家是一个专门的金融中介机构时，他便在这个意义上拥有清算其贷款对象类型公司的经验。那么另一外部融资

者要替换合同中的第一个，则只会获得等于 $\gamma V_1$ 的资产的清算值，其中 $0 < \beta < 1$。这意味着市场不是事后竞争，也提供了金融中介机构存在的理由。

假设借款人拥有所有的议价能力，那么任何合同还款额高于 $V_1$ 都会降低到这个水平，以至于再谈判合同中的还款额满足 $A\gamma V_1$。其含义是，即使企业项目会有一个较高的未来预期现金流 $c$，它将无法借到与现金流等额的贷款，只会借到等同于其项目的清算价值的额度，因此企业最大可以借到资金数额是 $V_1$。

如果只有不知情的存款人提供资金。两种可能的金融安排是：第一种是企业家直接从不知情的存款人直接借款；第二种是企业家从金融中介借款，而金融中介反过来从不知情的存款人那里借用。那么企业家在与另一方谈判时拥有所有的议价能力，当与不知情的贷款人进行谈判时，金融中介就拥有所有的议价能力。那么企业家只能为其项目寻得达到 $\gamma V_1$ 的资助水平。那么在第一种金融安排中，企业家直接从不知情的贷款人那里借款，与哈特和摩尔（Hart & Moore，1994）的论点相仿，最大的还款额是 $\gamma V_1$。在第二种金融安排中，企业家可以原则上借用 $V_1$，因为这是他项目的清算价值。要做到这一点，金融中介必须能够从不知情的贷款人筹集 $V_1$。然而，金融中介会同样面临可用资金的限制问题。即，任何对不知情的贷款人还款额大于 $\gamma V_1$ 将被重新谈判，而不知情的贷款人的最佳选择就是接受报价。预期到这一点时，不知情的贷款人只会出借 $\gamma V_1$，因此这两种情况导致项目融资的水平只有 $\gamma V_1$。换句话说，金融中介的存在从理论上看是可以提供的资金量最多达到 $V_1$，但事实上并没有帮助，因为中介本身是无法筹集所需资金。

相反，如果不是只有不知情的存款人提供资金，而是由活期存款期限结构提供，那么银行可能承诺的总还款额为 $V_1$。活期存款结构允许银行承担更高的不能重新谈判的还款额。这意味着，银行能够作为一个委托的监督者，承诺以一种可靠的方式而不通过重新谈判来偿还给储户。因此，活期存款合同的期限结构增加了金融中介借入额外资金的能力，但反过来又可以传递给企业家。换句话说，如果仅仅是因为其存款期限结构，借款人的关系可以被企业家利用。而当银行企图威胁撤回其特定的存款合约，并对总还款额重新谈判，降低到 $\gamma V_1$ 时，那么就会触发银行挤兑。

上述的模型中没有考虑银行持有资本的可能性，但如果银行业持有资本（戴蒙德和拉詹（2000）），那么当银行经理与股权持有人重新谈判时，银行就拥有所有的议价能力。此外，我们假设，在银行挤兑事件中，存款人只能得到清算资产的价值 $\gamma V_1$。假设 $V$ 可以取两个值 $V_H$ 和 $V_L (V_H > V_L)$，其概率分别为 $p$ 和 $1-p$。同时假定 $V_L < \gamma V_H$。

如果出现 $V_L$，存款人获得偿付，而银行经理或股权持有人不会获得任何收益。如果出现 $V_H$，那么银行经理威胁不能从企业家那里提取的所有价值 $V_H$，而只有 $\gamma V_H$。由于银行管理者拥有所有的议价能力，这使得股东获得 $\gamma V_H - V_L$，而银行经理获得 $V_H (1-\gamma)$。因此项目融资金额最高将是 $p(\gamma V_H - V_L) + V_L$，这是严格低于 $E(V)$。两者之间的差异是由于当 $H$ 发生时重新谈判的成本。股权持有人将进入项目，但重新谈判意味着存在股权融资的事前成本。此外，如果出现 $V_H$，银行破产的概率为 $1-p$，这会出现银行挤兑，而股权融资不能发挥作用，因为股权持有人总是得到零的回报。但不管怎样，对 $V_L$ 或 $V_H$ 的选择是内源性的，所以高水平的存款 $V_H$ 可能被选择只要允许筹集更高数额的资金，最大筹集的数额是 $p V_H + (1-p)\beta V_L$。总之，通过比较 $V_L$ 和 $V_H$ 两种情况，银行拥有资本可以避免破产，也就是说，当资产的价值是 $V_L$ 就必须支付 $V_H$。但这是有代价的，即银行经理成功提取租金的成本，也是投资者会事前考虑的成本。

## 3.2.3　有效银行挤兑（基本银行挤兑）

以上介绍的银行挤兑主要是由于存款人之间博弈而造成的非有效

均衡。而银行挤兑另一个根本原因也不容忽视。比如，有理由认为银行贷款组合不良表现的信息泄漏也会引发银行挤兑，如 2009～2011 年之间的欧洲主权债务危机。因此，银行挤兑也有一个根本诱因，即银行挤兑动机来自于对表现不佳银行的预期。

高顿（Gorton，1985）提出了一个简单的模型，在该模型中，代理人在 $t=1$ 时刻获得一些关于银行资产在 $t=2$ 时刻预期收益的信息。如果预期的存款回报率低于预期的货币回报率，就会引发一个基本的银行挤兑。当代理人在第 1 期间察觉到银行回报的不良信号时，他们可能会理性地决定提前退出。杰克林和布哈塔查亚（1988）指出，有关未来的回报的信息会修改相关的激励相容约束，因此非耐心型代理人可能更倾向于在 $t=1$ 时刻退出。因此，基本银行挤兑可以为关闭低效率银行提供一个有效的机制。对于这种基本银行挤兑的解决方案是（Gorton，1985），当存款在 $t=2$ 时刻的回报存在不对称信息时，可暂停兑换。要做到这一点，假定银行能足以通过支付验证成本，能够传递存款人预期回报的真实值。如果有偿付能力的银行出现银行挤兑，银行能够暂停兑换并支付验证成本，那么挤兑会被最终停止。

查瑞和加甘纳森（Chari & Jagannathan，1988）基于 Diamond – Dybvig（1983）的模型，在他们的模型中引入了随机投资回报率，这些回报率可以通过某些非耐心型的代理人观测到。如果代理人接收到的信号表示银行业绩不佳，这使他们更偏好耐心型的存款，即该类存款对第 2 期间汇报的变化不太敏感。代理人能观察到提款总额，并使用这些信息来决定自己的行动（撤回或等待）。由于耐心型存款人的比例是不可观察的，所以对于一个不知情的非耐心型存款人是不能区分其观察到的大量取款是源自于非耐心型代理人还是单纯地来自于大比例的耐心型的代理人。因此得到的理性预期的均衡，就是把基本的银行挤兑（那些银行的业绩不佳理由）和投机的银行挤兑混合在一起。值得注意的是，这个模型假定管理层会继续经营银行即使这意味着其预期净财富可能减少。如果管理层有激励措施，能使银行的总价值最大化，那么基本的银行挤兑将永远不会发生，投机银行挤兑也不会发生。然而，在有限责任公司，银行的管理层可能以增加股东价值为理由保持银行运行，即使银行的总价值在减少。如果银行倒闭后的价值比它继续存活的价值高，那么银行挤兑至少部分地修正了管理层隐忍的激励机制。只要给出一个长期技术的未来回报信号，那么关闭银行将是有效的，而清算价值将大于预期的条件回报。因此，存款活期性是一个关键的特性，即使所有消费者同等类型（$p_1 = 1$）也是必须的特性。

高顿和潘纳齐（1990）在模型中考虑了知情的非耐心型的代理人，而代理人的行为是非竞争的，以致股权经济中的价格是不完全披露的。知情交易者在股票市场的交易中会得益。活期存款合同的随之出现，是因为他们是无风险的，所以其价值不会受知情者交易的影响。高顿和潘纳齐（1990）构建的均衡是不知情的交易者投资于存款和知情交易者投资于在金融中介的股权，那么不存在股权的其他市场。通过这样，股权可以与活期存款合同到达同等效应。

阿伦和加勒（Allen & Gale，1998）考虑在长期技术产生随机回报的情况下，银行挤兑的有效特性。他们认为，如果对长期技术清算是不可能的（即 $R = 0$），那么银行挤兑是最好的信息效率的约束结果，从而使早期和晚期退出储户之间形成风险最优分担。当长期技术的回报率很低时，耐心型消费者将有动力去挤兑银行。这样做，剩余的耐心型消费者将在 $t = 2$ 时刻可撤出资金，并将有较大的消费。这样的行为将继续下去，直到达到 $A_1 = A_2$ 且挤兑银行的激励消失。因此，正如阿伦和加勒（1998）所争论的，问题不是银行挤兑本身，而是长期技术的清算成本。当清算的成本被考虑在内，挤兑将不仅限于耐心型客户中的一小部分，最优状态将不能达到。因此，我们提出本书的第三个研究方向假设：如果银行挤兑源于信息不对称问题，那么银行很有可能为了避免危机而调整其信息披露政策。

# 3.3　系统性风险与传染性

系统性风险通常是指可能影响整个金融体系的风险（De Bandt & Hartmann，2002）。它可能起源于银行业或金融市场。由于宏观经济的冲击或传染性的结果，系统性危机可能会发展。也就是如果有足够大的流动性冲击，可能引发系统性危机。如果所有银行达到某临界点时，必须清算长期技术，这时剩余的储户就有参与挤兑的动机。同样，在各个银行间资产收益率高度相关的情况下，有效银行挤兑可能发生聚合效应。耐心型存款人会倾向于在 $t=1$ 时刻撤资，这可能会是有效的也可能不是有效的，取决于信息结构和清算成本的高低。除了流动性和生产率冲击，宏观经济冲击如汇率，是与系统性风险的研究特别相关；东亚危机、美国次贷危机以及欧债危机都反映了货币危机和银行危机在一个国家之间的密切联系。流动性和生产力冲击不再被认为是系统性风险的主要来源，因为中央银行有相应的办法来应对这些冲击。

另外，系统性危机可能是传染效应的结果。一个银行的失败可能波及整个银行业。显然，宏观经济环境对提供多米诺效应发生条件是十分重要的。由于贷款的高损失，所以贷款的回报率较低，使得各银行减少了应对风险的银行资本和缓冲存量。传染可能通过四种不同（非单一）的渠道发生，如投资者预期的变化、大额支付系统、场外交易业务（主要是衍生工具）以及同业拆借市场。

大量文献对银行危机的蔓延进行了分析，突出不同来源的银行危机所产生的溢出效应和银行之间的协调。戴蒙德和拉詹（2005）研究了银行挤兑对流动性的总需求和利率的影响，并发现正因为活期存款结构的存在才允许银行家承诺对存款偿还而不重新谈判，这可能会加剧银行危机。因为银行挤兑可能破坏流动性，而不是创造流动性。

如前所述，挤兑是由银行无力偿还储户引发的，而戴蒙德和拉詹（2005）强调资产价值的减少将引发更多的银行挤兑。很显然，流动性短缺使得利率提高，而这反过来又降低资产未来现金流的价值，所以问题的关键是要理解为什么银行挤兑可能加剧流动性的不足，即为什么流动性过剩需求可能会增加银行挤兑。

在他们的模型中，假设有三期，$t=0；1；2$，和三种类型的代理人：投资者，银行家和企业家，所有人是风险中性。投资者消费时间在 $t=1$ 时刻，企业家和银行家消费时间在 $t=2$ 时刻。在某种意义上，企业家的项目是有风险的，预期的现金流 $c$ 信息可以在 $t=1$ 时刻获得（早期项目）也可以在 $t=2$ 时刻获得（后期项目）。是否发生银行挤兑取决于银行面临的早期项目和后期项目之间比例（$p：1-p$）。那么如银行部分由存款融资，而当其还款不足则会引发银行挤兑。但一旦银行挤兑发生，效率低下的清算将发生，因此，早期和后期项目都将被清算。假设一个项目在 $t=1$ 时刻的清算将带来 $\gamma V_1$，而 $t=2$ 时刻的清算将产生 $\gamma V_2$。而提前还款以及后期项目的延续都导致银行还款额 $R$，以及当企业实现了预期现金流 $c$，企业家的利润为 $c-R$。因为 $\gamma(V_1+V_2)$ 低于 $c$，项目清算导致资源破坏：即企业家的损失 $c-R$ 加上银行损失金额。如果均衡利率是 $e$，银行的损失就等于：$R-\gamma(V_1+V_2/(1+e))$。

在没有银行挤兑的情况下，当银行面临着高比例 $p$ 的早期还款额 $pR$ 时，其现金流量足以支付所有储户的存款。但如果银行濒临破产（其资产的价值等于其储户索赔总额），面对的是比例为 $p$ 早期项目（$1-p$ 后期项目）时，银行就不得不清偿所有后期项目。也就是，如果没有银行挤兑发生的银行产生流动性 $mR$ 是被存款人吸收，那么银行还需从其他银行中获得额外的流动性以此支付剩余存款人 $d-pR$。这将可能通过清算和销售 $1-p$ 比例的后期项目。由于清算资产被认为是透明的，他们的价格是贴现率：$1/(1+e)$。

因此，银行从项目中获得 $pR$ 并需要从其他银行那里获得：（$1-$

$p) \gamma V_2/(1+e)$ 以此满足他的存款人。可见，银行储户吸收流动资产为：$(1-p)\gamma V_2/(1+e)$。不过，银行在 $t=1$ 时刻产生的流动性，可以为企业家提供现金流 $\lambda(c-R)$。

相比之下，如果发生银行挤兑，储户将收回银行资产，从而破坏了银行的流动性。尽管金额为 $\gamma V_2$ 的资产仍然会被清算出售，以保持流动性不变的需求，但银行的流动性仍然较低。因为 $p\gamma V_2 < pR$，外部流动性也是如此。因为初期企业家获得现金流 $p(c-R)$ 受到了破坏。因此，银行挤兑耗尽了流动性。这导致 $e$ 的增加，这反过来又导致更多的基本银行挤兑发生。而利率 $e$ 的增加意味着对流动性的需求更高了。

弗雷克亚斯等（Freixas *et al.*，2000）的研究指出正是由于银行间的相互联系导致了传染效应的产生。银行面临特殊的流动性需要而相互将进行保险，从而提供有效的风险分担。然而，这创造了银行之间的联系，导致溢出的冲击和危机蔓延。他们的结论是：每个银行都拥有的水平缓冲区，可广义地定义为资本。次级债务，或耐心型储户的索赔是传染效应的一个关键决定因素。而对一家银行失败的解决方法对危机传播有一定的影响。并且银行的资产和负债的交叉持股制度，包括那些隐含在支付制度安排中（双边或多边信用额度），是引发系统性危机的本质。其中，系统中交叉持股的具体架构至关重要。在该系统中各银行如果只从一家银行借入资金，这比资金来源更加多样化的系统更脆弱。

在阿伦和加勒（2000b）的文章中，危机基本上是一种流动性危机，在他们的模型框架中考虑了 $N$ 家商业银行（$i=1$；$\cdots$；$N$）。在没有流动性冲击时，有效分配对应的消费组合（$A_1^*$；$A_2^*$），是独立于银行特质的流动性冲击。为了实现这种分配，有流动性需求的银行可以向流动性过剩的银行借款。银行间市场、信贷额度或银行间的交叉持股是银行间流动性实现有效配置的可能机制。

当宏观流动性冲击较大时，意味着分配（$A_1^*$；$A_2^*$）不再是可行的。最初影响某银行的冲击，将通过同一银行间的链接直接传播到所有其他银行。传播机制相当简单。假设共有 3 家商业银行，所有的存款人都被平等对待，并且每个银行可从其相邻的银行借款。如果存在一个流动性赤字迫使银行 1 从银行 2 借款。然后，银行 2 变得流动性不足，不得不向银行 3 借款，而这家银行将被迫向银行 1 借款。但由于银行 1 已经缺乏流动性，它将被迫以高成本清算其长期资产，这可能会导致其破产。那么银行 3 的资产价值可能会变得不足以弥补其流动性的需要。因此，银行 3 也被迫清算所有资产。机制一直持续运作下去直到三家银行全部倒闭。

对于破产和传染的发生，银行必须有高水平的债务和低水平的缓冲区。显然，如果在 $t=1$ 时刻，资产的清算所产生的损失可以由股权持有人或耐心型存款人承担，那么这个过程将停止。因此阿伦和加勒（2000b）建议，要防止传染效应应该通过在全球范围内注入流动性（通过回购或公开市场操作）。

当然，传染蔓延的程度也将取决于银行同业拆借的架构。也就是说，虽然银行 1 没有足够的缓冲资金以应付流动性冲击，但是如果银行 1 和 3 联合起来应对的话就有可能。但银行间流动性需求的重要性取决于银行间借款债权的架构。阿伦和加勒（2000b）比较了单一信用链和多元化的贷款两个极端的情况。其中，每家银行都有在其他银行存款量相同，在单一信用链下，对银行 1 的冲击 $e$ 会转化为对银行 3 的同样的冲击，而只有在多元化的贷款情况下冲击 $e$ 转化为 $e/2$。因此，在多元化贷款的情况下相同的缓冲水平比在信贷链更能有效地避免在完整的索赔中的多米诺骨牌效应。

相应地，弗雷克亚斯等（2000）的文章中提出危机源于一个协调的问题，需要一个特定的金融中介来提供流动性。他们分析了在银行间同业拆借市场的传染效应。他们提出的问题是，银行同业拆借市场是否足以影响一家银行的流动性冲击。考虑一个经济体中，存款人因为旅行而使得他们的消费地变得不确定。存款人有两种方式将钱转移到其消费地点：要么他们在 $t = 1$ 的时刻兑现存款，然后装在钱包里用现金旅行；要么他们在目的地支付支票，而这就意味银行间市场的使用。而存款人必须做出战略选择，旅行是携带现金还是支票。这取决于他们的概率评估，使用支票，在旅行目的地的银行将替他们偿还消费额度。如果他们不信任目的地银行，他们会从自己的银行取出现金，对银行产生外部效应。因此，两种均衡将并存：一种是高效的，其中存款人在目的地使用支票且长期投资被保留；另一种是效率低下的，也称为僵局平衡，就是没有任何同业拆借。在这种均衡中，每个银行的预期是自我实现的，即没有可用的流动性。此外，弗雷克亚斯等（2000）分析当一家银行被监管当局关闭时，传染效应的可能性。与阿伦和加勒（2000b）相似，他们研究表明传染的可能性取决于银行间支付的架构，而信用链比多元化的贷款形式更脆弱，并且一些银行可能比其他银行更容易挑起传染效应。

另外，拉古诺夫和施利弗特（Lagunoff & Schreft, 2001）指出金融关联的存在使得常规经济冲击得以传播。与其他文献相仿，在他们的博弈模型中，假设代理人持有多元化的投资组合，从而把他们的财务状况与其他代理人关联起来。这些关联允许由于初始阶段的基本面冲击导致投资组合的损失，通过金融系统蔓延，将远远超出初始的影响。但他们的博弈模型也与其他文献有所不同。首先，作为金融危机传染的替代模型，他们假设代理人知道他们拥有哪些联系，至少模型假设投资组合是私人信息并通过投资组合的选择而加以分割，忽略代理人之间的常规联系。其次，在其他模型中，代理人是短视的或他们的决策问题是静态的。然而，在这模型中代理人面临真正的动态决策问题，并认识到目前的决定会影响未来的后果。从这个意义上说，他们模型是对金融危机传染效应文献的发展。

他们还发现，对脆弱性的定义和表征取决于代理人对金融危机是否具有预见性。如果没有传染，金融危机可能会发生，而传染效应可能破坏一些金融联系，但剩下系统将保持完整。因此，没有预期的平衡表明应该以危机造成的严重程度来测量金融脆弱性。由于危机的严重程度是由模型随机确定的，这种特性产生了对经济脆弱性的模糊结论。而预见传染效应也允许在发生第二种类型的金融危机时得到均衡，如某代理人抢先寻求更安全的组合以防止未来的损失。这种均衡表明脆弱性可以以整个金融体系崩溃的速度来表征。金融体系崩溃越早，金融体系就越脆弱。这种方法推导出一个明确的表征脆弱的总崩溃发生的日期。该日期取决于环境的特点，即在某个环境下代理人更喜欢哪些投资组合。对于足够大的经济体，鉴于金融多元化程度，总的金融体系崩溃的日期将随着经济规模增加而进一步推进。如果政府能够为经济提供流动性，那么它可以作为减少脆弱性的最后贷款人进行干预。这个最终的结论由于在模型中没有考虑激励相容问题而显得非常敏感。可以看到阿伦和加勒（2000b）、弗雷克亚斯（2000）和拉古诺夫和施利弗特（2001）的三篇文章都认为解决银行危机需要中央银行的协调。

随后达斯古普塔（Dasgupta，2004）运用他们的扩展模型，分析银行间最优保险合同中传染效应的不良影响。在高德斯坦因和帕兹内尔（Goldstein & Pauzner，2004）研究中，传染效应是由于投资者投资于不同的银行共同产生。一家银行的失败导致投资者失去财富，变得更加厌恶风险，因此他们更有可能在另一家银行进行挤兑。凯勒和熊（Kyle & Xiong，2001）和考卓斯和普利斯科（Kodres & Pritsker，2002）分析相关的模型中指出，由于投资者持有不同的资产而重新调整其投资组合使得传染效应波及各个资产。

一些学者的研究提出了传染效应应该是信息传输的结果。在这些模型中，在某个市场/银行的危机揭示了一些其他信息的基本面，从而可能导致其他市场/银行的危机（King & Wadhwani，1990；Chen，1999；Calvo & Mendoza，2000）。卡尔沃和门多萨（Calvo & Mendoza，2000）指出因为收集信息的高成本，在每个市场都可能导致理性的传染效应。欧（Oh，2013）也分析了一种传染效应模型，投资从其他投资者的类型中获得信息，这也可能是传染效应的根源。

　　系统风险的另一个来源是"大而不倒"（too big to fail）的问题。过大的银行在经济失败时会对经济构成巨大威胁，因此政府将愿意提供救助以防止这种情况发生。这反过来，产生的不利因素，银行将承担过度的风险，因为知道失败的后果将由纳税人承担。同样，政府可能特别担心，几家银行集体倒闭的可能性很大时，银行倒闭可能对经济产生特别不利的影响。因此，只有当许多银行集体倒闭时，政府才会救助银行，这可能会鼓励银行事前选择相关性风险，导致相关性故障和整个系统的不稳定（Acharya & Yorulmazer，2007；Farhi & Tirole，2012）。

# 第 4 章

# 欧债危机背景下管理者过度自信、银行信息披露与贷款损失准备关系的实证研究

## 4.1 研究背景介绍

  2009 年希腊主权债务危机爆发并逐渐发展蔓延至爱尔兰、葡萄牙等国直至整个欧洲，由此导致欧洲主权债务危机。欧洲主权债务危机对欧洲的金融体系影响巨大。由于此次危机影响重大，使得外界对希腊、欧洲商业信誉以及欧洲经济的稳定性产生忧虑。希腊乃至整个欧洲财政状况的不确定性，以及不断升级的财政赤字，使得投资者对欧洲市场的恢复有了质疑，受此波及的影响，欧洲经济下滑，整个欧洲市场让投资者都不看好。尽管欧洲主权债务危机是一场区域性的债务危机，但也可能会以多米诺效应蔓延至全球。

  欧洲主权债务危机对欧洲的金融市场，特别对欧洲银行业这种以信用为经营基础的行业而言，冲击更是沉重。一方面，银行作为主权债券持有者而遭受直接损失，也可能因为传染效应而间接受到影响；另一方面，市场的不确定性也让投资者对银行的风险管理能力产生怀疑，从而使得投资者寻求获得银行的风险属性等更多财务信息，例如

准确的贷款损失准备金额，甚至对当前银行提出提高金融信息披露的精确度等要求。

　　由于直接损失以及由于外界对银行业的怀疑和不信任的间接损失，导致银行业绩下滑。在这种情况下，透明的财务报告以及风险管理报告对银行而言是十分重要的。投资者会迫切寻找公司关于财务以及风险方面的信息，并根据银行目前提供的信息改变其对该银行的估值，从而调整其对银行的投资等行为。一般而言，银行的信息披露既有强制性的部分又有自愿性的部分，因此银行的管理者在一定程度上有权选择披露哪一类信息以及披露信息的程度。但由于欧债危机的爆发，使得投资者和银行之间产生了信息不对称加剧，从而有可能导致投资者会进行逆向选择，银行被迫选择披露更多的信息。但大多数学者的研究集中于企业信息披露以及贷款损失准备的现状和影响因素的分别探讨，而对银行信息披露与贷款损失准备之间的直接关系的研究不多，其中可能的理论依据是：披露更多的信息有利于缓解银行和投资者之间的信息不对称和逆向选择问题，提高银行资金未来的流动性（Diamond & Verrecchia，1991；Verrecchia，2001）。但银行会选择何种方式增加信息披露，拥有一定的灵活度。与此同时，银行增加信息披露也需要承担额外成本，银行理应结合其经营及盈利情况进行综合考虑。例如，银行可能会增加年度报告和风险管理部分的内容披露，同时为了银行的利润，考虑不调整或者减少贷款损失准备的计提。此外银行也可能选择增加贷款损失准备的计提，向外界传递自身良好的风险抵抗能力，但不再增加年报和风险管理部分的内容披露。基于此，本章将信息披露变动以及与贷款损失准备变动作为一个整体来研究两者之间可能存在的关系，并认为在欧洲主权债务危机背景之下，信息披露变动与贷款损失准备变动之间可能的替代关系。其中，将信息披露与贷款损失准备两者联系起来，而不是单独研究信息披露或者是单独研究贷款损失准备，这可能是本章的一个创新之处。

　　对于以上银行信息披露研究涉及的论点均基于信息不对称问题和

委托代理问题的探讨。其中潜在假设前提是，公司经营的代理人/管理者的行为是完全理性（Barberis & Thaler，2003；Baker *et al.*，2004）。也就是，假定管理者会及时更新他们的专业知识，并以此来作出相关管理决策，以最大限度地发挥它们的效用。但近些年，行为公司金融的研究者提供了不少证据表明，公司的管理者可能会偏离其预测的理性行为，并且这种现象在目前的市场层面普遍存在。有研究表明，资本结构决策中的偏差（Heaton，2002；Helliar et al.，2005；Hackbarth，2008）和资本预算决策中的偏差（Statman & Caldwell，1987；Gervais et al.，2007）都应该考虑利用管理者的非理性倾向以便更好地理解公司的决策。在这些研究中，管理者过度自信，作为一种特殊的管理者非理性的形式，也越来越受到重视。不少研究表明，过度自信的管理者倾向于实施有偏差的公司财务决策（Camerer & Lovallo，1999；Roll，1986；Malmendier & Tate，2005；Malmendier & Tate，2008；Malmendier *et al.*，2011）。这些研究对管理者过度自信的一致共识就是，过度自信的管理者倾向于高估其控制下的投资项目的未来收益。基于此，本章将研究这种过度自信是否可以进一步影响银行的信息披露政策，旨在对管理者过度自信影响下的信息披露决策和贷款损失准备的关系进行较为全面的分析。

　　本章共分为两大部分，理论分析和实证研究部分，综合探讨了在欧债危机下，银行信息披露变动和贷款损失准备变动之间的关系，以及管理者过度自信在其间的作用。第一部分从三个方面综述了国内外研究现状，包括贷款损失准备的影响因素，信息披露的影响因素以及信息披露的经济后果等研究，总结了在此领域中还存在的不足。其中概述银行信息披露的主要内容，并概述了信息不对称理论，信号理论，资本市场有效假说理论以及委托代理理论，并在此基础上提出本章的研究假设，即银行信息披露的变动和贷款损失准备变动之间可能存在一定依存关系。此外，进一步论述了过度自信的银行管理者是否会影响银行信息披露的变动和贷款损失准备金变动之间的联系。基本思路是，管理者作为股东的代理人采取行动的方式可能偏离我们预期的完全理性的行为，如过度自信的管理者倾向于高估其控制下项目的未来收益，低估其风险。虽然贷款损失准备金是用于缓冲未来可能出现的现金流短缺和降低交易风险的重要工具，但过度自信使得管理者仍然可能坚持投资在他们认为有利可图的项目中，而不是尽可能多的从现金流中计提更多的贷款损失准备金。这是因为过度自信的管理者坚信所在银行投资的项目收益应高于计提贷款损失准备金的好处。换句话说，银行信息披露的变动和贷款损失准备金之间的相关关系可能进一步在有过度自信管理者的银行中显现出来。因此，我们假设银行信息披露的变动和贷款损失准备金之间的相关关系会由于银行管理者过度自信的存在而增强。

为了实证研究这些假设，在第二部分中，我们以 2009～2011 年 163 家欧洲银行的年度报告为样本，对银行信息披露和贷款损失准备变动有关的变量进行设计和定义，并构建本书的研究模型。对银行信息披露变动与贷款损失准备变动之间的关系进行了实证研究，分析并解释了实证结果。

研究表明，在此次主权债务危机爆发前后欧洲贷款损失准备和欧洲银行信息披露的确发生了变动。回归结果显示，银行信息披露变动和贷款损失准备变动之间存在负相关的关系，即当银行选择增加贷款损失准备计提时，那么它可能就不愿意再通过年报（或风险管理报告）内容来反映其财务状况；反之，如果银行选择减少贷款损失准备了，那么它可能就会选择通过增加年报（或风险管理报告）内容来反映其财务状况。也就是说，欧洲主权债务爆发之前，由于对国家主权债券具有传统的偏好，欧洲各个银行都持有一定数额的主权债券，随着主权债务风险的发展，不管希腊等国是否真的违约，还是变相违约，都会造成持有主权债券的欧洲银行损失。在此情况下，欧洲银行出于各种考虑可能会改变其贷款损失准备的计提比率。此外，受欧洲主权债务危机的影响，投资者对欧洲金融市场的信心受到了打击，并对银行的风险管理能力产生置疑，寻求获得银行风险属性等更多的信息。而银行为了打消投资者的顾虑和怀疑，必然会采取相应的措施，比如银行的信息披露有所改变等。而这两种措施之间存在一定的替代关系。

此外，对于银行管理者过度自信的作用，分析的重点是对过度自信变量与 LLP 变化量之间的交互项系数是否显著为负。回归结果表明，如果银行的管理者有过度自信倾向，那么银行信息披露变动和贷款损失准备变动相互作用关系就会增进。这意味着，过度自信的管理者倾向于高估银行的投资项目的收益，低估这些项目存在的风险。结果他们并不愿意通过增加计提贷款损失准备金或增加年报信息披露向外界传递信息，因此两者中只要有一方增加了披露，另一方必然减少得更多。由此，可以得出这样的推论：管理者过度自信倾向可以强化银行信息披露和贷款损失准备金之间的负相关关系。

这些结果首先揭示信息披露内容变动幅度与贷款损失准备变化率的关系，探析管理者的过度自信行为对此关系的影响程度，为利益相关者（包括投资者、债权人、顾客、政府、监管机构等）更充分了解欧洲主权债务危机下银行的所采取措施的动机。对商业银行贷款损失准备的研究能使得银行、监管机构从各方面更加深刻的认识这一项目，为银行贷款损失准备的计提提供有效建议。对盈余管理进行研究，可以改变银行的透明性，促使银行更加谨慎的进行盈余管理。其次，揭示了此次欧洲主权债务危机对欧洲银行产生的影响，对银行防范类似危机具有长远的意义。对商业银行的研究，不但能促使银行反省自身的经营，而且能帮助市场和监管机构更好的实现其职能和提供建议。目前监管机构的监督管理也仅仅是从商业银行反馈的数据指标来进行的，无法真正了解银行的内部操作，不能实行有效监管。本书的研究可以帮助监管部门从数据及动机上来发现银行的盈余管理行为。同时，也为银行贷款损失准备的计提提供了建议，减小利用贷款损失准备来进行盈余管理的操作空间。为监管机构完善相关政策提供参考和建议，促使相关制度不断完善。最后可以为投资者投资决策提供辅助建议。投资者对银行的了解主要是通过银行发布的经审计后的财务报告，而审计往往侧重于银行会计的核算是否合规、正确，往往不会审计到银行表外的事项，也不会反对银行的盈余管理行为，这就使得财务报表所显示的财务信息往往是银行让投资者看到的信息，商业银行的信息披露是不完善的。对银行贷款损失准备和盈余管理进行的研究可以帮助投资者更好地识别银行的盈余管理行为，判断财务信息的真实性，作出正确的决策。

## 4.2　相关文献综述及研究假设

### 4.2.1　基本理论综述

#### 1. 信息不对称理论

所谓信息不对称（Akerlof，1970），是指在经济交易中，由于交易各方所获得信息的渠道多寡的不同，信息渠道多的交易方所掌握的信息就会很充分，而信息渠道少的交易方所获得的信息就很有限了。信息掌握全面的一方在交易中处于优势地位，而无法获知完全信息和掌握充分信息的另一方在经济活动中处于劣势地位。信息不对称会导致一些负面效应，其中道德风险（moral hazard）和逆向选择（adverse selection）就是两种典型的经济后果。

道德风险指的是在签订契约后，由于委托方无法获得充分信息而不能有效地监督代理方的行为，而代理方可能只顾追求自身利益的最大化，而不管代理方的利益是否受损或从自身利益出发蓄意损害代理方的利益。银行的投资者、债权人、顾客、政府、公众和员工为企业提供各种资源，在银行的经济活动中起到了重要的作用。从这角度来看，银行与这些资金提供者形成了委托代理关系。随着欧洲主权债务危机的爆发，资金提供者要求银行在追求利润最大化的同时，更加注重银行信息披露的透明度。由于信息不对称的存在，银行资源提供者很难获得银行的管理信息，无法知道管理者对资金的配置情况，对风险的管理与控制情况，从而不能对银行的管理行为进行有效地监督，从而形成道德风险。但是一旦资源提供者知道了银行管理不善，就会收回提供的资源，这将给银行带来巨大的风险。银行管理者考虑到这些因素，就会积极满足投资者对信息披露方面的需求，加强自身的约束和监督，消除银行与投资者之间的信息不对称现象，从而获得投资者的信任和支持，以便于银行以后的发展。

信息不对称导致另外一个经济后果就是逆向选择（adverse selection）。柠檬车市场模型就是研究逆向选择（Akerlof，1970）的第一个模型。由于交易双方之间存在，即卖方拥有充足的信息，但买方由于所获得信息不充分，使得双方之间就车的价格不能达成有效的一致性。由于买方所了解到的都只是车的均价，因而对于高于均价的车，买家当然不愿意买。而卖家所拥有的高质量的车就卖不出去，导致市场上慢慢地都只有一般质量甚至劣质的车辆存在，而高质量的车由于卖不出去，而遭到市场的淘汰。由此可见信息不对称会产生严重的负面后果。同样的，银行投资者不了解银行具体的经营管理、风险控制情况，在信息不对称的情况下同样也会发生逆向选择的后果，导致损失。

## 2. 信号传递理论

信号传递模型（signaling model）首次是用来解释劳动力市场中的现象（Spence，1973），各个应聘者为了获得招聘公司的青睐和认可，就必须向招聘者传递表达自身实力强大的信号，而在此过程中，文凭就是一个信号。应聘者拥有高学历文凭就向招聘者传递了自身很优秀，有能力胜任该公司职位的信号；而那些只有低学历文凭的应聘者则会传递相反的信号。同时雇主也会接收到这个信号，认为拥有高学历文凭的人具有较强的能力，因而给予他们的工资也较高，但实际上雇主并不了解应聘者的真正实力，而只是单纯由于应聘者向雇主传递了一个他认可的信号。因而在信息不对称的情况下，出于信息优势地位的一方会通过各种的途径积极的向信息劣势的一方发出信号，以此来达到自身的目的。同样，银行为了在资本市场上获得更多的资源，会向外部投资者、债权人、政府以及社会公众传递竞争优势信号，吸引更多的投资者。银行年报或风险管理报告内容的变化、贷款损失准备的计提比率变化也是为了向外界传递信号，银行对其变化的披露既反映了银行对不同风险资产的风险管理水平，也反映了银行资金的安全程度，给予投资者更多的安全信号，以及银行自身管理水平良好的积极信号。

### 3. 委托代理理论

随着股份制的产生，公司的所有权和经营管理权开始发生分离。投资者一般不直接参与公司具体的经营管理方面的事务，而是会雇佣职业经理进行公司的经营管理，于是股东和管理层之间形成了委托和代理关系。由于委托人和代理人之间的目标和追求不同，两者之间难免存在利益冲突，就是所谓的委托代理问题。委托代理理论认为委托代理问题可以通过信息披露在一定程度上得以缓解。代理人有责任向委托人如实提供其行为和责任的落实信息，委托者则可以通过企业的信息披露合理评价企业业绩和判断代理者的受托责任履行情况，降低代理成本。同样，银行的股东作为委托人关注的是公司利润最大化，以及自身的投资回报率；银行的管理者作为代理人，其关注的是自身的薪酬等方面的好处。在欧债危机爆发后，银行的股东和管理者之间的矛盾会被扩大，相互之间的摩擦和矛盾更加剧烈。银行的股东追求的是在危机下资金的安全以及银行利润的最大化，银行的管理者则可能由于个人的风险偏好而进行高风险的经营决策。所以为了减少委托代理问题，银行管理者必然要选择增加信息披露来调和彼此的利益矛盾。

## 4.2.2 贷款损失准备相关研究

欧洲主权债务危机爆发的根源之一在于银行贷款质量差，贷款损失准备不足。危机爆发前，银行信贷规模的大肆扩张，贷款质量的过高预估，银行计提的贷款损失准备不足以覆盖大规模贷款损失，进而由银行危机发展成欧洲区域性的经济危机。由此可见，银行的风险与稳定往往是相反作用的，其中，贷款损失准备的计提会直接影响到银行盈余，合理的贷款损失准备可以有效防范银行风险，过多的贷款损失准备能够明显增强银行的风险管理能力，但也会使银行资金闲置，降低银行收益；而过少的贷款损失准备可能会使银行资金利用程度更高，但也增加了银行信贷风险，影响银行的稳健经营。贷款损失准备是一把双刃剑，贷款损失准备计提时任何不合规的操作都将会导致其严重偏离经济实质。过多和过少的计提都会给银行经营者带来一定的盈余操纵的空间，增加银行经营者的盈余管理行为，损害银行财务信息的透明度和真实性。基于此，本章以欧债危机为背景，深入探究银行信息披露决策与贷款损失准备计提之间的作用机理，进而融入非理性理论框架，讨论管理者过度自信对两者关系所起到的特殊作用。

### 1. 贷款损失准备与盈余管理

银行管理者为了银行自身利润以及风险的考量，很可能采取以盈余管理为动机的贷款损失准备计提行为。各个银行要遵循会计准则进行年报的编制，而在会计准则的要求中贷款损失准备是作为银行贷款的被抵项目，因而贷款损失准备计提的比率必然会影响公司最后的净利润，为了显示银行良好经营获利能力，银行会利用贷款损失准备计提的比例来平滑其盈余（Laeven & Majnoni，2003）。因此，当银行当期业绩不好，即盈余水平较低时，银行会故意低估贷款回收或受损的风险，从而减少当期贷款损失准备的计提以此来减缓其他不利因素对银行盈余的不利影响（Bouvatier & Lepetit，2008）。也有学者从公司治理方面来探讨贷款损失准备与盈余管理的关系。如，比蒂（2002）研究了股权激励与盈余管理。通过研究712家银行近七年的数据，比较了不同的非管制与管制行业以及银行经营者的后续交易、股权激励的条件等对盈余管理的影响。他们发现具有较高股权激励的银行经营者极有可能在以后年份出售股份。同时讨论了潜在的监管干预对盈余的影响、相关补充及敏感性分析。考内特等（2008）从美国大型的上市银行探讨公司治理机制是否影响收入和盈余管理。银行经营者的薪酬按业绩敏感度（PPS）与董事会的独立性呈正相关关系，银行报告盈余和董事会的独立性呈负相关的盈余管理关系。还发现，PPS是正相关的盈余管理，简单来说，就是董事会的独立性越高，PPS越高的情况下，盈余管理能更经常性地实施，管理层为了业绩表现，往往会进行盈余管理。相较而言，国外银行业的起步较早，管理、制度等各方面的发展都比较完善，对贷款损失准备与盈余管理的研究更是数不胜数，几乎涉及相关的各个因素的研究，而国内的相关研究基本上是在国外研究模型的基础上进行的改进。

大多数研究认为商业银行进行盈余管理不利于其长期发展。艾林（2013）在其研究中指出了商业银行盈余管理行为造成的经济后果：商业银行盈余管理程度与利润总额呈负相关关系，盈余管理行为损害了银行利润总额，银行真实的利润总额并没有充分地在财务报表中体现。陈超等（2015）以我国不同类型的商业银行为研究对象，研究了银行计提贷款损失准备的影响因素，发现当期贷款损失准备的计提与下一期不良贷款的变动存在显著的正相关性，证明了贷款损失准备计提的前瞻性。在研究银行贷款损失准备为手段的盈余平滑行为中，非上市银行（大部分城市商业银行和农村商业银行）的平滑盈余行为更明显。对于非上市的城市商业银行和农村商业银行，对外的长期债务越多，利用贷款损失准备进行盈余管理的可能性就越大。郑佳怡（2016）以全球经济危机为研究背景，发现全球范围内的绝大多数银行都受到了较大的冲击和影响，但从相关数据研究发现，我国商业银行在经济危机中仍然呈现出较强的增长趋势。当然，这种现象的发生是由多种原因造成的，但是研究证明了我国银行普遍存在的盈余管理行为也是原因之一。商业银行的盈余管理虽然没有违反会计准则，但同样也没有达到会计信息重要性和信息披露完整性的要求，给利益相关者和社会经济造成一种假象，最终影响银行和宏观经济的健康发展。

以贷款损失准备计提为手段的盈余管理动机之一便是平滑利润。从理论来看，商业银行的发展随宏观经济一样有一定周期性，银行贷款损失准备往往也是顺周期管理，以此降低报告盈余的波动性，达到盈余平滑，隐藏风险，造成银行发展稳健，吸引投资者的目的。在股权激励约束下，银行经营者可能为了自己的业绩进行盈余管理，从短期来看，银行经营者会尽可能提高其报告盈余，显示经营者本身的职业能力；从长期来看，银行经营者可能会在自己任期内进行盈余管理，造成长期盈余平滑现象。唐兴华（2011）研究认为我国商业银行贷款损失准备与报告盈余呈现负相关关系，这种特定现象是由于商业银行盈余可观时，银行往往会增加计提贷款损失准备，以达到盈余平滑或其他盈余管理动机；而当盈余不乐观时，银行会减少计提贷款损失准备，以降低银行平滑利润的波动性，达到盈余管理的动机，这是基于盈余平滑动机的研究结论。段军山、邹新月和周伟山（2011）以我国上市商业银行为样本，进行实证研究。研究发现贷款损失准备会影响公司的净利润，且与其成负相关关系。出于公司自身利润的考虑以及股价的考虑，公司会利用贷款损失准备计提比率要进行利润平滑，即公司会进行盈余管理。许友传和杨继（2010）在研究中发现，贷款损失准备可被用于满足盈余管理的需要，贷款损失准备作为一种预防风险和损失的准备，其能有效减少银行报告盈余的波动性。杜鹏（2012）在其研究中指出贷款损失准备的计提是盈余管理最主要的手段，我国商业银行盈余管理的动机很大程度上是为了进行筹资，还没达到商业银行盈余管理的基本要求之一：盈余平滑。他的研究认为我国商业银行利用贷款损失准备进行盈余管理主要是为银行筹集资金，进行更大程度的投资以赚取更多利润，而研究当期银行盈余平滑并不是十分显著，说明银行在计提贷款损失准备时仍存在较大的盈余操作空间。周红和武建（2013）研究也得出了类似的结论，研究发现：在贷款损失准备计提上的操纵空间被银行管理者用来进行了盈余管理，同时发现考察了公司治理中信息披露和银行性质对盈余平滑的影响。崔光霞（2014）通过对我国上市商业银行相关数据进行分析，发现我国上市商业银行贷款损失准备计提率和贷款质量逐渐上升，不良贷款率呈现下降趋势。黄有为和史建平（2016）的研究发现我国商业银行总体上存在盈余平滑现象，通过采用2005～2014年的商业银行相关数据，发现我国商业银行的报告利润在是平滑稳定增长的，银行整体表现为经营稳健。他们发现报告盈余与贷款损失准备之间存在负相关关系，同时也讨论了税与贷款损失准备的关系。此外他们还将中资商业银行与中国境内外资商业银行进行了对比，指出中资商业银行利用贷款损失准备来实现盈余管理的行为更多。

可见，学者们在对贷款损失准备和盈余管理的关系研究中，普遍认为两者之间存在负相关关系。银行贷款损失准备是银行管理贷款风险的主要手段，贷款损失准备在计提时存在一定的主观性判断，计提的不良贷款基数即使在所规定的监管政策中仍然允许存在一定的浮动，因此，使得商业银行存在利用贷款损失准备进行盈余管理的动机。此外，由于贷款损失准备具有抵税的效应，商业银行在盈利多的时候倾向于计提更多的贷款损失准备以减少应纳税所得额，进而减少税收，起到避税的作用，并且进行盈余平滑。盈余管理对商业银行的发展会产生一定程度的影响，如过度的盈余管理行为能达到其盈余管理目标，达到当前预期盈余，吸引投资者的投资。而从短期效果来看，商业银行的盈余管理行为可能会实现盈余平滑、银行稳健等其他动机，但长期的盈余管理行为会导致较为恶劣的结果，使市场和监管机构对银行的了解出现很大偏差。由此可见，控制和监督商业银行的盈余管理行为，一方面可以促进商业银行的信息披露和合规操作，完善市场和监管机构对商业银行的监督和管理，促进商业银行的稳定发展；另一方面也有利于提高商业银行财务信息的真实性和完整性，保护投资者的相关利益。因此，对商业银行的盈余管理进行研究是很有必要的。

## 2. 贷款损失准备与信号传递

银行经营管理者有动机通过财务会计信息向市场传递其未来业绩表现良好的信号，信号传递可能是银行计提贷款损失准备的影响因素之一。早期学者研究就发现，资本市场对贷款损失准备会计信息具有积极的反应，即资本市场看好银行对贷款损失准备的计提（Wahlen，1994；Beatty *et al.*，1995），实证研究表明论证了银行贷款损失准备金与银行股票收益及银行市场价值都有着显著正向的相关性。银行通过计提贷款损失准备金，向市场传递其有能力确保充足的准备金来抵御未来可能的信贷风险。但贷款损失准备信息传递出来的信号，同样也是银行信贷资产质量的衡量，这会在一定程度上影响市场对企业的评价。有学者将贷款损失准备划分为自由裁定的和非自由裁定的贷款损失准备，发现资本市场能有效识别两种因素并做出完全相反的表现（Beaver & Engel，1996）。资本市场对自由裁定的贷款损失准备做出了积极的反应，而对非自由裁定的贷款损失准备做出了消极的评价。

张瑞稳和张靖曼（2013）实证研究分析了中国商业银行计提贷款损失准备与信号传递之间的相互关系。结果发现，银行的管理者会通过计提贷款损失准备的比例对外传递信号：当管理者预测到银行未来将会有持续较高盈利时以及银行的利润未来将会大幅增加时，他们会提高贷款损失准备的计提水平，以此向外界传递企业盈利稳定以及前景良好的信号。蔡逸轩（2009）在对中国 14 家上市银行 2002 ~ 2008 年的数据样本进行会计政策选择动因的实证分析时，以存贷比率为信号传递动机的替代变量，构造了贷款损失准备计提动因模型，结果发现贷款损失准备已经成为我国上市商业银行经营者进行利润操纵、控制风险以及信号传递等行为的工具。许友传（2011）认为由于经济周期的存在，银行拥有两种贷款损失准备的选择，前瞻性和后瞻性，其实证结果显示无论我国商业银行是后瞻性还是前瞻性的，或是银行处于逆周期还是顺周期，银行都会利用贷款损失准备进行信号传递。在研究我国贷款损失准备后瞻性的逆周期效应时，都存在显著的信号传递动机。陈许东和何艳军等（2014）研究发现贷款损失准备作为银行重要的管理指标，银行在考虑贷款损失准备的计提比率时首先以其财务稳定为主要目标，并借助贷款损失准备的比率向外界投资界传递信号。从以上学者对商业银行的贷款损失准备计提的信号传递动机研究来看，我国商业银行管理层都普遍看好其未来的业绩形势，这与我国银行业在投融资领域有着不可替代的优势地位有关。

### 3. 贷款损失准备与资本管理

金融监管机构对银行业的资本充足率进行监管，已成为各国普遍采用的一种宏观经济管控手段。从资本监管角度来看，保持充足的资本率能抑制银行因过度扩张而承担过大的风险。而贷款损失准备是银行的附属资本，属于计算资本充足率的分子部分。当资本充足率较低时，可以通过计提贷款损失准备金来提高未来资本充足率，通过提供准备金缓冲区以抵御所资本损失。

金和克罗斯（Kim & Kross，1998）以美国 1989 年资本监管准则实施为节点，比较了银行在监管制度变化前后资本比率低的银行是否使用贷款损失准备项目进行资本比率管理。结果发现与 1985 ~ 1988

年相比，在 1990~1992 年资本比率低的银行减少了贷款损失准备金，增加了贷款核销；而高资本充足率银行在资本监管准则实施后在贷款损失准备计提上没有明显差异，但大幅度核销了信贷资产。比克尔和梅泽马克尔斯（Bikker & Metzemakers，2005）以 OECD（经济合作与发展组织）国家的商业银行为研究对象，以 1991~2001 年的财务数据为样本，分析银行计提行为是否与经济周期相关。实证结果显示当国内生产总值增长率较低时，银行损失准备金显著上升，反映了当经济周期下行时信贷投资组合的风险增加，同时也增加了信贷危机的可能性，因此，贷款损失准备与资本充足率变量显著负相关。国外研究表明，低资本充足率情况下银行会通过计提高额的贷款损失准备进行资本充足管理。

而国内学者对贷款损失准备计提资本管理动机的文献相对较少，陆正华和马颖翾（2009）以 2001~2008 年 A 股上市公司为样本，从风险、资本结构、营运能力、盈利能力与银行规模五个方面对银行贷款损失准备计提的财务影响因素进行实证分析。实证结果表明：银行贷款减值准备计提率与加权风险资产率及银行规模显著正相关，贷款减值计提率与资本充足率负相关。而资本充足率与贷款损失准备变量的负相关关系只在固定效应模型中显现。许友传（2011）对 2000~2008 年我国商业银行的资本管理行为进行了实证研究，其中样本中的 57 家商业银行包括了国有商业银行、全国性股份制商业银行以及城市商业银行。他的研究发现，有监管压力的银行会通过提高资本充足率以满足法定最低资本充足率要求，选择计提较高的贷款损失准备来提高资本充足率；但是当银行面临的监管压力较小时，银行并不一定会通过管理附属资本的方式来提高其资本充足水平。但也有一些学者发现了相反的结果，如王小稳（2010）以上海证券交易所上市的 12 家银行为研究对象，发现资本充足率对商业银行贷款损失准备的影响不大，而不良贷款仍是贷款损失准备金的主要影响因素。瞿光宇（2011）以 2007~2011 年中国上市银行季度数据为样本，发现银行没有通过贷款损失准备进行资本管理，而是通过相互持有次级债弥补资本不足。研究进一步指出，银行监管资本套利行为也是我国商业银行提高资本充足率的方法。虽然我国资本充足率监管要求要比国际普遍要求标准高出许多，但监管当局仍然应重新审视资本监管，重视资本充足的真实有效。

## 4.2.3　信息披露的相关研究及研究假设

银行作为金融体系的核心，其信息披露关系到金融体系透明度、安全和稳定，因而受到外界的重点关注。银行信息披露包括强制性信息披露和自愿性披露。一些监管机构和国际组织会对银行进行特殊监管，制定相关的信息披露制度，强制性要求银行进行相关方面的信息披露。如巴塞尔委员会制定的《巴塞尔协议Ⅰ》（Basel Ⅰ）规定银行信息披露应包括以下内容：①商业银行的利润以及平均资产收益率等；②流动性和资本充足性的状况等；③资产质量与风险管理情况；④遵循的会计准则，包括确定不良资产及其损失的会计准则；⑤公司的治理结构。而在新版巴塞尔协议中，巴塞尔委员会结合多年的经验以及当下的披露中存在的不足，对银行信息批了又提出了几点要求，主要包括：最低资本充足率要提高，银行的风险暴露要更加注重定量的精细化，银行要重视调解资本结构。除了强制性披露之外，银行也有很大程度的灵活度进行自愿性信息披露。针对此次的欧洲主权债务危机对银行的冲击，银行为了消除投资者对银行风险管理能力的质疑，向外界传递良好的信号，就很可能增加自愿性信息披露。通过这种方式，来重新获得投资者的信任，获得投资者的投资。

### 1. 信息披露的影响因素

从信息披露的作用来看，银行的信息披露首先表征了银行经营管理的状况，其次也是外部投资者、政府及监管者对银行监管的主要工具。根据现有研究，信息披露的影响因素大致可以分为以下几类：

（1）公司规模。委托代理理论认为，由于代理成本的存在，相比较于小公司而言大公司更愿意，更有动机披露更多的信息，缓解信息不对称的现象，从而降低代理成本。此外，规模较大的公司发展会更好，其规模会随着其发展而越来越大，同时因其壮大，会有越来越多的投资者开始关注其财务状况以期通过投资产生价值（Chow & Wong - Boren，1987）。考虑到自身形象、信誉，为自己未来长远的发展做好基础，公司可能会通过真实、可靠、详细、充分的会计信息披露来吸引投资者关注并建立良好的企业社会形象。其次，公司进行信息披露也要承担一定成本，与规模较小的公司相比，规模较大的公司能负担得起进行更多信息披露所需多付出的成本。另外，规模较大的公司需要投资者提供的资源的可能性更大（Eng & Mak，2003）。为了吸引更多的投资者对其公司进行投资，规模较大的公司会更有动机去披露更多的信息，而规模较小的公司由于存在生存和竞争激烈的原因，可能不太愿意披露较多信息。当然也有学者的研究不能支持这一结论，如罗伯斯（Roberts，1992）发现公司规模与信息披露之间并没有存在显著的正相关关系，甚至在某些特殊情况下两者之间呈较弱的负相关关系。

（2）财务杠杆。财务杠杆是一把双刃剑，当企业经营较好时能给企业带来更多的收益，但当企业出现亏损时，同时也会放大其损失，给企业带来更大的财务风险。在外部投资者看来较高的财务杠杆会使其投资风险较大，因而投资者会从自身投资回报考虑，资金安全考虑从而减少对企业的投资，从而使得企业为了筹集资金对外披露虚假的会计信息。如果管理者增加公司的财务杠杆，那么这将会导致公司信息披露的水平降低（Jensen，1986）。因为管理者会不愿意让债务人对其自身的偿债能力产生怀疑。公司的资产负债率过高会使债权人没有安全感（Myers & Majluf，1984），对公司产生信用危机，与此同时会增加对公司的监督以及条约的约束，公司为了消除信任危机会选择封锁一部分信息，特别是有关财务方面的信息。恩格和马克（Eng & Mak，2003）的研究也同意以上观点。但一些学者研究（Leftwich et al. ，1981；Ferguson et al. ，2002）却得出了不同的观点。他们认为，当公司的资产负债率越高，即公司的资本结构中有借款或是发行债券获得的资本越多时，其面临的利息以及到期时还本的压力就越大，那么公司所面临的财务风险就越大。在这种情况下，为了消除股东和债权人的怀疑，获得他们的信任，公司会倾向于披露更多的信息。此外，对于那些其资金来源主要为金融机构的公司而言（Ahmed & Nicholls，1994），得到这些金融机构的信任是非常重要的，因此他们会在年报中披露更多的信息，让金融机构更加了解公司，从而更多的融资机会。

（3）盈利能力。盈利能力较强的公司会充分利用自身的优势，因为对外界投资者还有股东而言，公司盈利状况是他们最关心的事，只有公司获利了，他们才能获得更高的投资回报（Inchausti，1997）。所以盈利状况好的公司会积极披露其信息，让投资者充分了解公司，来展现公司的竞争优势。此外，认为当投资者认为某个公司为"柠檬公司"时（Akerlof，1970），其面临的成本要比其他公司成本更大。因而为了避免这种成本，那些经营业绩好的公司为了与经营业绩差的公司有所区别，当然会增加其信息披露。同时，为了方便市场和投资者能更好地了解其盈利水平，从而吸引投资者的青睐，获得更多的投资金，同时也可以有效地促进公司股价的上涨，盈利较好的公司会增加信息披露（Grossman & Hart，1980）。米尔格罗姆（Milgrom，1981）、鲍曼和哈伊尔（Bowman & Haire，1975）也支持以上观点，他们研究发现公司盈利能力和信息披露之间存在显著的正相关关系。此外，郎和伦德霍科姆（Lang & Lundhokm，1993）和米勒（2002）研究发现当公司盈利时，公司为了展示自身的盈利情况，会披露更多用于财务分析的信息。

## 2. 信息披露的经济后果

由于现存资本市场的不完善，公司和外界投资者之间是存在信息不对称现象的，而信息披露可以减少信息不对称现象，从而有效地降低公司的资本成本（Diamond & Verrecchia，1991）。希利和帕勒普（Healy & Palepu，1993）提出，公司向外部投资者披露信息的程度对公司发行股票和债券等有重大影响，随后希利和帕勒普（2001）的研究又发现，财务报告和信息披露是公司向外部投资者提供公司治理和绩效情况的有效手段，并且公司有主动披露公司信息的动机。博多山（Botosan，1997）认为公司进行信息披露分为强制性信息披露和自愿性披露，在对资本成本和自愿性披露的程度之间的关系进行研究是，发现两者之间呈显著的负相关关系。皮欧特奥斯基（Piotroski，1999）研究也得出了相似的结论。他认为每个公司的管理者都会想要增加公司的资本价值，而增加额外的风险披露可以获得此种效果。维里齐亚（Verrecchia，2001）研究发现当公司披露更多的信息，投资者能够更好地了解和评价公司，从而会有效改善公司未来流动性从而达到降低公司的资本成本的效果。李明辉（2001）也提出了类似的结论，认为信息披露会提高公司在市场上的竞争力，从而降低公司的资本成本。张宗新等（2005）认为信息披露表现了管理者的真正动机，公司管理者基于经济利益的考虑会主动与投资者进行信息交流。莱乌兹和施兰德（Leuz & Schrand，2009）以安然事件为研究背景来研究信息披露与资本成本之间的关系，研究发现，随着安然事件的爆发，相关公司都已增加披露财务信息披露应对其可能的资本成本增加，同时这些增加的公司信息披露反过来又减少了公司的资本成本。

综上所述，国内外学者都分别对贷款损失准备和信息披露进行了研究。在贷款损失准备研究方面，国内外都取得了大量研究成果，主要研究方向是贷款损失准备的计提影响因素，包括三个方面：贷款损失准备与盈余管理的关系、贷款损失准备与信号传递的关系以及贷款损失准备与资本管理的关系。在贷款损失准备与盈余管理方面，大多数学者都认为贷款损失准备计提水平与公司的净利润负相关，即当公司盈余水平不好时，公司会减少贷款损失准备的计提，以此来对公司进行盈余管理公司。在贷款损失准备与信号传递方面，许多研究发现公司存在利用贷款损失准备计提水平进行信号传递的动机，当公司盈利水平较好时会计提更多的贷款损失准备，以向外界投资者传递企业业绩良好的信号。而贷款损失准备与资本管理方面，现有的研究还没有获得完全一致的结论。

在关于信息披露的相关研究，国内研究的成果较少，而国外的研究成果相对而言就较为丰富。通过前文的介绍可以发现关于信息披露的研究主要集中于：信息披露的影响因素以及信息披露的积极后果。影响信息披露的因素主要为：银行规模、财务杠杆、盈利能力、成长性。一般而言，多数学者们认为规模较大的公司由于为了维护自身良好的形象从而吸引更多的投资者青睐的目的，更愿意披露更多的信息；此外由于信息披露也是有成本的，规模较大的公司有能力承担信息披露的成本。而在财务杠杆对信息披露影响研究中，学者们持不同的观点：有些研究认为财务杠杆过大会降低公司信息披露水平；而另一些研究却认为由于公司资产负债率较高，财务风险较大，为了消除了投资者的顾虑，公司会更愿意披露更多的信息。在盈利能力研究方面，大多学者都认为盈利水平较好的公司更愿意披露更多的信息，以此方便投资者更好地了解和评价公司，吸引更多的投资者投资。而在对信息披露的经济后果的研究主要侧重两个方面：一是，信息披露会降低资本成本。一方面，公司披露更多的信息可以改善公司未来的流动性，从而降低公司的资本成本；另一方面，公司披露更多信息可以有效地减少信息不对称现象，从而达到降低资本成本的效果；二是，信息披露的目的是向外界传递良好信号。信息披露是公司向外界传递的一个信号，当公司披露的信息越多，即向外界传递这样的一个信号：公司的业绩很好，具有很强的竞争优势。所以公司会选择披露更多的信息。

虽然很多学者都研究了贷款损失准备计提的影响因素、信息披露的影响因素以及信息披露的经济后果，但很少有学者对两者之间的直接关系进行研究。本文认为银行信息披露和贷款损失准备的变化情况之间可能依存度。因此，我们以欧洲主权债务危机为切入点，重点研究在这一特殊时期，银行信息披露和贷款损失准备计提之间的相关关系。具体而言，欧债危机的爆发对银行是一次沉重打击。一方面银行作为欧洲主权债券的重要持有者会遭受直接损失；另一方面主权债务危机的迅速爆发与蔓延，使得投资者对银行的风险管理能力产生质疑，开始寻求获得银行的风险属性等更多的财务信息，例如贷款损失准备计提，甚至要求当前银行提高信息的精确度等。在此情况下，银行的信息披露必然会发生变化，其贷款损失准备计提比率会得到相应调整，而这两者的变动之间也会存在某种替代关系。

此外，已有学者研究表明影响贷款损失准备计提的因素主要有两个：其一是出于盈余管理的目的。即公司出于其自身利润的考虑，为了在经济状况不好的情况，让公司的利润不会显得那么糟糕，会更倾向于降低贷款损失准备的计提比率。其二是信号传递的目的。而随着欧洲主权债务危机的爆发，外界对银行信息披露的关注度增加，对银行信息披露的透明度要求增加也是客观存在的现实。根据委托代理理论，银行外部的投资者有权通过银行的信息披露来了解其经营情况，根据信息不对称理论和信号传递理论，银行必然会向经历欧洲主权债务危机打击的投资者传递信号好。由此可见，欧洲主权债务危机爆发后，由于市场投资者对银行财务报告的信息披露透明度产生质疑，作为欧洲国债首要持有者的欧洲银行可能会考虑增加其贷款损失准备。同时银行也可能选择增加其年报（或风险管理报告）的内容，以增加透明度。

因此，我们提出本章的研究假设 4.1：信息披露变动和贷款损失准备变动之间可能存在一定依存关系。即，如果银行选择增加贷款损失准备，那么，它可能就不愿意通过增加年报（或风险管理报告）内容来反映其财务状况；反之，如果银行选择通过增加年报（或风险管理报告）内容来反映其财务状况，那么其贷款损失准备可能就会减少了。

## 4.2.4　管理者过度自信的作用及研究假设

传统的信息披露研究涉及的问题，如信息披露决策的有效性，均基于信息不对称问题和委托代理问题的探讨。其中潜在假设前提是，公司经营的代理人/管理者的行为是完全理性（Barberis & Thaler，2003；Baker et al.，2004）。也就是假定，管理者会及时更新他们的专业知识，并以此来作出相关管理决策，以最大限度地发挥它们的效用。近些年，行为公司金融的研究者提供了不少证据表明，公司的管理者可能会偏离其预测的理性行为，并且这种现象在目前的市场层面普遍存在。有研究表明，资本结构决策中的偏差（Heaton，2002；Helliar et al.，2005；Hackbarth，2008）和资本预算决策中的偏差（Statman & Caldwell，1987；Gervais et al.，2007）都应该考虑利用管理者的非理性倾向以便更好地理解公司的决策。

在这些研究中，管理者过度自信，作为一种特殊的管理者非理性的形式，也越来越受到重视。理论上，行为主体的过度自信主要源于两种心理现象"高于平均水平（better-than-average）"和"窄的置信区间（narrow-confidence-interval）"的影响，这也是心理学长期以来研究的课题之一。虽然管理者过度自信是一个普遍存在的现象，但经济学家开始对这种认知偏差存在的经济模式研究始于20世纪70年代。期间大多有关非理性行为（包括过度自信）的研究主要是侧重于金融市场中投资者的行为角度。仅仅在21世纪初，管理者非理性行为的研究才纳入以公司背景的研究中，并开始考虑管理者过度自信对公司决策的影响，而对于管理者在信息披露决策中可能存在的非理性行为更是鲜有讨论。通常，过度自信的管理者倾向于高估他们的控制之下投资的收益，低估其风险（Roll，1986；Heaton，2002；Malmendier & Tate，2005；Malmendier & Tate，2008；Malmendier et al.，2011）。这一概念对银行信息披露相关决策也同样适用。

银行管理者作为股东的代理人采取行动的方式可能偏离预期的完全理性的行为，如过度自信的管理者倾向于高估其所在银行控制下项目的未来收益，低估其风险。尽管贷款损失准备金的计提是用于缓冲未来可能出现的现金流短缺及降低交易风险，但过度自信的银行管理者可能对银行先期投资项目抱有乐观态度，认为他们选择的项目是有利可图且风险是可控的，因此选择把现金流投入项目而不愿意从现金流中计提更多的贷款损失准备金。换句话说，过度自信的管理者相信其银行投资的项目收益应高于计提贷款损失准备金的好处。那么，银行信息披露的变动和贷款损失准备金之间的相关关系会在有过度自信管理者的银行中显现得更强烈。因此，我们推出研究假设 4.2：银行信息披露的变动和贷款损失准备金之间的相关关系会由于银行管理者过度自信而被强化。

## 4.3 数据收集与研究设计

### 4.3.1 样本选择和数据来源

本章以 2009～2011 年的欧洲银行为基础，从中提除了那些未采用 IFRS 会计准则及会计年度非止于 12 月底的银行。在此基础上，选取 2009～2011 年有发布年度报告和风险管理报告的银行为研究对象，共计 163 家，样本选择涉及 34 个欧洲国家，基本覆盖整个欧洲地区。

银行的年度报告和风险管理报告均来自于各个银行的官方网站。其他财务数据来自于 Thomonson Reuters 数据库。

本章以银行 2009~2011 年的年度报告和风险管理报告作为本研究的主要数据来源。其中，手工采集了 2009 年和 2011 年各个银行年度报告和风险管理报告的页码数据，相应的手工收集了各个银行在年度报告中所计提的贷款损失准备数据。在统计贷款损失准备的数据时，重点关注了其贷款损失准备中是否具体针对那些风险资产而计提，以及不同的风险资产其计提比率之间大小的比较。同时还关注年度报告中对贷款损失准备的政策以及对其变化的解释与说明，侧重分析了各个银行的贷款损失准备主要是针对那些类别的资产所计提的，以及各类资产计提的比率多少以及其变化方向以及其变化程度。

## 4.3.2 银行信息披露与贷款损失准备关系的模型和变量

本节采用多元回归的方法对欧洲主权债务危机背景下，银行信息披露与贷款损失准备之间的关系，以及管理者过度自信对此关系产生的影响进行研究。

多元回归模型如下：

$$
\begin{aligned}
\Delta AR1109(\Delta RISK1109) = &\alpha_0 + \alpha_1 \Delta LLP1109 + \alpha_2 LASSETS09 \\
&+ \alpha_3 MTB09 + \alpha_4 ROA09 + \alpha_5 LEV09 \\
&+ \alpha_6 \Delta ASSETS1109 + \alpha_7 \Delta MTB1109 \\
&+ \alpha_8 \Delta ROA1109 + \alpha_9 \Delta LEV1109 + \alpha_{10} OVER \\
&+ \alpha_{11} OVER * \Delta LLP1109 + e \qquad (4.1)
\end{aligned}
$$

其中 $\alpha_0$ 为常数项，$\alpha_1$，$\alpha_2$，$\alpha_3$，…，$\alpha_{11}$ 为各自变量系数，$e$ 为误差项。

表 4-1 展示了模型中变量的定义及来源。其中分为被解释变量、解释变量以及控制变量。信息披露变化是本章研究中的被解释变量，其主要通过两种变量来进行衡量：第一种衡量信息披露变化的变量是

年度报告内容总页数从 2009 ~ 2011 年的百分比变化率（$\Delta AR1109$）；第二种衡量信息披露变化的变量是年度报告中风险管理部分总页数从 2009 ~ 2011 年的百分比变化率（$\Delta RISK1109$）。

表 4 - 1                          变量、定义和数据来源

| 变量 | 定义 | 来源 |
|---|---|---|
| $\Delta AR1109$ | 被解释变量，信息披露变动指标 1：2009 与 2011 年之间年度报告总页数的百分比变化率。 | 银行官网年报 |
| $\Delta RISK1109$ | 被解释变量，信息披露变动指标 2：2009 与 2011 年之间风险管理报告总页数的百分比变化率。 | 银行官网年报 |
| $\Delta LLP1109$ | 解释变量，贷款损失准备计提变动：2009 与 2011 年之间贷款损失准备的百分比变化率。 | 银行官网年报 |
| $OVER$ | 解释变量，过度自信变量。是一个虚拟变量。当在样本期间 2003 ~ 2006 年，描述执行董事为乐观、自信的文章总数超过该时期描述了执行董事为可靠的、稳定的、实用的、保守的、节俭、谨慎，不乐观，不自信的文章总数，那么这家公司将被列为管理者过度自信，变量赋值为 1，其余则为 0。 | Lexis Nexis |
| $LASSETS1109$ | 控制变量，银行规模。2009 年末总资产的自然对数 | Reuters |
| $\Delta LASSETS1109$ | 控制变量，银行规模变化。2009 与 2011 年之间总资产的百分比变化率。 | Reuters |
| $MTB09$ | 控制变量，成长程度。2009 年末银行市价账面比 = 市价/账面价值。 | Reuters |
| $\Delta MTB1109$ | 控制变量，成长程度变化。2009 与 2011 年之间市价账面比百分比变化率。 | Reuters |
| $ROA09$ | 控制变量，盈利能力。2009 年总资产收益率 = 净利润/总资产。 | Reuters |
| $\Delta ROA1109$ | 控制变量，盈利能力变化。2009 与 2011 年之间总资产收益率的百分比变化率。 | Reuters |
| $LEV09$ | 控制变量，财务杠杆。2009 年资产负债率 = 总负债/总资产。 | Reuters |
| $\Delta LEV1109$ | 控制变量，财务杠杆变化。2009 与 2011 年之间资产负债率的百分比变化率。 | Reuters |
| $REG$ | 控制变量，压力测试。当银行在 2009 与 2011 年之间被要求进行测试时 REG 赋值为 1，其余为 0。 | EBA |

　　而贷款损失准备变化（$\Delta LLP1109$）作为本章研究的解释变量。贷款损失准备是银行向外界披露的一个重要信息，它不仅与银行最后的财务年度报告中的利润息息相关而且也是一个管理和控制风险的重要指标。本章以2009年与2011年之间贷款损失准备计提百分比变化率（$\Delta LLP1109$）作为解释变量来分析其与信息披露变化之间的相关依存关系，即我们的研究假设4.1。此外，对管理者过度自信的衡量，我们采用的是一个虚拟变量（$OVER$）。当在样本期2009～2011年，描述银行执行董事为乐观、自信的文章总数超过该时期描述银行执行董事为可靠的、稳定的、实用的、保守的、节俭、谨慎，不乐观，不自信的文章总数，那么这家银行将被列为管理者过度自信，变量赋值为1，其余则为0。其中模型（4.1）中的交叉项 $\alpha_{11} OVER * \Delta LLP1109$ 是用于检测管理者过度自信对信息披露变化与贷款损失准备计提变化之间关系的影响，即我们的研究假设4.2。

　　此外，根据已有学者的研究成果，模型（4.1）选取的控制变量包括：银行规模、贷款比率、成长性、总资产报酬率。

## 1. 银行规模（LASSETS）

　　规模大的银行其经营活动以及资金配制、风险管理等活动对社会和国家的影响重大，因而更容易受到社会的关注，同时政府和相关监管机构也对其监管力度更大，所以大银行承受的压力更大。在强大的压力下规模大的银行更有动机披露较多的信息，以此来满足政府、监管机构和社会公众的需求，为银行创造良好的发展环境。其次，规模大的银行更愿意披露信息以此向外界传递自身的竞争优势，并用吸引更多的投资者，有利于更好地发展银行。大多数研究也证实了这一观点，如规模较大的企业，由于自身有足够的能力承担信息披露的成本，更愿意披露更多的信息，同时通过更多的信息披露，银行也能获得更多投资者的青睐，获得较多的资金来源（Chow & Wong – Boren，1987）。因此，本章将银行规模作为控制变量引入回归模型，用总资产金额的自然对数来计量银行的规模，其中包括：总资产及其变化率（*LASSETS*09 和 $\Delta$*LASSETS*1109）。

### 2. 成长程度（*MTB*）

公司的成长性好，其发展前景更为良好，也会更多的关注外部资源提供者的利益需求，当然包括尽力满足利益相关者对信息披露的需求，以此来赢得外界的支持，维持高速发展的势头。成长性对企业未来的盈余水平和盈余持续性有正面的影响，会增加投资者的信心，从而引起股市上涨（杨清香、俞麟和宋丽，2012）。因此，本章将成长性作为控制变量引入本书。一般而言，如果一个银行的市价账面比（*MTB*）越高，表明外界对公司的成长性更为看好，公司有较大的发展前景。所以，本章拟用市价账面比来衡量公司的成长性，其中包括：市价账面比及其变化率（*MTB*09 和 $\Delta$*MTB*1109）。

### 3. 盈利能力（*ROA*）

通常披露银行经营管理信息是需要付出一定成本，所以只有经济状况较好，盈利能力较强的银行才有可能愿意披露更多的信息。在资本市场上，银行通过年度财务报告向外界公布其盈利状况，向外界传递良好的信号，增强投资者的信息，以便吸引更多投资者进行投资。弗罗斯特（Frost，2005）研究发现公司的盈利状况越好，业绩越高，那么公司就更愿意披露更多的信息。一般而言，总资产报酬率（*ROA*）是反映公司盈利能力重要的财务指标之一，因此本文选择总资产报酬率来衡量企业的盈利能力，并作为控制变量引入模型，其中包括：总资产报酬率及其变化率（*ROA*09 和 $\Delta$*ROA*1109）。

### 4. 财务杠杆（*LEV*）

银行的财务风险和风险管理越来越受到外界的关注，特别是在欧洲主权债务危机爆发后，债权人在做出决策时更加关注其资金的风险安全，对银行信息披露的需求更加强烈。银行作为特殊的公司，其经营活动主要是存贷活动，债权人将资金存入银行，自然会关注银行对资金的配制情况，其不良贷款的比率如何，其需要银行披露更多信息来帮助其进行决策。

最后，为了提供稳健性分析，我们考虑了欧洲银行压力测试（EU – wide stress testing exercise）。该测试在2009年、2010年以及2011年在欧洲银行开始实施，在这项测试要求被选中的银行必须提供额外的数据信息披露，包括资本结构、风险加权资产（$RWAs$）的组成、主权风险、信用风险、市场风险以及证券化行为（$EBA$ 2011）。此外，监管部门对现有信息披露要求的审查可能会增加，这也可能会导致信息披露增加。为了消除欧洲银行压力测试对回归结果的影响，我们将压力测试（$REG$）设为虚拟变量引入了回归模型中进行稳健性分析，即当银行被要求进行测试时 $REG$ 赋值为1，其余为0。

# 4.4 实证研究及结果分析

## 4.4.1 描述性统计分析

首先对相关变量进行了描述性统计，具体结果见表4 – 2。

表4 – 2　　　　　　　各变量描述性统计（N = 163）

| 变量 | 均值 | 标准差 | 最小值 | 最大值 |
|---|---|---|---|---|
| $\Delta AR1109$ | 0.1067 | 0.2573 | − 0.5376 | 2.1474 |
| $\Delta RISK1109$ | 0.1730 | 0.4356 | − 0.7027 | 3 |
| $LASSETS09$ | 9.1923 | 2.4166 | 4.0456 | 14.4494 |
| $LASSETS11$ | 9.3280 | 2.4046 | 4.2136 | 14.5875 |

| 变量 | 均值 | 标准差 | 最小值 | 最大值 |
|---|---|---|---|---|
| $\Delta LASSETS1109$ | 0.1356 | 0.1889 | − 0.3616 | 0.712 |
| $ROA09$ | 0.0044 | 0.0171 | − 0.1406 | 0.0563 |
| $ROA11$ | 0.0028 | 0.0206 | − 0.1434 | 0.0365 |
| $\Delta ROA1109$ | − 0.0016 | 0.0192 | − 0.1267 | 0.0635 |
| $MTB09$ | 1.0903 | 1.1984 | 0.0175 | 13.1757 |
| $MTB11$ | 0.7204 | 0.7678 | 0.0186 | 8.2783 |
| $\Delta MTB1109$ | − 0.3699 | 0.5603 | − 4.8974 | 0.4378 |
| $LEV09$ | 0.9054 | 0.0598 | 0.5367 | 0.9821 |
| $LEV11$ | 0.9092 | 0.0564 | 0.5783 | 0.9980 |
| $\Delta LEV1109$ | 0.0038 | 0.0212 | − 0.0765 | 0.0854 |
| $REG$ | 0.2331 | 0.4241 | 0 | 1 |
| $OVER$ | 0.1963 | 0.3984 | 0 | 1 |
| $\Delta LLP1109$ | 0.1501 | 2.92823 | − 2.9123 | 35.0186 |

注：该表中主要显示了163家欧洲银行在2009~2011年的银行特征变量。各变量的定义可见表4－1。

从表4－2中的统计结果可以看出，欧洲主权债务危机爆发后，年度报告和风险管理部分的披露均大幅增加。年度报告的平均长度从2009~2011年增加了10.7%，而风险管理部分的平均长度增加了17.3%。鉴于年度报告的增加可能只是由于风险管理部分增加而引起的，但结果并非如此。当从年度报告长度统计中剔除风险管理部分的页面数量时，结果仍然显示年度报告增加了10%的页数。这些统计结果表明，欧洲主权债务危机的爆发所带来的信息披露透明度的问题，引起了欧洲银行年度报告的页数增加，同时也引起了风险管理部分的页数增加。

从表4－2统计数据也表明，欧洲主权债务危机爆发后，银行计提的贷款损失准备减少了。贷款损失准备的平均值从2009~2011年改变了15.0%。同时从表4－3中也可以看出从2009~2011年有111家银行减少了贷款损失准备的计提，而且贷款损失准备减少了30%~60%的最多，同时在0~30%和60%~90%的银行个数相当，占比也加大，相比之下，只有 52 家银行在此期间增加了贷款损失准备。

表 4 - 3　　　　　　　　　贷款损失准备百分比变动情况一览

| $\Delta LLP$1109 的变化范围 | 银行个数 | 合计 |
|---|---|---|
| - 90% 以上 | 15 | |
| - 90% ~ - 60% | 25 | 111 |
| - 60% ~ - 30% | 40 | |
| - 30% ~ 0 | 31 | |
| 0 ~ 30% | 19 | |
| 30% ~ 60% | 11 | 52 |
| 60% ~ 90% | 9 | |
| 90% 以上 | 13 | |

## 4.4.2　相关性分析

由于多重共线性问题会对回归结果的产生影响，因而为了保证多元回归结果的准确性本文进行了相关性检验。具体检验结果见表 4 - 4。在表 4 - 4 各变量相关性检验中，可以得出以下结果：

首先，信息披露变动指标 %$\Delta AR$0911 和 %$\Delta RISK$0911 存在 1% 显著性水平上呈显著正相关，说明两者之间相关性很大，将都作为被解释变量来反映信息披露是可取的。

其次，信息披露变动（%$\Delta AR$0911 或 %$\Delta RISK$0911）与解释变量 $\Delta LLP$0911 变量负相关，表明本文提出的假设正确的可能性。同时信息披露变动也与多个控制变量之间存在显著相关关系，包括与 $\Delta LASSET$0911、$\Delta ROA$ 在 5% 的置信水平上显著负相关，与 $MTB$09 在 5% 的置信水平上显著正相关。这些不仅表明本文的假设及变量的假设存在被证实的可能性，同时也为进一步的回归性分析提供了基础。

**表 4－4　各变量之间的相关性检验结果**

| | %ΔAR | %ΔRISK | ΔLLP0911 | OVER | LASSETS09 | MTB09 | ROA09 | LEV09 | ΔLASSETS | ΔMTB | ΔROA | ΔLEV |
|---|---|---|---|---|---|---|---|---|---|---|---|---|
| %ΔAR | 1 | | | | | | | | | | | |
| %ΔRISK | 0.273*** | 1 | | | | | | | | | | |
| ΔLLP0911 | -0.075 | -0.038 | 1 | | | | | | | | | |
| OVER | 0.043 | -0.031 | -0.044 | 1 | | | | | | | | |
| LASSETS09 | -0.024 | 0.026 | -0.130* | 0.268** | 1 | | | | | | | |
| MTB09 | 0.054 | -0.178** | 0.231*** | 0.143* | 0.0069 | 1 | | | | | | |
| ROA09 | 0.0953 | 0.119 | 0.118*** | -0.252 | 0.098 | 0.047 | 1 | | | | | |
| LEV09 | -0.042 | -0.005 | -0.084* | 0.161*** | 0.539 | 0.037 | 0.153 | 1 | | | | |
| ΔLASSETS | -0.082 | -0.162* | 0.046 | 0.082 | 0.041*** | 0.238 | 0.152*** | 0.026* | 1 | | | |
| ΔMTB | -0.031 | 0.116*** | -0.476 | -0.033 | -0.047 | -0.864 | 0.0000 | 0.014 | -0.180 | 1 | | |
| ΔROA | -0.061 | -0.179** | -0.177** | 0.098 | -0.047 | 0.073 | -0.363*** | 0.084 | 0.289*** | -0.076 | 1 | |
| ΔLEV | -0.042 | 0.046 | 0.279*** | 0.015 | -0.119 | 0.042 | 0.095 | -0.333*** | 0.1007 | -0.084 | -0.004*** | 1 |

注：***，** 和 * 表示变量估计系数分别在 1%、5% 和 10% 置信水平上显著。所有带有 Δ 的变量 Δ 的变量为 2009 与 2011 年之间的变化率，定义都提供在表 4－1。

再其次，自变量之间的相关性。$LASSET09$ 与 $LEV09$ 在 1% 的显著性水平上正相关；$LASSET0911$ 与 $ROA09$、$\Delta ROA0911$、$MTB09$ 在 1% 的显著性水平上相关，与 $\Delta MTB0911$ 在 5% 的显著性水平上负相关；$ROA09$ 与 $LLP09$ 在 10% 的显著性水平上负相关；$\Delta ROA0911$ 与 $\Delta LEV0911$ 在 1% 的显著性水平上负相关，与 $\Delta LLP0911$ 在 5% 的显著性水平上负相关；$MTB09$ 与 $\Delta LLP091$ 在 1% 的显著性水平上正相关；$\Delta MTB0911$ 与 $\Delta LLP0911$ 在 1% 的显著性水平上负相关；$\Delta LEV0911$ 与 $\Delta LLP0911$ 在 1% 的显著性水平上负相关。

总体而言，自变量之间的相关系数大于 0.9 时会存在多重性共线问题，大于 0.8 时可能会存在多重性共线问题。由表 4 - 4 的检验结果中可以发现，自变量之间的相关系数较低，因而存在多重共线性的可能性较小，从而所设定的解释变量和控制变量都可纳入研究模型。

## 4.4.3 回归分析

### 1. 银行信息披露变动与贷款损失准备变动关系的多元回归结果

在表 4 - 5 的多元回归结果中，分别检验了因变量 % $\Delta AR1109$、% $\Delta RISK1109$ 与自变量之间的关系。

表 4 - 5　银行信息披露变动与贷款损失准备变动关系的多元回归结果

| 自变量 | 预期 | 因变量：% $\Delta AR1109$ | | 因变量：% $\Delta RISK1109$ | |
|---|---|---|---|---|---|
| | | 模型 1 | 模型 2 | 模型 3 | 模型 4 |
| $\Delta LLP0911$ | − | − 0.0100<br>( − 1.95 )** | − 0.0121<br>( − 1.96 )* | − 0.0015<br>( − 0.30 ) | − 0.0183<br>( − 1.77 )* |
| $LASSETS09$ | + / − | − 0.0017<br>( − 0.17 ) | − 0.0034<br>( − 0.32 ) | 0.0061<br>(0.38) | − 0.0002<br>( − 0.01 ) |
| $MTB09$ | + / − | 0.0165<br>(0.67) | 0.0056<br>(0.10) | − 0.0658<br>( − 3.21 )*** | − 0.1391<br>( − 2.47 )** |

续表

| 自变量 | 预期 | 因变量：%ΔAR1109 | | 因变量：%ΔRISK1109 | |
|---|---|---|---|---|---|
| | | 模型 1 | 模型 2 | 模型 3 | 模型 4 |
| ROA09 | + / − | 1.7469<br>(1.86)* | 1.7949<br>(1.69)* | 3.3409<br>(2.29)** | 3.1087<br>(1.77)* |
| LEV09 | + / − | − 0.2747<br>(− 0.85) | − 0.3285<br>(− 0.98) | − 0.2740<br>(− 0.42) | − 0.0403<br>(− 0.07) |
| ΔLASSETS1109 | + / − | | − 0.1208<br>(− 0.90) | 0.4224<br>(0.80) | − 0.2301<br>(− 1.45) |
| ΔMTB1109 | + / − | | − 0.0463<br>(− 0.49) | | − 0.2347<br>(− 1.73)* |
| ΔROA1109 | + / − | | − 1.0193<br>(− 0.62) | | − 2.9190<br>(− 0.77) |
| ΔLEV1109 | + / − | | − 1.1051<br>(− 1.17) | | − 0.2084<br>(0.64) |
| F | | 3.57*** | 3.47*** | 4.54*** | 4.59*** |
| Adj. R² | | 0.03 | 0.05 | 0.05 | 0.09 |
| Obs | | 163 | 163 | 163 | 163 |

注：在本表中，全部回归使用异方差稳健标准差的一致估计。括号中为 t 值。***、** 和 * 表示变量估计系数分别在1%、5%和10%置信水平上显著。所有变量的定义都提供在表 4 – 1 中。

其中模型 1 和模型 2 的检验结果显示是在不加入控制变量百分比变化率或加入控制变量百分比变化率时，贷款损失准备百分比变化（ΔLLP1109）都在显著性水平上为负，这表明在欧洲主权债务危机爆发后，银行年度报告页数变动（%ΔAR1109）与贷款损失准备变动成负相关关系，在5% ~ 10%置信水平上显著，即银行的年度报告页数增加了，同时贷款损失准备反而减少了。模型 3 和模型 4 的检验结果显示，即使加入控制变量的变化率，银行风险管理报告页数百分比变化率（%ΔRISK1109）都与贷款损失准备计提变化率（ΔLLP1109）负相关，在加入控制变量的变动百分比后，在10%的显著性水平上为负，表明银行风险管理报告页数变动与贷款损失准备变动程负相关关系，即银行风险管理报告页数增加同时贷款损失准备减少了。从而，我们可以看出，欧洲主权债务危机爆发后，银行出于盈余管理的考虑会更倾向于减少贷款损失准备，以方便进行利润平滑，进而美化自身的营业利润。但由于外界对银行信息披露透明度的要求的增加，以及为了向外界传递良好的信号，银行会被迫增加信息披露。可见在欧洲主权债务危机背景下，银行信息披露变动与贷款损失准备变动成负相关关系，与预期研究假设4.1一致，假设得到验证。

此外，控制变量的回归结果显示：银行规模（$LASSETS09$）与信息披露变动负相关，但显著度很低。表明在欧洲主权债务危机爆发后，银行规模的大小是否与银行信息披露有关还有待检验。所以，规模越大的银行，信息披露不一定减少或增加。而成长性（$MTB09$）与风险管理报告页数变化率在1%的置信水平上显著负相关，但其与银行年度报告页数变化率并不显著，表明成长性更好的公司可能更倾向于向外界增加风险报告，消除外界对其风险管理能力的质疑。盈利能力（$ROA09$）与银行年度报告在10%的置信水平上显著正相关，同时与风险管理报告也分别在5%～10%的置信水平上显著正相关，表明盈利能力越好的银行越愿意增加信息披露。这是因为，一方面，由于盈利能力好的银行可能更有能力负担起由信息披露而产生的额外成本，另一方面，盈利能力好的银行通过增加信息披露更容易获得外界及投资者的信任，有利于银行的发展。财务杠杆（$LEV09$）与信息披露变动负相关，但显著性水平较低，可能是银行作为特殊类型的公司，其经营业务主要是存贷业务，资产负债率比其他行业的公司的普遍高，因而资产负债率与银行信息披露变动还有待进一步检验。此外，银行规模和财务杠杆与信息披露变动并不显著，这可能是由于受到欧洲主权债务的冲击，银行处于金融动荡之中，所以其回归结果可能和以前学者的结果存在差异。最后，我们没有发现规模、财务杠杆等自变量的变化率和因变量存在显著关系，可能的原因是在欧债危机这段动荡期，不管是大银行还是小银行，他们改变披露政策主要是来自于外部市场的冲击，而自身的一些财务特征（如债务、银行大小）

并不能对其信息披露有显著的影响。

## 2. 银行管理者过度自信的多元回归结果

在表4-6的多元回归结果中，加入了银行管理者过度自信（OVER）以及过度自信与贷款损失准备形成的交叉项（$OVER * \Delta LLP1109$），分别检验了因变量$\% \Delta AR1109$、$\% \Delta RISK1109$ 与自变量之间的关系。其中模型 1 和模型 2 的检验结果显示，贷款损失准备百分比变化（$\Delta LLP1109$）都在显著性水平上为负，且交叉项 $OVER * \Delta LLP1109$ 与因变量$\% \Delta AR1109$ 也是显著负相关，这表明，在欧洲主权债务危机爆发后，银行年度报告页数变动（$\% \Delta AR1109$）与贷款损失准备变动总体呈负相关关系，但如果银行的管理者有过度自信倾向时，他们会认为选择的项目是有利可图且风险是可控的，因此选择把现金流投入项目而不愿意从现金流中计提更多的贷款损失准备金。换句话说，过度自信的管理者相信其银行投资的项目收益应高于计提贷款损失准备金的好处。那么，银行信息披露的变动和贷款损失准备金之间的负相关关系就会进一步，也支持了我们的研究假设。而在模型 3 和模型 4 的检验结果显示，贷款损失准备百分比变化（$\Delta LLP1109$）都在显著性水平上为负，而交叉项 $OVER * \Delta LLP1109$ 与因变量$\% \Delta RISK1109$ 虽然负相关但显著度较低。银行风险管理报告页数变动（$\% \Delta RISK1109$）与贷款损失准备变动总体呈负相关关系，且即使银行管理者存在过度自信倾向也不会对此关系有显著影响。

表4-6　　　　　　　　银行管理者过度自信的多元回归结果

| 自变量 | 预期 | 因变量：$\% \Delta AR1109$ | | 因变量：$\% \Delta RISK1109$ | |
|---|---|---|---|---|---|
| | | 模型 1 | 模型 2 | 模型 3 | 模型 4 |
| $\Delta LLP0911$ | – | -0.0084<br>(-2.04)** | -0.0123<br>(-2.21)** | -0.0013<br>(-0.26) | -0.0197<br>(-1.90)* |
| $OVER$ | +/- | 0.0552<br>(1.22) | 0.0833<br>(1.66)* | 0.0330<br>(0.53) | 0.0889<br>(1.46) |

续表

| 自变量 | 预期 | 因变量: %ΔAR1109 | | 因变量: %ΔRISK1109 | |
| --- | --- | --- | --- | --- | --- |
| | | 模型1 | 模型2 | 模型3 | 模型4 |
| $OVER * \Delta LLP0911$ | - | -0.0580 (-2.94)*** | -0.0610 (-3.21)*** | -0.0052 (-0.16) | -0.0092 (-0.32) |
| $LASSETS09$ | +/- | -0.0072 (-0.72) | -0.0101 (-0.98) | 0.0044 (0.27) | -0.0047 (-0.26) |
| $MTB09$ | +/- | 0.0166 (0.61) | -0.0106 (-0.18) | -0.0672 (-3.37)*** | -0.1549 (-2.71)*** |
| $ROA09$ | +/- | 2.521 (2.53)** | 2.7872 (2.64)*** | 3.6015 (2.20)** | 3.8657 (1.93)* |
| $LEV09$ | +/- | -0.2091 (-0.61) | -0.3024 (-0.84) | -0.2788 (-0.42) | -0.0758 (-0.12) |
| $\Delta LASSETS1109$ | +/- | | -0.1142 (-0.87) | 0.4224 (0.80) | -0.2450 (-1.54) |
| $\Delta MTB1109$ | +/- | | -0.0874 (-0.86) | | -0.2681 (-1.94)* |
| $\Delta ROA1109$ | +/- | | -1.3558 (-0.84) | | -3.0249 (-0.79) |
| $\Delta LEV1109$ | +/- | | -1.5125 (-1.60) | | -0.4145 (-0.14) |
| F | | 3.73*** | 2.68*** | 3.34*** | 4.18*** |
| Adj. $R^2$ | | 0.05 | 0.07 | 0.05 | 0.10 |
| Obs | | 163 | 163 | 163 | 163 |

注: 在本表中, 全部回归使用异方差稳健标准差的一致估计。括号中为 $t$ 值。***、**和*表示变量估计系数分别在1%、5%和10%置信水平上显著。所有变量的定义都提供在表4-1中。

## 4.4.4 稳健性分析

前文的回归分析结果显示欧洲主权债务危机爆发后, 银行会选择减少贷款损失准备的计提, 同时增加年报和风险管理部分的页数来增加信息披露, 但管理者过度自信的影响只对年报页数和贷款损失准备之间的负相关关系有效。在 2009 年、2010 年以及 2011 年欧洲银行压力测试（EU - wide stress testing exercise）在欧洲银行开始实施，这项测试要求被选中的银行必须提供额外的数据信息披露，包括资本结构、风险加权资产（$RWAs$）的组成、主权风险、信用风险、市场风险以及证券化行为（EBA，2011）。此外，监管部门对现有信息披露要求的审查可能会增加，这也可能会导致信息披露增加。

为了消除欧洲银行压力测试对回归结果的影响，我们将其作为虚拟变量引入了回归模型中，在回归模型中其用变量 $REG$ 表示。当银行被要求进行测试时 $REG$ 为1，没被要求进行测试时 $REG$ 为0。加入 $REG$ 后的回归结果如表4-7和表4-8所示。

从表4-7和表4-5的对比分析以及表4-8和表4-6的对比分析，我们发现加入变量 $REG$ 后，主要的回归结果并没有较大变化。此外，变量 $REG$ 的回归系数并不显著，表明监管部门对银行的强制性信息披露的要求并不是银行增加信息披露的主要原因。同时，贷款损失准备变动的回归系数仍然显著，表明正是由于银行降低的贷款损失准备的计提才导致了银行不得不增加年报和风险管理部分的信息披露。最后，由于银行管理者过度自信的存在，银行年报信息披露的变动和贷款损失准备金之间的负相关关系就会被强化，而对风险管理披露的变动和贷款损失准备金之间的关系影响不大。

表4-7　　　　稳健性分析1：银行信息披露变动与贷款损失
准备变动关系的多元回归结果

| 自变量 | 预期 | 因变量：% $\Delta AR1109$ | | 因变量：% $\Delta RISK1109$ | |
| --- | --- | --- | --- | --- | --- |
| | | 模型1 | 模型2 | 模型3 | 模型4 |
| $\Delta LLP0911$ | - | -0.0098<br>（-1.95）* | -0.0121<br>（-1.96）* | -0.0016<br>（-0.30） | -0.0184<br>（-1.77）* |
| $LASSETS09$ | + / - | 0.0024<br>（0.23） | -0.0027<br>（0.28） | 0.0048<br>（0.26） | 0.0057<br>（0.34） |
| $MTB09$ | + / - | 0.0175<br>（0.70） | 0.0087<br>（0.15） | -0.0661<br>（-3.24）*** | -0.1361<br>（-2.45）** |

续表

| 自变量 | 预期 | 因变量：%$\Delta AR$1109 | | 因变量：%$\Delta RISK$1109 | |
| --- | --- | --- | --- | --- | --- |
| | | 模型1 | 模型2 | 模型3 | 模型4 |
| ROA09 | +／－ | 1.6144<br>(1.80)* | 1.5179<br>(1.54) | 3.3813<br>(2.18)** | 2.8408<br>(1.35) |
| LEV09 | +／－ | －0.2561<br>(－0.77) | －0.2667<br>(－0.77) | －0.2797<br>(－0.42) | 0.0195<br>(0.03) |
| REG | +／－ | －0.0379<br>(－0.79) | －0.0618<br>(－1.21) | 0.0115<br>(0.15) | －0.0598<br>(－0.64) |
| $\Delta LASSETS$1109 | +／－ | | －0.1401<br>(－0.98) | | －0.2487<br>(－1.44) |
| $\Delta MTB$1109 | +／－ | | －0.0455<br>(－0.48) | | －0.2339<br>(－1.72)* |
| $\Delta ROA$1109 | +／－ | | －1.2034<br>(－0.74) | | －3.0970<br>(－0.80) |
| $\Delta LEV$1109 | +／－ | | －0.9966<br>(－1.05) | | －0.1034<br>(－0.03) |
| F | | 3.40*** | 3.37*** | 3.78*** | 4.14*** |
| Adj. $R^2$ | | 0.03 | 0.05 | 0.05 | 0.09 |

注：在本表中，全部回归使用异方差稳健标准差的一致估计。括号中为 $t$ 值。***、**和*表示变量估计系数分别在1%、5%和10%置信水平上显著。所有变量的定义都提供在表4－1中。

**表4－8　稳健性分析2：银行管理者过度自信的多元回归结果**

| 自变量 | 预期 | 因变量：%$\Delta AR$1109 | | 因变量：%$\Delta RISK$1109 | |
| --- | --- | --- | --- | --- | --- |
| | | 模型1 | 模型2 | 模型3 | 模型4 |
| $\Delta LLP$0911 | － | －0.0080<br>(－2.06)** | －0.0123<br>(－2.20)** | －0.0014<br>(－0.27) | －0.0197<br>(－1.89)* |
| OVER | +／－ | 0.0564<br>(1.26) | 0.0860<br>(1.74)* | 0.0328<br>(0.53) | 0.0912<br>(1.49) |
| OVER*$\Delta LLP$0911 | － | －0.0616<br>(－3.04)*** | －0.0658<br>(－3.45)*** | －0.0046<br>(－0.14) | －0.0133<br>(－0.44) |
| LASSETS09 | +／－ | －0.0018<br>(－0.18) | －0.0028<br>(－0.28) | 0.0034<br>(0.18) | 0.0016<br>(0.09) |

续表

| 自变量 | 预期 | 因变量：%$\Delta AR1109$ | | 因变量：%$\Delta RISK1109$ | |
|---|---|---|---|---|---|
| | | 模型 1 | 模型 2 | 模型 3 | 模型 4 |
| $MTB09$ | +／- | 0.0181<br>(0.65) | -0.0073<br>(-0.12) | -0.0675<br>(-3.37)*** | -0.1522<br>(-2.68)*** |
| $ROA09$ | +／- | 2.3737<br>(2.47)** | 2.4852<br>(2.58)** | 3.6290<br>(2.10)** | 3.6093<br>(1.69)* |
| $LEV09$ | +／- | -0.1788<br>(-0.51) | -0.2203<br>(-0.59) | -0.2845<br>(-0.42) | -0.0061<br>(-0.01) |
| $REG$ | +／- | -0.0518<br>(-1.07) | -0.0781<br>(-1.56) | 0.0096<br>(0.13) | -0.0663<br>(-0.70) |
| $\Delta LASSETS1109$ | +／- | | -0.1372<br>(-1.01) | | -0.2645<br>(-1.55) |
| $\Delta MTB1109$ | +／- | | -0.0883<br>(-0.87) | | -0.2688<br>(-1.92)* |
| $\Delta ROA1109$ | +／- | | -1.6120<br>(-1.02) | | -3.2425<br>(-0.83) |
| $\Delta LEV1109$ | +／- | | -1.4004<br>(-1.47) | | -0.3193<br>(-0.11) |
| F | | 3.73*** | 2.88*** | 2.92*** | 3.83*** |
| Adj. $R^2$ | | 0.05 | 0.08 | 0.05 | 0.10 |

注：在本表中，全部回归使用异方差稳健标准差的一致估计。括号中为 $t$ 值。***、** 和 * 表示变量估计系数分别在 1%、5% 和 10% 置信水平上显著。所有变量的定义都提供在表 4-1 中。

# 4.5　本章小结

本章选取 2009～2011 年 163 家欧洲银行为研究样本，采用年度报告和风险管理报告页数的百分比变化率来衡量银行信息披露的变化，使用多元回归模型研究了在欧洲主权债务危机背景下，银行信息披露变动与贷款损失准备变动之间的关系。最后分析了管理者过度自信对此关系的潜在影响。在对银行样本进行统计性描述时发现，在 2009～2011 年期间，银行的年度报告和风险管理报告都出现大幅增加，同时银行的贷款损失准备则呈现减少趋势。之后实证检验了欧洲主权债务危机背景下，银行信息披露变动与贷款损失准备变动之间的关系。并考虑了银行规模、成长性、盈利能力、财务杠杆等因素后，发现：研究假设 4.1 成立，即欧洲主权债务危机爆发后，银行的经营业绩受到影响，出于利润的考虑，银行更倾向于降低贷款损失准备的计提，但面对外界对银行信息披露透明度的要求，同时也为了向外界传递一个良好的信号，增加投资者的信心，吸引投资者的投资，银行普遍倾向于增加信息披露，相继增加了他们的年度报告长度以及风险管理报告的长度。同时通过对控制变量的分析也发现成长性更好以及盈利能力更好地银行更倾向于增加信息披露，以此来展示企业良好的实力，向外界传递良好的信号，吸引投资者投资。而银行的规模以及财务杠杆与信息披露的变动之间的关系并不明显，即银行无论规模是大还是小，财务杠杆是大还是小，其对信息披露的变动的影响都不大。此外，实证还检验了研究假设 4.2，发现由于银行管理者过度自信的倾向，银行年报信息披露的变动和贷款损失准备金之间的负相关关系被增强，而对风险管理披露的变动和贷款损失准备金之间的关系影响不大。最后，在稳健性分析中，我们考虑了欧洲银行压力测试对信息披露的影响，结果显示研究假设依然成立。

通过借鉴国内外学者的众多研究成果，本章对欧债危机下欧洲银行的信息披露和贷款损失准备进行了研究，由于一些主客观条件的限制，研究还存在一些不足之处。首先，控制变量的选择，影响银行信息披露的因素较为复杂。虽然根据相关文献研究，我们选择了可能的影响因素，构建的回归方程有一定的解释能力。但模型中控制变量对被解释变量的解释能力较弱，仍然需要对一些控制变量进行补充。其次，样本的选择。本章只选择取了 2009～2011 年的 163 家欧洲银行的年报和风险管理报告作为研究对象，样本数量还不够大，可能会对研究结论的有效性产生一定影响。最后，对于欧债危机下银行信息披露与贷款损失准备的关系通过建立多元回归模型进行的实证研究与分析，还是一种尝试与探索，后续研究还有待发掘更多的影响因素，以进一步提高模型的解释能力。

第 5 章

# 管理者过度自信对银行损失
识别的及时性的影响——公允
价值计量与历史成本
计量比较研究

## 5.1 研究背景介绍

国际会计准则如国际财务报告准则（IFRS）的目标是使财务报告的相关信息能尽可能的保护股东们的利益。实现这一目标的机制之一就是通过引入稳健型会计规则并要求公司能及时确认所产生的损失，也就是损失识别的及时性。在学术界，有关公司损失识别的及时性已经在很多文献中被研究检测。其中最著名莫过于巴苏（Basu，1997）的研究，他发现损失在大多数的美国企业中都被及时识别，并且对损失的确认往往会比对收益的确认更及时，这是与国际会计准则中稳健性原则相一致。而在银行业会计决策行为中，也有研究发现，欧洲银行在引入国际财务报告准则后使得损失识别的及时性增加了（Gebhardt & Novotny – Farkas，2011）。因此，本章将重点比较不同会计方法下金融资产价值变动对损失的确认问题，并进一步研究银行管理者过度自信对银行在识别行为中的具体影响。

2009～2011 年的希腊国债危机以及之后蔓延至整个欧洲的主权债务危机也为这个研究提供一个潜在的环境，它可能会促使银行管理者推迟/及时确认他们的损失，而银行管理者自身的非理性偏好又可能在损失确认中产生了其他层面的影响。因此，我们提出欧洲主权债务危机会对欧洲银行损失识别的及时性产生一定的影响，并因为管理者的过度自信而产生差异。

值得注意的是，银行金融资产在计量上沿用两种重要的方法：公允价值计量和历史成本计量。在公允价值会计中，损失的及时识别是通过要求使用当前的市场价格估值来实现，而在历史成本会计中，损失的及时识别是通过国际会计准则第 39 号规定的几个规则来实现的。现有的研究普遍认为，损失识别的及时性在公允价值会计中显得较高（Ryan，2008）。尽管国际财务报告准则在修订中做出了努力，但在历史成本会计中，管理人员仍然可以对损失及时的确认行使一定的自由裁量权，例如对贷款的损失确认。特别是在欧洲主权危机期间，当许多受金融危机波及的银行面临严重的贷款缩水时，银行的经理人就更有动机去延迟确认贷款的损失。因此，本章推测，公允价值计量中对损失的确认要比历史成本会计中对损失的确认要及时，且这种差异在欧洲债务危机中增加了。

接下来对于过度自信的银行管理者是否会在危机中影响对损失确认的及时性问题，基本思路是，管理者作为代理人可能会采取行动的方式偏离我们预期的完全理性的行为。特别是，行为学领域的研究人员认为，过度自信的管理者倾向于实施有偏差的公司财务决策（Camerer & Lovallo，1999；Roll，1986；Malmendier & Tate，2005；Malmendier & Tate，2008；Malmendier et al.，2011）。这些研究对管理者过度自信的一致共识就是，过度自信的管理者倾向于高估其控制下的投资项目的未来收益。在第 4 章中，已经分析了管理者过度自信如何在欧洲主权债务危机中对银行信息披露决策的影响。作为前一章的自然延伸，本章将研究这种影响是否可以进一步影响银行对损失确认的及时性，也就是我们过度自信管理者可能会延缓/加速对损失的确认。

为了进行实证分析，本章选取了 2009~2010 年欧洲 15 国中 119 家银行为样本。为了将样本银行划分为公允价值会计和历史成本会计组，我们将银行按照公允价值资产相对于总资产的份额的中位数分为两组，即公允价值计量组和历史成本计量组。其中，关于金融资产的不同类别的数据是通过手工收集。而选择 2009 年的样本区间是为了用于描述银行欧洲主权债务危机之前的情况，选择 2010 年是用来描述银行在欧洲主权债务危机中的情况。描述性统计分析显示，公允价值计量组中的银行往往是大型国际化银行，而在历史成本计量组中的银行往往是小型本地银行。结果还显示，在银行公允价值计量的资产中，在金融危机过后，从交易资产到可供出售的资产已经发生了转变。此外，尽管我们预期主权债务危机可能会损害资产，但结果显示历史成本计量的资产在样本区间趋于增加的态势。这似乎表示历史资产成本计量的资产的损失可能不能像公允价值资产的损失那样被及时确认。

为了检验研究假设，本章采用了 Basu 模型（1997）。该模型用于比较会计盈余回报与股票收益的及时性。该模型的优点是，它直接比较盈利的及时性，并不受公司规模和货币的影响。实证研究结果表明，公允价值计量比历史成本会计计量对损失的确认更及时，但在巴苏（1997）的模型中并不显著。结果进一步表明，在欧洲主权债务危机期间的公允价值和历史成本会计的损失识别的及时性差异。此外，我们的结果还显示，历史成本计量组的银行对损失进行了及时的确认，并且管理者的过度自信使得损失确认的及时性变得更为显著。总之，实证结果与研究假设基本一致，但不是所有的结果都是显著。低水平显著度的结果可能是由于 119 家银行和两个时期的样本量过小造成的。在这段时期，由于欧洲国债危机还没有完全消弭，这项研究只探讨了危机导致的初步影响。要仔细了解欧洲债务危机对损失识别及时性的充分影响还需要引入更多的样本来进一步的研究。但我们的结果已经初步支持了研究假设。在某种程度上，它证明了在危机期间使用历史成本计量的银行和使用公允价值计量的银行对损失的确认确实存在更大的差异。这反过来也显示了欧洲债务危机期间欧洲银行进行盈余管理的一种迹象。

  本章第5.2部分将简要介绍了本研究的理论背景，对以往文献进行简短的综述，并在此基础上推出我们的研究假设。第5.3部分将说明研究设计。5.4部分是样本选择和描述统计。第5.5部分提供了实证结果。最后，在第5.6部分进行小结。

# 5.2  文献综述和研究假设

## 5.2.1  损失确认的及时性

  会计确认的及时性对会计核算起着重要作用。国际会计准则委员会（IASB）就一直致力于财务报表信息尽可能的体现价值相关性，使企业的会计价值更准确地反映企业的实际经济价值。这意味着，当预期的未来现金流发生变化时，所有有关企业价值的修正必须考虑这一变化，这也导致盈余的变化。研究显示，这些变化越早确认，财务报表的价值相关性程度就越高。因此，企业对盈余的及时识别，就代表了高质量的会计报表。换而言之，会计质量的高低意味着财务报表对利益相关者的有用程度的高低（Ball & Shivakumar，2005）。

  但值得提出的是，直至今天，在有许多资产负债表项目记录中，企业管理人员仍然对资产估值保留一定程度的自由裁量权。这种自由裁量权允许管理者对损失的资产延迟确认。而会计准则通常遵循的是稳健性原则，这意味着损失应该被及时地充分考虑，而收益的确认却有可能因为管理者提供潜在资金储备而在一定程度上被隐藏。因此，如果某个资产的价值发生了减损，它必须立即被确认。而这可以通过一次性折旧或通过对资产减值的有关规定来完成。而这两种方法会直接反映成会计损失，以及对盈利的及时识别。对于银行而言，以这种方式处理的资产主要是资产负债表中的资产、设备或贷款。

因此，企业通常不会及时确认盈利，而是选择推迟盈利的确认。但如果企业不能及时确认损失，那么相应的资产就存在着隐性消耗。这会导致较高的折旧额，尽管现期的盈利基本保持不变，但在随后的几年可能出现较低的市盈率。而当企业能及时确认损失，那么情况正好相反，损失会直接导致较低的折旧以及未来几年的盈利。即使不考虑周期性的贬值，由于损失的逐步确认，递延亏损导致未来收益持续较低，而及时的损失确认导致当期收益下降但对未来收益没有影响。换言之，资产价值的减损有两种处理方法：要么遵循会计准则对全部损失进行及时确认承认，要么在未来几年内逐步确认损失但会面临未来几年较小的收益。由于资产价值通常无法被外部投资人验证，管理者对这些资产估值和确认他们的损失具有一定的自由裁量权。这意味着有盈余管理的空间。

损失确认时效性是一个重要的银行会计研究领域（Ball & Shiva-kumar，2005）。一般而言，管理者处于信息优势状态，并不愿意披露企业的内部信息。这种信息不对称对外部投资者评估一个新的项目时造成了一定的困难。管理者可能有动机偏好某个很高的早期回报，但后期有较大损失且 NPV 为负的项目。如果经理人能及时识别损失，那么这个问题可以被避免。即如果项目导致直接损失被及时确认，那么管理者就不可能继续执行该项目。也就是说，及时损失确认能改善公司治理机制，限制管理者选择此类不良投资项目。这也就是为什么会计准则价值减损的信息披露要求比价值增加的信息披露有较低的验证标准。只有这样，损失才能比收益更及时地得到确认。

目前，国际财务报告准则和美国公认会计原则都遵循稳健性原则，与预期收益相反，他们都要求预期损失必须立即确认。会计稳健性也被视为高质量会计的一种重要属性。会计稳健性有其优势。例如，由于及时的损失确认导致更高的会计信息披露质量，金融合约可以更有效地签订，而企业外部融资也变得更容易。及时的损失确认为贷款定价提供了更准确的信息，并使得债务协议中一方的权利受到侵害时，能更迅速地维权（Ball & Shivakumar，2005）。因为通常情况下，债权人的权益受到保护，而不允许管理者高估了企业或项目的价值。

可见，损失确认的及时性比收益确认的及时性要重要得多。对于许多资产负债表项目，收益不能全部披露，例如存货必须以较低的成本或市场规则来衡量，而不以公允价值计量的资产通常只能分摊其摊销成本。因此，在研究会计信息披露质量时，大多数文献关注于损失确认的时效性。

巴苏（1997）研究了损失确认的时效性。在他的论文中，他测试是否美国企业在对收益和损失确认的及时性有一个不对称的差异。如前所述，管理者可能更有动机来及时地识别收益，而会计准则试图提高的是损失确认的及时性。他的结果表明，由于严格的会计规则，损失比收益更及时地获得确认。在他的模型中，他测试了盈余是如何取决于股票收益，通过区分正收益率和负收益率来捕捉之间的不对称。在这个模型中，他假设市场是有效的，这意味着积极或消极的消息会被立即反映在股票价格中，也因此体现于股票回报率。收益的及时性是通过比较盈余的回报率和及时的股票回报率之间的差异。他的研究结果表明，盈利对股票的负回报率更敏感，这意味着损失比收益更及时地得到确认。同时他的另一项实证的结果也表明负盈利变化的发生概率低于正向的盈利变化。这从另一方面也证实了损失比收益更及时地得到确认，这就导致了一次性的负面变化，而持续性的积极变化。此外，他的结果表明，损失比收益更及时的确认趋势随着时间的推移逐渐增加，这表明会计标准变得越来越稳健。除了使用股票收益率来检测，他还采用了一种基于现金流的模型和一种基于盈利变化的持久性模型，也发现了相似的结果。

基于巴苏（1997）的研究，波尔和施瓦库马尔（Ball & Shivakumar，2005）比较研究了英国私人公司和上市公司在确认损失的及时性方面的差异。他们发现，由于市场需求不同，私人公司比上市公司更及时地认识自己的损失。他们的模型是基于会计属性，即递延损失导致在接下来的几年较低的盈利。这意味着当确认损失的时效性较低，负收益的持久性就更高。前一时期的盈利减少可能随后在下一个时期的盈利减少。另外，高时效性的损失确认意味着损失在现期得到及时确认，而不影响下一个时期的盈利水平。在这种情况下，上一期的盈利变化与下一期的盈利变化不相关。因此，他们分析上一期的盈利变化如何取决于现期的盈利变化，通过区分积极的和消极的盈利变化来考虑存在的不对称。如果存在一个正相关关系，盈利很可能会被推迟确认。

之后的研究也表明，由于 IASB 的努力，损失确认的及时性得以不断提高。巴瑟等（2008）发现 21 个国家在引入了国际会计准则（IAS）后损失得到更及时的确认。在他们的模型中，他们分析了企业使用 IAS 是否比不使用 IAS 的企业有更多的负收益。这是因为，及时的损失确认导致很高的直接损失，因此在这一年的负收益较大。另外，递延亏损会导致未来几年的负收益。因此，他们得出结论，那些披露大量负收益的公司往往更愿意及时确认损失。

此外，拉奥尼克等（Raonic et al.，2004）的研究指出，在会计准则 IAS 的出台前，损失识别的及时性会因不同国家具体的监管环境而存在差异。同样基于巴苏（1997）的模型，他们考察了盈利和股票收益之间的关系，同时还衡量国家特征的变量。他们的研究结果表明，并非所有国家企业的盈利和损失的及时性之间存在显著的不对称性。使用类似的模型，吉内尔和里斯（Giner & Rees，2001）的研究却没有找到在法国、德国和英国之间存在盈利识别及时性的显著差异。他们把这一发现归因于模型特性，并没有给出直观的解释。

总体而言，在涉及到损失识别的及时性问题时，似乎欧洲的公司还没有达到美国公司的水平。郎等（Lang *et al.*，2006）的研究发现，在美国资本市场上交叉上市的非美国企业表现出比美国公司更短的损失确认时效性，这一结果可以被视为国际公司对美国通用会计准则的妥协。

而就银行而言，及时的损失确认似乎对贷款损失准备金发挥了重要作用。贷款损失准备金是贷款应计变量，也是许多银行的最大的资产负债表项目。下一部分我们将概述银行特定变量来解释损失识别的及时性。本章考虑的是欧盟 15 国国家的银行的研究，其中的会计准则我们主要参照 IFRS 准则，这也是欧盟证券交易所对上市的所有银行的必要要求。

## 5.2.2 公允价值计量与历史成本计量会计

由于银行的资产负债表几乎完全由金融资产和金融负债组成，有关金融工具的国际会计第 39 号准则是国际财务报告准则框架中与银行信息披露最相关的条款。在第 39 号准则中将金融资产分为四类：以公允价值计量且其变动计入当期损益的金融资产（包括为交易性金融资产 HFT 和公允价值选择权 FVO），持有至到期投资（HTM）、贷款和应收款项（LAR）以及可供出售的金融资产（AFS）。其中交易性金融资产 HFT 是指那些企业购买并准备在不久的将来转售的金融资产。公允价值选择权（FVO）允许企业实体根据自身需要，在初始和后续计量时，使用公允价值计量特定金融资产和金融负债，它是对 HTM 和 LAR 资产的重新归类。持有至到期投资（HTM）是指那些已确定付款及固定到期日，企业拟持有到期的资产。可供出售的金融资产（AFS）包括计划在未来 12 个月内出售并严格接受监管的所有资产。

各种分类对资产的后续计量有不同的方法。例如对 *HTM* 和 *LAR* 资产使用的是所谓的历史成本法测量。类似与物业及设备，这些资产会定期进行减值检查。如果有客观证据资产减值，则通过损益账户记录受损部分。交易性金融资产（*HFT*）和公允价值选择权（*FVO*）是按公允价值计量将价值的变化纳入到损益表进行披露的。如果该资产在市场交易活跃并具有相应报价，则必须使用此报价来计量。如果现有市场没有这样的价格，银行必须使用估值技术并根据可观察到的任何市场数据来获得对资产公允价值计量。最后，可供出售的金融资产（*AFS*）是按公允价值计量并将价值的变化纳入其他综合收益，而不是损益表账户。由此可见，银行金融资产的计量技术基本上有两种：公允价值和历史成本。

对于大多数银行而言，资产负债表中最大的部分是以历史成本计量的贷款。这意味着，如果有客观证据表明贷款将不再全部被偿还，贷款损失储备金必须增加。而贷款损失储备金被视为负资产，主要是用来吸纳预期信贷损失（Beatty & Liao，2009）。为了增加贷款损失储备金额，必须使用损益表中的贷款损失准备。但由于在经营过程中管理者一般只会重视过去发生过的事件而不会考虑对未来事件的期望，历史成本计量方法就显得过于保守了。这意味着，只有在某事件发生后，如金融危机开始发生，贷款损失准备金才可能增加，从而导致了顺周期性。增加的贷款损失准备金会恶化利润，因为企业在金融危机时期的利润已经很低了。有证据表明，银行更倾向于延迟贷款损失准备金的披露直到为时已晚（Laeven & Majnoni，2003）。当周期性衰退已经开始显现，延迟贷款损失准备金的披露使得衰退的效应放大并作用于银行。这主要由于严格的会计规则不允许前瞻性价值减损的披露。此外，银行管理者倾向于在经济繁荣时期采取宽松的信贷政策（Gebhardt & Novotny－Farkas，2011），因为他们需要比竞争对手提供更好信用合约，而在经济低迷时期各银行陷入困境，市场竞争对于银行来说已经不再那么重要了。糟糕市场规则伴随的是贷款投资组合的不可观测，管理者的绩效主要是由盈余高低来解释。由于在繁荣时期银行为了竞争需要发放了许多不良贷款，使得其在低迷时期的贷款损失准备金将设定的非常高，表现出很强的亲周期性。

虽然国际会计第39号准则试图限制了管理者的自由裁量权，只允许过去的事件被认定为贷款损失准备金的考虑范围，并提供了一个相应的列表，但管理者在计量其贷款时仍然有一定的回旋余地（Gebhardt & Novotny－Farkas，2011）。最后，关于管理层决定如何对消极事件进行减值计量的问题。根据会计稳健性的原则，这种资产减值应充分披露并立即体现贷款安全的一面。因此，贷款损失准备金的及时性对于保证银行的高质量是非常重要的。

如上所示，虽然有证据表明采用国际财务报告准则IFRS也会导致更高的及时性损失识别，但这似乎不适用于银行业（Gebhardt & Novotny－Farkas，2011）。他们的研究显示，当他们把包括了欧盟15国的银行样本进行采用国际财务报告准则前后情况的比较分析，发现在采用国际财务报告准则后虽然减少了收入平滑，但损失的确认并不比以前及时。这是由于会计准则的规定，只有发生损失后才可能会被确认，这意味着一个预先定义的事件必须是已经发生才会被计入，且管理者的预期是不被考虑在内的。不过，他们的研究证实了贷款损失准备金变化的持久性。尼考尔斯等（Nichols *et al.*，2008）在研究中沿用了波尔和施瓦库马尔（2005）的模型，他们把公开上市与私人持有的银行进行了比较。证据表明，上市银行比私有银行更及时地确认损失，和对收益的确认趋于更不及时。这一发现在某种程度上支持了波尔和施瓦库马尔（2005）对英国上市公司和私有企业损失和收益确认及时性研究结果。

确认的及时性问题在以公允价值计量的金融资产中表现并不明显。通常情况下以交易或销售为目的持有的资产，如有市场价格，必须按此价格进行计量。这就没有给管理者留下任何或很少的自由裁量权空间，并确保及时的损失确认。只有某金融资产在市场交易中不活跃，没有相应的市场价格，那么管理者在其估值过程中会有一定的自由裁量权，因为此时，管理者有权选择对自己有利的资产估值技术。关于公允价值相关性的文献很多。例如，宋等（2010）发现有市场直接报价或能从观察数据中进行计量的金融资产信息披露，拥有较高的价值相关性。而那些仅通过模型和不可观察的数据测量的资产，投资者在对银行估值中会给予一定的折扣。虽然他们调查中的银行使用美国通用会计准则 GAAP，但研究结果基本与使用国际财务报告准则的银行一样都具有价值相关性。且两种会计准则对公允价值的规则非常相似。而在宋等（2010）研究中，由于大多数银行资产负债表上的金融资产的计量都是根据可观察的数据获得，这被投资者视为具有高度价值相关行的信息。所以，可以假定公允价值资产的损失确认的及时性通常是非常高的。这一观点得到了其他许多论文的支持（如 Ryan，2008），他们认为损失确认的及时性在公允价值会计计量下比其他会计方法更高。

## 5.2.3　非理性行为研究框架下的管理者过度自信

过度自信在企业管理者中表现的尤为明显。马尔门第尔和塔特（Malmendier & Tate，2005）发现管理者过度自信行为不仅与投资水平显著正相关，而且投资现金流敏感性更高，这与之后许多研究的发现相一致（Lin *et al.*，2005；郝颖等，2005；Glaser et al.，2008）。本一戴维等（Ben - David et al.，2007）提出过度自信的 CFO 倾向支付较少股利，积极使用债务融资，而姜付秀等（2009）发现管理者过度自信引起的扩张会加大企业陷入财务困境的可能性，甚至走向财务欺诈（Schrand & Zechman，2011）。此外有研究分别采用了美国（Malmendier & Tate，2008）、澳大利亚（Sarma，2007）和英国（Doukas & Petmeza，2007）公司的数据验证了过度自信的 CEO 更易实施并购，并使公司股东受损。相较而言，过度自信在企业董事会的研究并不多见。舍弗里（Shefrin，2007）指出董事会的过度自信低估了传统的委托代理冲突和引起这些冲突的管理层行为偏差。沈艺峰和陈舒乙（2009）发现过度自信的董事会不及时更换业绩不善的 CEO，可能源于他们对 CEO 的能力高估。最后，过度自信也在选聘领域得到关注。过度自信的代理人倾向于进入更具竞争性的环境（Dohmen & Falk，2006）；相对于无偏差的对手而言竞争中适度的过度自信可以改进代理人的绩效，甚至拥有绝对的优势（Ludwig et al.，2009）。高尔和萨科（Goel & Thakor，2008）和巴内吉等（Banerjee et al.，2015）研究过度自信不但可以使个体不断获得晋升，而且其行为表现在某种程度上与董事会对企业战略变革期望相契合（Hirshleifer et al.，2012；Galasso & Simcoe，2010），最终使得其在 CEO 选聘中获胜。可见，管理者过度自信影响着公司多种财务决策，因此，我们有理由相信，过度自信同样也会影响管理者对其损失确认的及时性。

## 5.2.4 研究假设

大部分文献普遍显示，公允价值会计提高了损失确认的及时性（Ryan，2008）。公允价值会计也因此成为损失识别及时性的一个基准。然而，在历史成本计量中，因为管理者拥有一定的自由裁量权，并能对价值的估值和损失的确认产生影响，特别是在贷款损失准备金测量中尤为明显。由于管理者私人利益并不总是与其他利益相关者一致，因此可以预期历史成本会计计量中损失确认的及时性不能像公允价值会计计量那样有效，即历史成本会计中的损失确认的及时性不足。历史成本会计中损失确认的及时性主要取决于贷款损失确认的及时性。由于严格的国际财务报告准则的规定，贷款损失准备金的测量有一定的延迟性，贷款的损失往往表现为延迟的确认，且实证发现引入国际财务报告准则并没有使得欧盟 15 国贷款损失确认及时性提高

（Laeven & Majnoni，2003；Gebhardt & Novotny Farkas，2011）。因此，本章第一个研究假设是针对历史成本会计的损失确认和公允价值的损失确认差异提出的。研究假设 5.1：公允价值会计中的损失确认比历史成本会计中的损失确认要更及时。

在2008年全球金融危机之后，许多银行出现了高额亏损，而各国政府都采取了纾困行动以防止经济衰退恶化。但大多数政府已经负债累累，对银行进行救助会导致评级机构降低政府债券的信用等级。因此许多政府决定从2009年开始实施财政紧缩计划，但特别是欧洲国家尤其是希腊似乎不能应付这种情况，最终在2010年宣布政府破产并要求国际社会的援助。此后，欧盟和国际货币基金组织同意向希腊提供数亿欧元的援助。其中，欧洲各国一致同意制定了一个一万亿欧元的救助方案，以保护欧元货币联盟的稳定，以用来帮助其他欧元区国家的危机。这一系列的救助方案也导致了财务状况良好国家的政府债务，并意味着自2010年以来，所有欧元国家都被评级机构降级。而对于持有大量政府债务的欧洲银行来说，欧元区的救助方案意味着银行贷款损失准备金相应的增加。

由于希腊债务危机期间银行面临的严峻经济环境，银行延迟披露贷款损失准备金的动机可能会变得更强。一方面，很多贷款都受降级波及而无法得到偿付，使得银行面临了贷款的高损失；另一方面，前一次2008年的金融危机已经使许多银行陷入困境，并寻求了政府救助。大量银行根本无法承受更多损失。维亚斯（Vyas，2011）的研究表明在2007~2008年的金融危机期间，美国金融机构冲销指数披露比信贷指数显得更不及时。然而，他的研究并没有与危机前的情况进行比较。威奇萨拉王等（Vichitsarawong et al.，2010）对1997年的亚洲金融危机做了相似的比较，他们利用了中国香港、马来西亚、新加坡和泰国的数据，发现危机期间损失确认的及时性低于危机前或之后。因此，由于管理者拥有延缓贷款损失准备金更强的动机，我们可以预测，他们在欧洲主权债务危机期间对损益确认的及时性降低了。

由于大多数银行，贷款是迄今为止最大的会计项目的摊销成本规则，我们可以预测，历史成本会计计量的损失确认的及时性一般在欧洲主权债务危机期间下降了。由此，本章提出研究假设 5.2：欧洲主权债务危机期间历史成本会计计量与公允价值会计计量对损失确认的及时性之间差异增加了。

前面的论断中的基本前提是管理者是理性的，但当银行管理者是非理性时，其决策也会影响到银行的相关财务决策。而管理者过度自信，作为一种特殊的非理性行为，在很多研究中被广泛强调。通常，过度自信的管理者倾向于在他们的控制之下高估投资的收益，低估风险（Roll，1986；Heaton，2002；Malmendier & Tate，2005；Malmendier & Tate，2008；Malmendier *et al.*，2011）。这一概念对信息披露决策也同样适用。我们的基本观点是，过度自信的管理者即使在危机时期还是会高估其投资项目的现金流，所以在损失确认上会比其他非过度自信的管理者显得更加缓慢。由此，本章提出研究假设 5.3：过度自信的管理者所在的银行在欧洲主权债务危机期间历史成本会计计量与公允价值会计计量对损失确认的及时性之间差异显著增加。

# 5.3 研 究 设 计

## 5.3.1 基本模型

为了检验如上研究假设，本节首先采用的模型是基于巴苏（1997）的模型。在此模型中，比较了股票收益率对会计收益率之间的相关性。假设在有效市场中，股票价格应该反映了所有公开的讯息，因此股票回报是一个非常及时的绩效指标。他们在模型中设立了有关及时性的一个基准。为了检验会计盈余的及时性，模型利用变量市盈率

（每股盈余除以年初的股价），产生了类似股票回报的回报变量。因此，通过比较市盈率的回报变量和股票回报率变量，可以衡量收益确认的及时性。当股票收益率可以通过每股收益得到更好的解释时，就说明收益被及时确认。具体模型如下所示：

$$X_{it} = \alpha_0 + \alpha_1 DR_{it} + \alpha_2 R_{it} + \alpha_3 DR_{it} * R_{it} + \varepsilon_{it} \qquad (5.1)$$

其中 $X_{it}$ 表示某银行 $i$ 在 $t$ 年的每股收益除以 $t$ 年年初的股价，而 $R_{it}$ 表示某银行 $i$ 在 $t$ 年的股票收益率。$DR_{it}$ 是一个虚拟变量，其值为 1 时表示 $R_{it}$ 是负的，其值为 0 时表示 $R_{it}$ 是正的。$DR_{it}$ 是用来捕捉银行对收益和损失的不对称确认。收益的及时确认就意味着系数 $\alpha_2$ 为正。同样，损失的及时确认意味着系数 $\alpha_2 + \alpha_3$ 之和为正，注意 $DR_{it} = 1$ 表示损失。而如果损失比收益更及时地被确认，正如以前的文献所建议的，系数 $\alpha_3$ 将是正的。根据巴苏（1997）模型，也可以不使用虚拟变量，直接将样本分成收益组和损失组，相对于收益确认，损失确认更高的及时性体现为回归结果更高的 $R^2$ 值。这意味着，代表损失的样本组比收益的样本组拥有更高的 $R^2$ 值。巴苏（1997）进一步讨论了截距 $\alpha_0$，他认为预期 $\alpha_0$ 为正就代表由于收益确认的不及时。这是由于递延收益导致未来收益持续走高，部分盈利不能由当年的股票收益来解释，导致截距 $\alpha_0$ 为正。

## 5.3.2 公允价值与历史成本会计——样本划分

为了检验第一个研究假设 5.1，公允价值会计是否比历史成本会计更及时地确认损失，我们使用虚拟变量 $DFV_i$ 将样本分成两组。值得注意的是，因为所有银行都使用历史成本和公允价值会计，只有在比例上有所不同。因此，我们定义，当 $DFV_i = 1$ 时，意味着这组银行资产中公允价值计量的资产占总资产比例较高。当 $DFV_i = 0$ 时，意味着这组银行资产中历史成本计量的资产占总资产比例较高。相应地，我们使用"历史成本组"用来描述 $DFV_i = 0$ 的银行，"公允价值组"

组用于用来描述 $DFV_i = 1$ 的银行。修改后的模型（5.2）如下：

$$X_{it} = \alpha_0 + \alpha_1 DR_{it} + \alpha_2 R_{it} + \alpha_3 DR_{it} * R_{it} + \alpha_4 DFV_i + \alpha_5 DR_{it} * DFV_i$$

$$+ \alpha_6 R_{it} * DFV_i + \alpha_7 DR_{it} * R_{it} * DFV_i + \varepsilon_{it} \tag{5.2}$$

该模型中的系数 $\alpha_2$ 表示的是损失确认的及时性。通过加入虚拟变量 $DR_{it}$，$DFV_i$ 和相应的交叉项，就把模型（5.1）简单的形式扩展为模型（5.2）。表 5 – 1 中的 A 部分列出根据不同的样本组和假设，模型（5.2）对应的模型变化，及包含相关系数。B 部分提供了相应系数的研究假设。

表 5 – 1　　　　　　　　模型中相关系数定义和假设

| A：不同样本组的模型和系数 | |
|---|---|
| 样本组 | 适用的模型 |
| 历史成本组：当在 $t$ 年股票回报率为正 | $X_{it} = \alpha_0 + \alpha_2 R_{it}$ |
| 历史成本组：当在 $t$ 年股票回报率为负 | $X_{it} = (\alpha_0 + \alpha_1) + (\alpha_2 + \alpha_3) R_{it}$ |
| 公允价值组：当在 $t$ 年股票回报率为正 | $X_{it} = (\alpha_0 + \alpha_4) + (\alpha_2 + \alpha_6) R_{it}$ |
| 公允价值组：当在 $t$ 年股票回报率为负 | $X_{it} = (\alpha_0 + \alpha_1 + \alpha_4 + \alpha_5)$ $+ (\alpha_2 + \alpha_3 + \alpha_6 + \alpha_7) R_{it}$ |
| **B：相应系数的研究假设** | |
| 研究假设 | 相关系数 |
| 历史成本组对收益确认的及时性 | $\alpha_2 > 0$ |
| 历史成本组对损失确认的及时性 | $\alpha_2 + \alpha_3 > 0$ |
| 公允价值组对收益确认的及时性 | $\alpha_2 + \alpha_6 > 0$ |
| 公允价值组对损失确认的及时性 | $\alpha_2 + \alpha_3 + \alpha_6 + \alpha_7 > 0$ |
| 历史成本组中对损失确认比对收益确认更及时性 | $\alpha_3 > 0$ |
| 公允价值组中对损失确认比对收益确认更及时性 | $\alpha_3 + \alpha_7 > 0$ |
| 公允价值组对收益确认比历史成本组对收益确认更及时性 | $\alpha_6 > 0$ |
| 公允价值组对损失确认比历史成本组对损失确认更及时性 | $\alpha_7 > 0$ |

注：其中表 A 显示了当考虑了虚拟变量时对模型变化。其中一个虚拟变量 $DR_{it}$ 是来表示的正/负的股票回报率。而 $DFV_i$ 是用来划分历史成本计量组/公允价值计量组，且由此产生的四个可能的模型组合。表 B 提供了可检验的假设，以及相关系数的结果预期。

从表 5 – 1 可知，在历史成本组中对收益确认的及时性是由一个正的系数 $\alpha_2$ 表示。由于在经济危机时期，银行没有动机延缓收益确认从而增加了其损失，可以预测，系数 $\alpha_2$ 是正的。历史成本组对损失识别的及时性是由正的系数 $\alpha_2 + \alpha_3$ 表示。由于国际财务报告准则 IFRS 的目的是保证损失确认的高度及时性，以保护各方利益相关者。因此可以预测 $\alpha_2 + \alpha_3$ 为正。系数 $\alpha_3$ 衡量了历史成本组中对收益与亏损确认及时性的不对称性。从以往的文献和国际财务报告准则的意图来看，它们都支持更及时的损失确认，所以可以预测系数 $\alpha_3$ 为正。

在公允价值组中也有类似的预测。如果系数 $\alpha_2 + \alpha_6$ 为正，则表示公允价值样本组的银行及时确认收益，而正的 $\alpha_2 + \alpha_3 + \alpha_6 + \alpha_7$ 系数则意味着在公允价值样本组中的银行能及时确认损失。因为在公允价值会计计量中几乎不存在递延收益的空间，可以预测，拥有较高份额的公允价值资产的银行会更及时地确认自己的收益，因此，无论是 $\alpha_2 + \alpha_6$ 还是 $\alpha_2 + \alpha_3 + \alpha_6 + \alpha_7$ 都会是正的。负的 $\alpha_3 + \alpha_7$ 意味着在公允价值样本组中的银行对损失确认比对收益确认更及时。虽然这种差异可能小于历史成本组的，但仍然可以预测，在历史成本组中损失的确认比在公允价值组中对收益的确认更及时，因此 $\alpha_3 + \alpha_7$ 为正。需要指出的是，即使是公允价值组的银行，也可以拥有相当高的历史成本计量的资产，这取决于银行这两种资产占该银行总资产的比例大小。

历史成本组与公允价值组对收益确认的及时性差异由系数 $\alpha_6$ 表示。可以预测，公允价值组的银行对收益的确认比历史成本组的银行对收益确认更及时，因为公允价值资产份额较高的银行，其收益很难被递延确认，因此系数 $\alpha_6$ 是正的。最后，历史成本组与公允价值组对收益损失的及时性差异由系数 $\alpha_7$ 表示。我们研究假设 5.1 预测系数 $\alpha_7$ 为正，即公允价值组中的银行对损失的确认比历史成本组中的银行对损失的确认更及时。正如在上一节中提到的，截距捕获的是从上一期推迟确认的收益，因此可以预测截距 $\alpha_0$ 为正。然而，目前还不清楚不同样本组的模型会对截距 $\alpha_0$ 产生什么变化。因此，我们只

预测 $\alpha_0$ 为正，而对其他系数 $\alpha_1$，$\alpha_4$ 和 $\alpha_5$ 不做预测。

对于虚拟变量 $DFV_i$ 值的设定，可以通过不同的划分方法，从而把总样本分为两个子样本观测组。第一个简单的方式就是当某银行公允价值资产比例超过 50% 的总资产时，该银行的 $DFV_i = 1$。另一个方式将样品分为两个相等数量的观测组，当某银行公允价值资产占总资产份额高于样本中位数是，该银行的 $DFV_i = 1$。第三种方式是，利用历史成本计量资产所占份额，或者当某银行拥有比历史成本计价的资产更多的公允价值计量的资产。这当中，使用 50% 为划分的基准有时也会产生问题，就是两个子样本组的样本大小不平衡。就像我们在样本中发现大多数银行的资产集中于贷款部分，只有少量的银行公允价值所占比较高。如果使用中位值为划分基准，也会产生一些问题，因为有些银行尽管被划分为公允价值组，但事实上其历史成本计量的资产仍然高于其公允价值计量的资产。不过这个问题至少不会造成两个子样本组的大小极度不对称。因此，在本章中，虚拟变量 $DFV_i$ 值的设定是以样本的中位数是作为划分标准。

这意味着当 $DFV_i = 1$ 时，该组银行总资产中的公允价值资产份额高于总样本的中位数，这相当于我们样本中银行总资产的 16.9%。通过这种方法，有 59 家银行被划分为公允价值计量组，以及 60 家银行被划分为历史成本计量组。值得指出的是，如果以资产比例的 50% 为划分，我们在公允价值计量组里只能获得 13 家银行。这也就是我们选择中位数来划分的重要原因。

为了验证我们的研究假设，我们进行了如下几个样本回归。首先，我们利用基本模型对 2009～2010 年的全样本进行检测，以验证整个样本的银行对损失和收益确认的及时性。其次，将样本按时间分为在欧洲国债危机之前的 2009 年和欧洲国债危机期间的 2010 年。这是为了检测当欧洲国债危机开始时，银行收益和损失确认的及时性发生了什么样的改变。最后，样本被进一步分割成历史成本计量组和公允价值计量组并使用我们的扩展模型，同时还测试危机之前和危机期间的变化。回归方法是通过广义最小二乘进行估计，并进行稳健性标准误差检测以考虑异方差性。研究假设 5.1 意味着在全样本检测中 $\alpha_7 > 0$，而研究假设 5.2 意味着 $\alpha_7$ 从危机之前到期间在系数值和置信水平上的区别。

### 5.3.3 过度自信的衡量方法

与第 4 章一致，本章中采用的管理者过度自信的衡量变量也是基于外部媒体评价（OVER），即对银行执行董事的新闻媒体评价方法。当在样本 2009 ~ 2010 年，描述银行执行董事为乐观、自信的文章总数超过该时期描述了执行董事为可靠的、稳定的、实用的、保守的、节俭、谨慎、不乐观、不自信的文章总数，那么这家银行将被列为管理者过度自信，变量 OVER 等于 1，否则为 0。

## 5.4 样本选取和描述性统计

本节的样本包括了欧盟 15 国中所有采用国际财务报告准则的上市银行，并且其会计年度截止日是 12 月 31 日。大部分财务数据如总资产、净收入、每股收益和股票价格（计算股票回报率）的数据是从 Reuters 数据库获得，部分缺失数据是通过手动收集添补。选择欧盟 15 国是要获得有足够大的样本，但样本也可能彼此相似的经济和政治环境产生一定的同质性。选择在会计年度截止日为 12 月 31 日，并要求会计报表是遵循国际财务报告准则编制，这都是为了确保银行的财务报表之间的可比性。最后，我们还手动收集了银行不同类别的金融资产数据，主要是从各家银行主页上下载的年度报告中获得。样本是从 2009 ~ 2010 的年度数据，被认为是为涵盖欧洲国债危机之前和期间的数据。此外，由于所有权变更或破产等原因，在证券交易所不交易的银行，将从样本中被删除，因为数据不再是完全可用的。最后得到的样本是由 119 个银行组成，如表 5 - 2 中 A 部分所示。表 5 - 2 中的 B 部分列出了样本中欧盟 15 国中每个国家有多少家银行包含在样本中。此外，我们还为每个国家提供的平均股票回报率。可以初步看出，那些遭受危机最多的国家是希腊、爱尔兰、葡萄牙和西班牙。

表 5 - 2    样本选取

A：样本选取过程

| 选取过程 | 银行数量 |
|---|---|
| 所有 Reuters 数据库中使用 IFRS 的欧盟 15 国银行 | 335 |
| 减：会计年度非 12 月 31 日 | - 55 |
| 减：未使用银行会计账目 | - 123 |
| 减：在美国交叉上市 | - 13 |
| 减：由于收购或破产退市的银行 | - 18 |
| 减：中央银行 | - 2 |
| 减：数据缺失严重的银行 | - 5 |
| 最后样本大小 | 119 |

B：按国别划分的样本

| 欧盟 15 国 | 银行数量 | 平均股票回报率（%） |
|---|---|---|
| 奥地利 | 7 | 5.64 |
| 比利时 | 2 | 8.94 |
| 丹麦 | 23 | 14.46 |
| 芬兰 | 2 | 9.53 |
| 法国 | 15 | 35.30 |
| 德国 | 11 | 20.17 |
| 希腊 | 8 | - 19.21 |
| 爱尔兰 | 1 | - 51.07 |
| 意大利 | 22 | 4.25 |
| 卢森堡 | 1 | 14.57 |
| 荷兰 | 3 | 17.28 |
| 葡萄牙 | 4 | - 9.29 |

续表

| B：按国别划分的样本 | | |
| --- | --- | --- |
| 欧盟 15 国 | 银行数量 | 平均股票回报率（%） |
| 西班牙 | 8 | –6.15 |
| 瑞典 | 5 | 50.52 |
| 英国 | 7 | 20.12 |

金融资产按持有类别不同可分为交易性金融资产（包括衍生工具）（held for trading，HFT），公平价值选择权（fair value option，FVO），可供出售资产（available for sale，AFS），持有至到期日（held to maturity，HTM）及贷款及应收款项（loans and receivables，L&R）。前三项资产都是按公平价值计量的，而后两项资产则按历史成本计量。表 5–3 显示了这些变量的描述性统计。其中，在表 5–3A 中，描述的是不同资产类别占总资产的比例，以欧元计量的总资产，以及股票回报率和每股收益除以股价。在表 5–3B 显示了所有观察到的不同年份的平均值和中位数。最后，表 5–3C 显示的样本分为两组历史成本计量组和公允价值计量组，以及所有变量的均值和中位数的年度变化率。

表 5–3A               金融资产的描述性统计 1

| 全样本变量描述性统计（占总资产% 为计） | | | | | |
| --- | --- | --- | --- | --- | --- |
| 变量名称 | 均值 | 标准差 | 25 分位数 | 中位数 | 75 分位数 |
| 交易性金融资产（包括衍生工具）*HFT* | 10.60 | 13.17 | 0.93 | 5.32 | 15.39 |
| 公允价值权选择权 *FVO* | 2.32 | 5.29 | 0.00 | 0.32 | 2.10 |
| 可供出售的资产 *AFS* | 7.97 | 10.52 | 0.31 | 5.74 | 9.80 |
| 持有至到期资产 *HTM* | 1.60 | 3.96 | 0.00 | 0.03 | 1.23 |
| 贷款及应收款项 *L&R* | 67.60 | 18.25 | 62.26 | 70.80 | 81.19 |
| 历史成本计量的资产总额 *AC* | 69.20 | 18.30 | 62.88 | 72.39 | 82.76 |
| 公允价值计量的资产总额 *FV* | 20.88 | 16.10 | 8.82 | 16.50 | 27.34 |

续表

**全样本变量描述性统计（占总资产%为计）**

| 变量名称 | 均值 | 标准差 | 25 分位数 | 中位数 | 75 分位数 |
|---|---|---|---|---|---|
| 历史成本计量资产 + 公允价值计量资产 | 90.08 | 9.02 | 88.66 | 91.79 | 95.57 |
| 净利润 $NI$ | 0.42 | 1.86 | 0.13 | 0.38 | 0.64 |
| 总资产（以百万欧元为计）$TA$ | 197141 | 446896 | 2839 | 18729 | 121956 |
| 股票回报率 $R_{it}$ | 11.95 | 42.35 | − 14.12 | 1.56 | 32.00 |
| 每股收益/股票价格 $X_{it}$ | 4.34 | 38.00 | 2.33 | 6.24 | 10.93 |

注：本表显示不同金融资产类别及占总资产百分比，以及以百万欧元计的总资产，股票回报及每股收益除以股价的描述性统计数字。样本包括 2008 年和 2010 年的数据。

**表 5 – 3B**           **金融资产的描述性统计 2**

B：不同年份的平均数和中位数

| 变量 | 年份 | 占总资产百分比 | | 变化率 | |
|---|---|---|---|---|---|
| | | 均值（%） | 中位数（%） | 均值（%） | 中位数（%） |
| 交易性金融资产（包括衍生工具）$HFT$ | 2008 | 10.90 | 6.22 | N/A | N/A |
| | 2009 | 10.28 | 5.30 | − 31.64 | − 37.50 |
| | 2010 | 10.62 | 4.67 | 4.15 | 10.42 |
| 公允价值权选择权 $FVO$ | 2008 | 2.17 | 0.32 | N/A | N/A |
| | 2009 | 2.53 | 0.33 | 5.57 | 13.61 |
| | 2010 | 2.25 | 0.32 | 9.97 | − 40.86 |
| 可供出售的资产 $AFS$ | 2008 | 6.34 | 4.91 | N/A | N/A |
| | 2009 | 8.26 | 5.69 | 16.65 | 41.80 |
| | 2010 | 9.30 | 6.23 | 9.25 | 24.35 |
| 持有至到期资产 $HTM$ | 2008 | 1.46 | 0.01 | N/A | N/A |
| | 2009 | 1.51 | 0.03 | 7.75 | 39.27 |
| | 2010 | 1.83 | 0.04 | 19.28 | − 7.82 |
| 贷款及应收款项 $L\&R$ | 2008 | 69.11 | 74.56 | N/A | N/A |
| | 2009 | 67.50 | 70.46 | 5.36 | 4.25 |
| | 2010 | 66.18 | 67.60 | 2.91 | 7.60 |
| 公允价值计量的资产总额 $FV$ | 2008 | 19.41 | 14.96 | N/A | N/A |
| | 2009 | 21.07 | 17.81 | − 21.51 | 25.08 |
| | 2010 | 22.17 | 20.35 | 5.89 | 7.88 |

B：不同年份的平均数和中位数

| 变量 | 年份 | 占总资产百分比 | | 变化率 | |
| --- | --- | --- | --- | --- | --- |
| | | 均值（%） | 中位数（%） | 均值（%） | 中位数（%） |
| 历史成本计量的资产总额 FV | 2008 | 70.56 | 75.34 | N/A | N/A |
| | 2009 | 69.01 | 71.02 | 5.39 | 4.92 |
| | 2010 | 68.01 | 69.39 | 3.13 | 6.92 |
| 总资产 | 2008 | 100.00 | 100.00 | N/A | N/A |
| | 2009 | 100.00 | 100.00 | -6.10 | 2.20 |
| | 2010 | 100.00 | 100.00 | 4.24 | 7.04 |
| 净利润 | 2008 | 0.41 | 0.40 | N/A | N/A |
| | 2009 | 0.48 | 0.37 | 136.48 | 16.72 |
| | 2010 | 0.36 | 0.35 | 11.87 | 14.35 |
| 股票回报率 $R_{it}$ | 2009 | 33.53 | 23.08 | N/A | N/A |
| | 2010 | -9.62 | -8.46 | -43.15 | -31.54 |
| 每股收益/股票价格 $X_{it}$ | 2009 | 7.04 | 7.11 | N/A | N/A |
| | 2010 | 1.64 | 5.58 | -5.40 | -1.53 |

表 5-3C 　　　　　　　金融资产的描述性统计 3

C：公允价值计量组与历史成本计量组 - 各变量均值和中位数的比较

| 变量（Δ 为 2009~2010 年的变化率） | 年份 | 均值 | | 中位数 | |
| --- | --- | --- | --- | --- | --- |
| | | 公允价值计量组（%） | 历史成本计量组（%） | 公允价值计量组（%） | 历史成本计量组（%） |
| Δ 交易性金融资产 ΔHFT | 2009 | -31.98 | -7.09 | -42.35 | -3.21 |
| | 2010 | 4.03 | 10.65 | -11.06 | -20.94 |
| Δ 公允价值权选择权 ΔFVO | 2009 | 5.29 | 12.29 | 43.34 | 23.20 |
| | 2010 | 10.48 | -1.47 | -4.23 | -34.87 |
| Δ 可供出售的资产 ΔAFS | 2009 | 15.93 | 27.64 | 105.97 | 29.93 |
| | 2010 | 8.96 | 13.34 | 6.50 | 36.38 |
| Δ 持有至到期资产 ΔHTM | 2009 | 2.27 | 25.87 | -99.90 | 245.47 |
| | 2010 | 10.66 | 42.44 | -67.88 | 375.63 |
| Δ 贷款及应收款项 ΔL&R | 2009 | 5.80 | 2.80 | 24.59 | 4.69 |
| | 2010 | 2.70 | 4.16 | 9.27 | 4.77 |

续表

C：公允价值计量组与历史成本计量组 - 各变量均值和中位数的比较

| 变量（Δ 为 2009~2010 年的变化率） | 年份 | 均值 | | 中位数 | |
|---|---|---|---|---|---|
| | | 公允价值计量组（%） | 历史成本计量组（%） | 公允价值计量组（%） | 历史成本计量组（%） |
| Δ 公允价值计量的资产总额 ΔFV | 2009 | -22.24 | 9.66 | 17.87 | 6.01 |
| | 2010 | 5.75 | 10.25 | 9.27 | 6.54 |
| Δ 历史成本计量的资产总额 ΔAV | 2009 | 5.76 | 3.28 | 27.70 | 10.97 |
| | 2010 | 2.79 | 5.14 | -7.43 | 20.35 |
| Δ 总资产 | 2009 | -7.04 | 3.53 | -2.73 | 7.64 |
| | 2010 | 4.16 | 5.01 | 4.16 | 7.45 |
| Δ 净利润 | 2009 | 314.61 | -45.25 | 119.00 | -11.24 |
| | 2010 | 10.18 | 24.94 | 8.17 | 13.97 |
| Δ 股票回报率 $\Delta R_{it}$ | 2009 | 39.91 | 27.25 | 30.59 | 18.18 |
| | 2010 | -6.40 | -12.79 | -7.25 | -9.28 |
| Δ 每股收益/股票价格 $\Delta X_{it}$ | 2009 | 8.32 | 5.77 | 7.54 | 6.61 |
| | 2010 | 4.65 | -1.32 | 6.13 | 5.16 |

从上面几张表可知，就银行总资产而言，样本中的119家银行的规模差别较大，且规模较小的银行较多而规模较大银行较小。可以看出，总资产的平均值会随经济条件而改变。由于受美国次级贷款危机余波危及，总资产从2008~2009年下降6%，而在欧洲国债危机期间，这一数字仅在2010年增加了4%。在2009年总资产只发生在公允价值计量组，在历史成本计量组中平均总资产在2009和2010年是增加的。这似乎表明，公允价值计量组的银行受到欧洲国债危机的影响比历史成本计量组的银行大。

只有持有较多交易性资产头寸的大型银行，其平均水平从2008~2009年下降显著为31%，而在一年后只有4%的复苏。这再次表明，在金融危机期间公允价值计量组的银行比历史成本计量组的银行遭受更多损失。与总资产相比，公允价值选择权表现并不明显。

我们也发现大约样本中有四分之一的银行没有持有可供出售的金

融资产类别。对持有可供出售金融资产的银行规模，不仅有大型的银行也有许多中型银行。总体而言，该类别的金融资产在 2009 年其平均值上升了 17%，而在 2010 年则上升了 9%。而且，在历史成本计量组可供出售金融资产的平均值较公平价值计量组增加更多。在 2008 年可出售资产相对于所有公允价值资产的平均份额为 39%，而在 2010 年上升至 48%，同时交易性资产所占的份额相应地发生了萎缩。这意味着，在美国次贷金融危机之后，许多银行不得不选择出售他们以前打算持有至到期的资产，因此将它们归类为可供出售。这一趋势在欧洲国债危机期间继续恶化，并作为一种来自市场的负面冲击影响着欧洲银行。

持有到到期资产在所有金融资产中是比例最小的类别，几乎一半的银行没有使用它且平均持有比率只有 1.6%。另外，贷款及应收账款是所有金融资产中是比例最大的资产类别。它是所有银行都使用的类别，平均持有比率达 67.6%，有些银行甚至达到了 95% 之多。贷款及应收账款在 2009 年增加了 5%，而在 2010 年增加了 3%。因此，可以看到欧洲主权债务危机期间，贷款及应收账款绝对值是在增加但增长率却有所下降，许多贷款面临减值冲销。我们可以预期未来几年这部分资产的减值比率可能会进一步扩大。这也同样提供了一种可能，即在欧洲主权债务危机 2010 年开始的时候，贷款和应收账款还在增长，且贷款损失并没有很及时地得到确认。

总体来说，历史成本计量的资产占总资产比例从 2008 年的 71% 下降至 2010 的 68%，这可能是由于可供出售资产的重新分类。平均总资产的 69% 是使用历史成本计量的，而 21% 的资产是使用公允价值计量的。这意味着，平均而言，银行 90% 的资产是金融资产，而只有 10% 是非金融或租赁资产。这些数字再次表明了历史成本法在银行会计核算中的重要性。值得一提的是，在我们样本中只有 13 家银行拥有比历史成本计量的资产更多的公允价值计量的资产。这是因为，本样本中绝大多数银行都是以储蓄和贷款为重点的小型银行，只有少数大银行在公允价值资产中占有显著地位。这也意味着公允价值计量的样本组主要由较大规模的银行组成，而历史成本计量的样本组主要由较小规模的银行组成。

最后，整个样本的平均净利润为正，它在我们的样本周期中呈增长趋势，这也可能是欧洲主权债务危机的影响尚未显现在 2010 年的净利润中，这又可能预示着银行对损失承认的不及时。关于股票回报率，在我们的数据中只有一半以上的数据是正的。在 2009 年，股票回报率平均值高达 33.5%，显示了美国次贷金融危机后股市的复苏。然而，在 2010 年欧洲主权债务危机开始时，股票回报率平均值下降至 −9.6%。比较而言，历史成本计量的银行比公允价值计量的银行股票回报率平均值要低。每股收益除以股价的数据中，至少三季度的数据点是正的，平均值为 4.34%。在 2009 年该平均值为 7%，而在 2010 年下跌至 1.6%。这说明股价的波动性远高于每股收益的波动性，以同样说明市盈率具有一定的对收益确认的及时性。同时，尽管 2010 年的股票回报率为负，但每股盈利仍然为正也预示了银行采取递延收益的可能性。

# 5.5　回　归　结　果

在这部分我们将展示三个研究假设的回归结果。假设 5.1 指出，历史成本会计的损失确认及时性低于公允价值会计的损失确认。假设 5.2 说明在欧洲主权债务危机期间历史成本与公允价值会计在损失确认的及时性上的差异。假设 5.3 进一步说明了在欧洲主权债务危机期间管理者过度自信对两种会计计量在损失确认的及时性差异的影响。描述性统计已经显示，银行按历史成本计量的资产比公允价值计量的资产更为常见，且最大部分是贷款和应收账款。它可以进一步观察到，交易性金融资产在样本期间急剧下降，而可供出售资产呈现增加趋势。这可以解释为，金融危机主要冲击的是交易性金融资产，迫使银行出售部分业务。有趣的是，贷款和应收账款在整个期间增加，这可能表明，历史成本计量的贷款和应收账款受到的损害并没有得到及时确认。

表 5 - 4 显示了有关研究假设 5 - 1 和假设 5 - 2 的回归结果。调整 R 方介于 7% 和 32% 之间，略高于文献中这些类型的回归结果。而在其他研究的回归结果中调整 R 在 10% 左右（Basu，1997；Ball & Shivakumar，2005；Gebhardt & Novotny - Farkas，2011）。这种差异可以解释为样本期只有短短三年，这使得数据更容易适合一个模型。就调整 R 方值而言，它可以进一步观察到，在欧洲主权债务危机期间的结果比其他年份较高。这与巴苏（1997）研究的观点一致，即对损失确认的模型的调整 R 方比对收益确认的模型高。在欧洲主权债务危机期间，许多银行遭受损失，而以前大多数银行则报告大多是收益。从调整 R 方值的差异初步表明损失比收益得到更及时的确认。

表 5 - 4　历史成本会计的损失确认与公允价值会计的损失确认

| $X_{it}$ | | 基本模型 | | | 扩展模型 | |
|---|---|---|---|---|---|---|
| 变量 | 预期 | 全样本 | 危机前（2009） | 危机中（2010） | 危机前（2009） | 危机中（2010） |
| 常数项 | + | 0.097 *** (3.24) | 0.077 (1.62) | 0.141 *** (3.47) | 0.037 (1.30) | 0.142 *** (5.41) |
| $DR_{it}$ | + / - | 0.113 (0.94) | - 0.034 ( - 0.56) | 0.147 (0.94) | 0.019 (0.54) | 0.013 (0.20) |
| $R_{it}$ | + | 0.039 (0.95) | 0.065 (1.18) | - 0.165 ( - 1.14) | 0.166 ** (2.35) | - 0.133 ( - 1.25) |
| $DR_{it} * R_{it}$ | + | 1.196 (1.56) | 0.589 (1.24) | 1.599 * (1.77) | 0.092 (0.31) | 0.725 ** (2.15) |
| $DFV_i$ | + / - | | | | 0.065 (0.76) | - 0.004 ( - 0.05) |
| $DR_{it} * DFV_i$ | + / - | | | | - 0.142 ( - 0.98) | 0.403 (1.17) |

续表

| $X_{it}$ | | 基本模型 | | | 扩展模型 | |
| --- | --- | --- | --- | --- | --- | --- |
| 变量 | 预期 | 全样本 | 危机前<br>（2009） | 危机中<br>（2010） | 危机前<br>（2009） | 危机中<br>（2010） |
| $R_{it} * DFV_i$ | + | | | | -0.163<br>(-1.51) | -0.044<br>(-0.16) |
| $DR_{it} * R_{it} * DFV_i$ | + / - | | | | 1.125<br>(0.97) | 2.591<br>(1.27) |
| $R^2$ | | 0.17 | 0.09 | 0.21 | 0.15 | 0.36 |
| Adjusted $R^2$ | | 0.16 | 0.07 | 0.19 | 0.10 | 0.32 |
| Observations | | 238 | 119 | 119 | 119 | 119 |

注：基于巴苏（1997）的模型。首先，基本模型估计的全样本，以检查收益和损失确认的及时性，以及它们之间的差异。然后将样本分为欧洲主权债务危机之前和期间，以观察变化。最后，引入虚拟变量 $DFV_i$ 进一步检查有关历史摊销成本和公允价值计量组测试的假设。其中，当银行公允价值资产相对于总资产超过中位数 16.9% 以上，那么 $DFV_i = 1$ 否则为 0。如果得到股权。解释变量 $X_{it}$ 表示 $t$ 年银行 $i$ 每股收益除以年初股价，而 $R_{it}$ 表示 $t$ 年银行 $i$ 股票收益率。$DR_{it}$ 是一个虚拟变量，如果 $R_{it}$ 是负的，那么 $DR_{it} = 1$ 否则为 0。$t$ – 统计值在括号中。注：在本表中，全部回归使用异方差稳健标准差的一致估计。括号中为 $t$ 值。*** 、** 和 * 表示变量估计系数分别在 1%、5% 和 10% 置信水平上显著。

关于截距（常数项），该模型的结果证实了预测是非常显著。正的截距表示银行对上一期递延收益的确认。尤其在债务危机期间，这一结果呈现显著正相关，这说明银行试图通过先前递延收益的确认来提高它们的收益。当然这一结果是基于的假设前提是市场股价总是反映银行的真实价值。但在危机期间，一些银行可能被市场低估，导致股票回报率低得多，因此导致了截距值较高。

在基本模型中，可以观察到 $R_{it}$ 的系数 $\alpha_2$ 在债务危机之前为正，但在债务危机期间变为负值。这表明，收益可能已经及时确认，但不是在债务危机期间确认。不过这些结果没有呈现显著度。在希腊债务危机期间，交叉项 $DR_{it} * R_{it}$ 的系数 $\alpha_3$ 始终是正的，并处于 10% 的置信水平上显著。这意味着银行对损失确认比对收益确认更及时，证实了研究假设 5.1。

在扩展模型，$R_{it}$ 的系数 $\alpha_2$ 显著为正但在债务危机期间变为不显著的负值。这表明，历史成本计量组的银行能在债务危机之前及时确认收益，而在债务危机期间不能及时确认。这一显著差异可能是由于许多银行在 2010 年的股票回报率为负。在债务危机之前和期间，交叉项 $DR_{it} * R_{it}$ 的系数 $\alpha_3$ 都是为正，并在危机期间结果处于 5% 的置信水平。这意味着在历史成本计量组中，银行对收益的确认比对收益的确认更及时，尤其是在危机期间。这同样也符合国际财务报告准则 IFRS 制定意图，也和以前的文献结果一致。

表 5 - 4 最有趣的结果来自两组不同会计计量方法样本组的比较结果。在债务危机之前和期间，$R_{it} * DFV_{it}$ 的系数为负，与预测假设相反，但结果并不显著。这意味着，在公允价值计量组中，银行对收益确认比在历史成本计量组中的银行更为及时。关于损失，结果显示出 $DR_{it} * R_{it} * DFV_i$ 的系数 $\alpha_7$ 为正。这一结果似乎表明在公允价值计量组的银行对损失的确认更及时，某种程度上符合研究假设 5.1。然而，研究结果也不显著。不显著的结果可能是由于样本量小造成的。此外研究假设 5.2 表明，这种损失确认的差异在债务危机中变得更大。我们发现在 2010 年债务危机期间的回归中系数 $\alpha_7$ 值较大，$p$ 值较低，同样也支持了这一假设。

除此之外，我们还检测了表 5 - 1 中讨论的有关系数的联合假设。对于基本模型，它主要提供的检测是损失是否得到及时确认。系数 $\alpha_2 + \alpha_3$ 为正但不显著。这表明，损失已经普遍得到及时确认。结合表 5 - 1 的结果，我们认为损失一直被及时确认，而收益只有在债务危机之前得到及时确认。总的来说，损失总是比收益更及时得到确认。对于扩展模型，系数 $\alpha_2 + \alpha_3$ 在债务危机期间为正且显著。这意味着历史成本计量的银行对损失进行了及时的确认，并且在债务危机期间，损失确认的及时性变得更为显著。

在公允价值计量组中，收益似乎并没有得到很及时的确认，且系数的显著度也不高。可能的解释是，这组银行在美国次贷危机中遭受了更多的冲击，导致交易性资产价值受损，并因此在欧洲债务危机中缺乏资本缓冲。换而言之，它们拥有更强的动机进行平滑收益。另外，这组的损失似乎更及时地被确认，但显著度不高。因此，这里只有少量的证据显示在公允价值计量组中，银行的损失确认比收益确认更及时。总之，我们的结果只提供了一些重要的结果，虽然系数正负方向都符合假设，但显著度不高，使得结果不够稳健，如果有一个更大的样本，更多的样本期间，那么可能会提供更多的结果。

为了检测研究假设 5.3 管理者过度自信在损失确认中的影响，即过度自信的管理者所在的银行在债务危机期间历史成本会计计量与公允价值会计计量之间对损失确认的及时性差异显著增加。由此，我们引入了新的虚拟变量 OVER 以衡量管理者过度自信。当在样本 2009 ~ 2010 年，描述银行执行董事为乐观、自信的文章总数超过该时期描述了执行董事为可靠的、稳定的、实用的、保守的、节俭、谨慎、不乐观、不自信的文章总数，那么这家银行将被列为管理者过度自信，变量 OVER 等于 1，否则为 0。考虑到已有的模型中已经还有大量的交叉项，我们没有在模型中加入更多的交叉项来考察过度自信的影响而是根据虚拟变量 OVER 值，我们将银行分为过度自信组和非过度自信组，实证结果如表 5-5 所示。

表 5-5　　　　管理者过度自信对损失和收益确认的影响

| $X_{it}$ 变量 | 预期 | 基本模型 | | 扩展模型 | |
|---|---|---|---|---|---|
| | | 非过度自信组 | 过度自信组 | 非过度自信组 | 过度自信组 |
| 常数项 | + | 0.000<br>(0.05) | 0.002 **<br>(2.29) | 0.001 **<br>(2.25) | 0.004 *<br>(1.97) |
| $DR_{it}$ | +/- | 0.004 *<br>(1.80) | 0.012 ***<br>(2.83) | 0.001<br>(0.49) | 0.013 *<br>(1.81) |
| $R_{it}$ | + | 0.363<br>(1.03) | 0.595 ***<br>(11.89) | 0.614<br>(1.25) | 0.489 ***<br>(7.70) |
| $DR_{it} * R_{it}$ | + | 0.476<br>(0.76) | 0.271<br>(0.77) | 1.019<br>(0.93) | 1.471 ***<br>(3.64) |

续表

| $X_{it}$ | | 基本模型 | | 扩展模型 | |
|---|---|---|---|---|---|
| 变量 | 预期 | 非过度自信组 | 过度自信组 | 非过度自信组 | 过度自信组 |
| $DFV_i$ | + / - | | | 0.002<br>(1.07) | 0.002<br>(1.12) |
| $DR_{it} * DFV_i$ | + / - | | | 0.005<br>(1.29) | 0.009<br>(1.14) |
| $R_{it} * DFV_i$ | + | | | 0.295<br>(0.75) | 0.132<br>(0.42) |
| $DR_{it} * R_{it} * DFV_i$ | + / - | | | 1.837<br>(1.51) | 1.464 ***<br>(3.48) |
| $R^2$ | | 0.14 | 0.10 | 0.19 | 0.15 |
| Adjusted $R^2$ | | 0.12 | 0.08 | 0.14 | 0.11 |
| Observations | | 96 | 23 | 96 | 23 |

注：在本表中，全部回归使用异方差稳健标准差的一致估计。括号中为 $t$ 值。 *** 、
** 和 * 表示变量估计系数分别在 1% 、5% 和 10% 置信水平上显著。

表 5 - 5 在债务危机期间管理者过度自信的影响，通过分组回归，可以看到过度自信组中的样本量极具减少只有 23 家银行，所以在一定程度上也可能会影响我们结果的有效性。其中每个回归中的调整 R 方值介于 8% 和 14% ，这与之前的结果非常相似。关于截距，其值为正，基本处于显著水平，证实了银行对上一期的收益递延确认。

在基本模型中，可以观察到 $R_{it}$ 的系数 $\alpha_2$ 在过度自信组显著为正，但在非过度自信组算是正值但不显著。在扩展模型，$R_{it}$ 的系数 $\alpha_2$ 在过度自信组依旧显著为正。这表明，在债务危机期间过度自信的管理者愿意及时确认收益，而非过度自信的管理者却不一定愿意及时确认收益。其次，在扩展模型中，过度自信组的交叉项 $DR_{it} * R_{it}$ 的系数 $\alpha_3$ 都是为正，并在危机期间结果显著。这意味着历史成本计量的银行对损失的确认比对收益的确认更及时，尤其是当管理者有过度自信的倾向时。

表 5 - 5 最有趣的结果来自两组不同会计计量方法样本组的比较

结果。在债务危机之前和期间，$R_{it} * DFV_{it}$ 的系数 $\alpha_6$ 为正，但结果并不显著。这意味着，在公允价值计量组中，银行对可能收益确认比在历史成本计量组中的银行更为及时，但过度自信和非过度自信组没有呈现太大差异。关于损失确认，结果显示出 $DR_{it} * R_{it} * DFV_i$ 的系数 $\alpha_7$ 为正，且在过度自信组结果显著。这一结果似乎表明过度自信的管理者使得其公允价值计量的银行对损失的确认更及时，符合研究假设 5.3。

除此之外，我们还检测了表 5 - 1 中讨论的有关系数的联合假设。对于基本模型，它主要提供的检测是损失是否得到及时确认。系数 $\alpha_2 + \alpha_3$ 为正且显著。这表明，损失无论在过度自信组还是非过度自信组都得到了及时确认。对于扩展模型，系数 $\alpha_2 + \alpha_3$ 在过度自信组为正且显著。这意味着历史成本计量的银行对损失进行了及时的确认，并且管理者的过度自信使得损失确认的及时性变得更为显著。

在公允价值计量组中，管理者的过度自信似乎也使得收益得到很及时的确认。可能的解释是，尽管银行在欧洲债务危机遭受了很多冲击，但过度自信的管理者依然对未来收益保持乐观预期，导致他们没有动机进行平滑收益。此外只有少量的证据显示在公允价值计量组中，银行的损失确认比收益确认更及时，并于管理者过度自信无关。总之，我们的结果提供了一些重要的结果，虽然系数正负方向都符合假设，但显著度不高，使得结果不够稳健，如果有一个更大的样本，更多的样本期间，那么可能会提供更多的结果。

# 5.6　本 章 小 结

国际财务报告准则的目的就是能对收益进行非常及时的确认，以使财务报表尽可能提高其相关性，从而保护公司的不同利益相关者。在公允价值会计中，资产通常根据可观察的市场价格进行评估。因此，公允价值会计的收益相当可以及时地确认。而在历史成本会计中，资产的估值往往取决于管理层的自由裁量权，这为递延收益提供了空间。因此，我们提出的研究假设 5.1 是公允价值会计比历史成本会计对损失的确认更及时。由于银行遭受欧洲主权债务危机，可以预期，管理层有更强烈的动机，利用他们的自由裁量权递延损失。因此，研究假设 5.2 认为在债务危机期间公允价值和历史成本会计对损失确认的差异增加。但管理者过度自信可能会对这种差异产生更深远的影响。过度自信的管理者往往倾向于高估成功的可能，低估失败的概率。当他们高估未来收益，他们会及时确认收益。而他们低估损失的可能性，导致损失的及时确认。因此我们提出研究假设 5.3，在债务危机期间管理者过度自信使得公允价值计量的银行对损失的确认更与历史成本会计计量对损失确认的及时性之间差异增加。

为了检验这些假设，我们借助了巴苏（1997）模型以及虚拟变量，将样本分成公允价值计量组和历史成本计量组。我们选择了 2009～2010 年的欧盟 15 国中的 119 家银行。其中公允价值资产的份额高于样本中位数的银行被列入公允价值组，其余部分则纳入历史成本组。回归结果表明，公允价值计量组的银行比历史成本计量组的银行对损失确认更及时，且在主权债务危机期间具有非常高显著度。可能的原因是管理者在使用历史成本会计中的自由裁量权高于公允价值会计。另一个可能原因是因为历史成本计量的资产主要是贷款。而贷款损失准备金一般只能在事件发生后增加，而不是预期。因此，对于贷款损失的确认会有一定的延迟。

此外，我们还发现管理者过度自信可能对损失的确认也产生一定的影响。回归结果显示，当管理者有过度自信的倾向，历史成本计量的银行对损失的确认比对收益的确认更及时。同时，过度自信的管理者使得其公允价值计量的银行对损失的确认更及时，并使得公允价值计量的银行与历史成本会计计量对损失确认的及时性之间差异显著增加。

由于本书的样本只有119家银行，所以一些结果还不尽如人意，特别是过度自信样本的规模过小，以至于可能影响结果的解释力和有效性，日后还需更大的样本，更多的周期里进行稳健性分析。由于欧洲债务危机余波未尽，这项研究只抓住了危机的初期反应。要深刻了解欧洲债务危机对损失识别及时性的充分影响，还需进行进一步的研究。

第6章

# 我国银行管理者过度自信与贷款损失准备金实证研究——从情绪驱动角度

## 6.1 研究背景介绍

　　银行作为经营业务较为特殊的金融机构，是商品货币经济发展到一定阶段的产物，也是当代市场中最活跃的金融机构之一。它通常按照一定法律与法则设立，主要承担存款贷款等货币与信贷业务。不同的银行职责也各不相同，按不同的管理机构可分为中央银行和政策性银行，按不同的业务性质可分为投资银行和商业银行等。因此，对于银行的治理需要充分考虑其业务特殊性与复杂性。在我国改革发展的特定背景中，经济转型期间的银行作为市场参与较为活跃的主体，拥有自主经营权和委托代理权，尤其是其金融中介机构的性质很容易导致信息的不对称因而影响到客户们严重的逆向选择和道德风险，这便要求银行的管理者要重视信息的披露，并且在披露的同时还要求银行信息数据真实可靠（真实性）、银行信息数据完整，有助于进行银行的管理决策（完整性）和能够与灵活变化的市场相适应，能够抓住市场的时机（及时性），三者缺一不可。

随着经济的发展，我国银行的财务决策也随之改变，银行经营目标从以前的单纯追求存款或者贷款数量的增加而慢慢转变为追求银行人文价值、服务质量与利润同步发展。但目前我国银行的发展还面临多方外部阻力。比如我国市场经济体制还不完善，跟银行相关的金融方面的法规制度仍然存在着实施不到位，相关法律也有不完善容易被钻漏洞的可能。同时，银行系统的有效外部监督机制还未形成，如媒体监督和群众监督等，银行机构内部治理结构还没有真正建立起来，如银行各工作岗位的权责分配和相互制约机制等根本性问题还没得到彻底解决。其次，银行外部市场还没有形成，市场发展还不够成熟，我国区域性银行大多集中在当地，全国市场和国际市场均不够开放。此外，众多国有或国有控股的上市银行的领导者仍然带有浓厚的政治色彩，银行内部容易形成一言堂的局面等，作为银行管理阶层的元老级别的人物，年龄、眼界与管理经验的积累使银行高层管理者对自己的能力抱有过高的预期，因而过于自信地进行扩张或者投资活动，而忽略了背后的风险。最后，在互联网高速发展的今天，第三方支付与虚拟经济对实体银行的冲击越来越大。因此，在法律制度不完善、缺乏监督长效机制，并且遭受虚拟经济挑战的情况下，银行将面临更多的挑战和机遇，但稍有偏差就会阻碍银行的高速增长。

除了外部市场和内部机制，在银行业的发展过程中银行管理者的影响力也不容忽视。越来越多的研究认为管理者心理偏差对公司决策的影响。如果公司管理者受到心理偏见的影响，会表现出不完全理性的行为（Baker & Wurgler，2013），而公司治理机制在消除这些偏见影响方面的能力有限。例如，当管理者高估银行盈利能力和拥有现金流的充足率时，会产生更高的未来预期，表现出过度自信的倾向，在经营上使用更多资金来进行业务扩张，从而导致银行的相关风险增长速度加快。由于我国经济转型的背景使得银行高层管理者权力不断扩大，也拥有了获得此类过度自信倾向的信心指数上升的自我内在条件，从而导致银行的管理决策不够理性。具体而言，管理者情绪驱动的过度自信会引起他们的信心预期指数上升从而一定程度上的影响他们的决策，高估了银行的盈利能力或是低估了银行经营风险，甚至盲目地开启银行的扩张之路，这都将可能使银行的管理产生巨大的影响。当然，这一影响可能是正向的效果，管理者的过度自信也会使得管理者信心预期指数上升，并且带动银行投资水平的上升，积极适度扩张或者相应的盈余管理可能影响到银行的业绩增长，存在着一定的积极影响。但过度自信导致银行管理者信心预期指数的上升在对银行管理者进行经营管理过程中也会产生一定的负面影响，比如盲目的扩张会使银行夸大其盈利能力而忽略潜在的风险，对于银行的管理决策产生一定的负面效应。如果不重视对风险的控制，高涨的银行管理者信心预期指数所带动的就是过度扩张，这样冲动冒进的策略可能会给银行的经营带来不良的后果，比如银行的存款减少，贷款增加，不良贷款增加，坏账率上升从而让银行陷入财务困境，甚至可能会带来宣告破产的严重后果。

在信息披露的文献中，一些研究提供的证据表明识别投资者的不完全理性对管理者信息披露决策会造成影响，管理者通过盈余预测的信息披露来应对投资者的非理性行为（Bergman & Roychowdhury，2008；Seybert & Yang，2012）。同时投资者情绪与管理者对应计项目的战略管理相关（Simpson，2013）。尽管这些研究中的证据表明，管理者对投资者非理性行为有一定认识并能做出战略性反应，但在其他一些领域的研究（Brown *et al.*，2012）中也有证据说明，管理者也有可能因为一些非战略因素的高（低）情绪时期而出现过度自信（悲观）非理性特征。

在本章中，我们将从管理者情绪角度讨论其对管理者过度自信影响的可能性，从而探讨管理者在其权责发生制估计中是否存在非理性行为。基于此，我们定义了管理者的过度自信，即管理者对公司未来结果的预期超出了他们能获得的所有信息（Baker & Wurgler，2007）我们预测管理者的过度自信会使其产生对银行收益估计有一个非理性的偏差。虽然大量的会计研究已经考虑了管理者故意操纵应计利润的影响因素，但我们在应计项目研究中增加了过去很少涉及的非理性决定因素。最近的研究表明，一些专业人士如分析师（Clement *et al.*，2011；Hribar & McInnis，2012）和机构投资者（Cornell *et al.*，2014）都会收到情绪的影响。布朗等（Brown *et al.*，2012）的研究结果也表明管理人员的情绪会影响管理者的预计报表的信息披露。此外，已有证据表明，管理者会受到过度自信的影响，也可能是因为情绪造成的（Malmendier & Tate，2005；Ben – David *et al.*，2013；Hietala *et al.*，2003）。因此我们有理由相信，管理者情绪造成的过度自信会对应计项目的估计产生一定的影响。

在银行应计项目的估计中，我们把重点放在银行对贷款损失准备计提的估计上。银行对贷款损失拨备的估计特别适合我们研究目的，有以下几个原因：首先，对贷款损失准备金的研究可以消除一些在应计盈余指标测量中存在的自由裁量问题（McNichols & Wilson，1988；Guidry *et al.*，1999；McNichols，2000；Leone & Rock，2002）。其次，贷款损失准备金在银行会计权责发生制中具有重要经济意义（Beatty & Liao，2014）。因为它反映了银行在经济不确定的状况下作出的有效决定，同时增加了管理者个人心理因素对权责发生制估计产生影响的可能性。最后，贷款账户上的现有数据可以使我们能够观察到该估计所涉及的实际问题（如冲销），从而评估贷款损失准备金估计的准确性。最后，从管理者情绪角度讨论其对管理者过度自信影响的可能性，并研究管理者过度自信对于整个银行的贷款损失和银行活动是否存在一定的影响，具有很深的现实意义。在复杂的宏观经济的环境与背景下，更好地去理解和研究银行财务管理所面临的挑战，并且通过找到产生的原因和过程，从而制定出更有效的应对策略为未来银行管理进行预警已成为迫切需要解决的问题。我们必须认识到管理者掌握着银行的资源，也掌握着整个银行的重要命脉，在银行管理者的引领下进行银行的管理活动，银行风险与银行活动相伴而生，管理者往往对银行行为有着决定性的影响。

为了从管理者情绪角度分析管理者过度自信是否影响权责发生制估计，我们提出了研究假设。首先，我们预测管理过度自信与银行贷款损失拨备呈负相关。当管理者有过度自信倾向时，出于对银行经营能力的自信和对未来市场的良好预期，管理者倾向于减少贷款损失准备金计提（LLP）。其次，我们预测，管理过度自信与银行贷款不良贷款冲销率（RATIANCO）呈负相关关系。过度自信的管理者出于对银行有未来较好的预期，会在一定程度上解决银行的部分不良贷款，因此会延缓不良贷款从而降低不良贷款的冲效率，因而造成两者之间的负相关关系。最后，我们认为国有银行/上市银行的管理者与其他银行相比更容易过度自信，因此上述两种负相关关系在国有银行/上市银行表现更为显著。

本章共分为三大部分：第一部分介绍国内外相关理论研究文献。首先，阐述管理者过度自信对银行财务决策的影响，内容包括对管理者过度自信内涵和具体衡量指标，如何选择从情绪驱动角度衡量管理者过度自信，并通过研究相关的经济与行为结构理论，阐明了管理者过度自信对于银行财务管理的影响结果，比如过度自信与投资行为、创新行为和盈余管理之间的关系，重点讨论了其对于信息披露的影响。其次，探讨贷款损失准备计提政策的影响因素，从银行财务决策入手，探讨过度自信对于贷款损失准备计提的潜在影响。最后，在相关理论的基础上，提出本章的研究假设。第二部分是实证分析部分。本章选取了 BANKSCOPE 数据库中 2011~2016 年的中国 74 家商业银行为样本对管理者过度自信是否影响银行的财务管理与决策进行了实证分析的研究，从回归结果印证了相关研究结论。其中，在衡量管理者过度自信，本章创新地从管理者情绪对未来预期角度进行衡量。之前的研究在过度自信的度量方面大多采用哑变量：即 0 或 1 的方式来表示管理者是否有过度自信倾向。而本文则是通过管理者情绪中的未来信心预期指数来表示，通过连续数值来显示不同银行管理层的过度自信程度，比以往研究衡量方法更具体化。第三部分是基于分析结果提出银行管理者如何更好地认识过度自信，并对银行的相关管理提出合理化建议。

最后，本章的主要贡献在于强调银行信息披露的重要性，不仅有助于提升我国银行经营管理的水平，还可以促进我国市场的对外开放，这也是对银行进行一定的约束的必然要求。在当前的宏观经济条件下，银行加强信息披露在保证经济市场交易双方的信息对等之外，也可以推动我国银行的改革与发展、为我国参与国际市场奠定更坚实的基础。首先，透明、真实准确的银行披露信息更有利于对重大信息的掌握，无论是银行的管理者或者是客户，其中客户可以是投资人、也可以是存款人，更可能是贷款人，这些利益相关人通过披露的信息来了解银行，通过所了解到的银行财务状况和银行治理状况，从而进行风险状况的分析和判断，而银行的经营状况与自身的权益息息相关，利益相关人则会更加理智的关注与研究银行信息。其次，银行的信息披露对于整个金融市场增加了强有力的约束条件，不仅可以推动银行自身的经营管理，更可以促进整个银行业甚至金融行业的稳健经营。此外，信息披露有助于银行外部和内部的监督，有效的金融监管机制是银行提高自身管理水平和银行长效经营的有力保障。同时，积极披露信息对于树立良好的银行形象也有着很大助力，银行声誉和银行公信力的提高更容易带来客户带来经营利润，为银行的投资及经营发展创造更坚实的群众基础和良好的外部环境。最后，从信息不对称理论、新制度经济学或是管理者角色的重要性等多个角度都解释了建立有效性的信息披露制度至关重要。有效的信息披露制度可以促使管理者决策的科学性合理性，可以提高市场资源的利用率和合理配置，可以改善金融市场的信息体制机制，不仅有助于银行自身的发展同时可推动整个金融业的发展最后促进中国经济的大进步。

# 6.2　相关理论综述及研究假设

## 6.2.1　管理者过度自信的内涵

过度自信，是一种自我认知的偏差，由于决策者对自己的理论知识和社会实践的自信，从而产生的高估自我能力，忽略实际状况形成的判断上的偏差。目前学者主要从能力、信息处理以及风险三个方面对其加以界定：过高评价自身能力、过度相信自身判断力，过高估计自身所获信息准确性并依据此信息做出决策而忽视其他信息，过高估计投资行为或者投资项目的成功概率，过低估计失败的风险、将估测范围或者估计值的置信区间设置得过于狭窄等多个方面。总之，社会观点、认知观点和文化观点等都从不同的角度对过度自信这一概念进行了相应的解释。而在当今学术界主要以其产生根源以及对资本市场造成的后果从心理学、社会学或金融学、经济学的角度来加以界定，从主观的角度来说，很多专家学者将过度自信定义为，管理阶层由于自身的社会经历、自身的认识感知、自身的心理素质等多个因素影响所而产生的，并促使管理者的投资行为和管理决策带有一定的主观信念的色彩。还有学者从资产定价的角度，将过度自信定义为管理层对资产有偏差的估值。虽然这界定方法的角度不同，但学者对过度自信所造成后果的论述却基本一致。

而在本章的研究中，我们将不对过度自信作精确的区分，也就是它既包括过度自信概念也包括乐观主义成分。这种过度自信的理念反映在财务决策中，当出现管理者过度自信的时候，即倾向于高估收益或者低估成本，高估成功概率或者低估失败可能的表现特征。而反映在银行业，就表现为系统性高估银行的存款贷款，造成银行绩效良好的预期，低估银行投资失败或者宣告破产的可能。在高估了银行收益的影响下，银行管理者的决策更偏向于高估银行业绩，低估银行潜在的风险。

## 6.2.2 从情绪驱动角度分析管理者过度自信造成的影响及研究假设

已有研究表明，管理者的过度自信造成的认知偏差对公司决策的作用不容小觑。在众多的研究中强调管理者过度自信造成负面影响。如投资扭曲（Malmendier & Tate，2005；Lin et al.，2005；郝颖等，2005；Glaser et al.，2008）、低质量的并购（Doukas & Petmezas，2007），进而造成企业陷入财务困境（姜付秀等，2009），甚至走向财务欺诈（Schrand & Zechman，2011）。不仅如此，管理者的过度自信在产业组织学和行为经济学的交叉学科领域中也被广泛讨论。如在Camerer & Malmendier（2007）的一项调查中已经显示，行为偏差如过度自信的消费者会影响其对健身合约价格条款的选择（Vigna & Malmendier，2006）；过度自信的经理人对市场进入策略有偏好（Goldfarb & Xiao，2011）；以及对联盟谈判也产生一定影响（Krueger & Mas，2004）。

从这些研究可以看到，目前管理者过度自信行为研究大多针对其产生的经济后果进行探讨，但对其产生的根源涉及甚少，因此，有必要认识管理者非理性行为的具体影响因素。例如，拥有职业/教育方面成功历史的管理者可能会认为他们更有经验，更可能表现为过度自信，对自己的判断和决策的积极成果的高估（Gervais & Odean，2001）。此外，他们还发现，性别的差异也可以预测人的过度自信程度，如男性比女性更容易过度自信。最后，管理者自我学习过程也可能导致某些非理性的行为。比如，管理者从经验中学习也意味着管理者会从他们的经验中习得非理性的决策，并从中受益。

本章提出另一种可能导致管理者过度自信进而引发非理性偏差的根源，即情绪因素。对于情绪因素的研究大致分为两个方向：一种是认为管理者往往经验丰富，能够识别和利用投资者情绪或错误信念；另一种是认为因传染效应而受投资者情绪的影响导致管理者非理性行为。对于前者，研究表明管理者识别和利用投资者情绪来进行股票发行（Baker & Wurgler，2002），派息（Baker & Wurgler，2004；Li & Lie，2006），投资（Gilchrist *et al.*，2005；Polk & Sapienza，2009），以及信息披露（Bergman & Roychowdhury，2008；Brown *et al.*，2012）。辛普森（Simpson，2013）认为，管理者会通过权责发生制下利润的操纵来迎合投资者情绪。希里巴和奎因（Hribar & Quinn，2013）通过研究管理者的交易模式，发现管理者会利用投资者的情绪来进行交易并获取个人利益。综合起来，这些研究把管理者视为练达的专业人士，能识别并利用天真投资者的错误信念而不是错误的信仰本身。

对于后者，研究表管理者因传染效应而受投资者情绪影响导致的过度自信对公司决策产生一定的影响。根据投资者和管理者预期相互传染的理论，可以得出投资者的过度自信会或多或少的感染管理者的过于自信，这样被感染的管理者，其过分自信倾向会对管理者的行为，比如对银行的管理和投资项目的决定都会产生一定程度影响。因此管理者过度自信与投资者过度自信相互感染，并对两者的行为的产生影响，这样过度自信在投资行为中便会产生一定的中介作用，促进投资行为同时提升银行对整体投资水平。花贵如（2010）从管理者乐观主义的中介效应渠道，将投资者和管理者的非理性纳入到同一框架，提出企业投资行为受到投资者情绪和管理者过度自信的双重影响。并得出了过度自信是驱使企业投资的重要动力，具有正向的影响，并且在过度投资的行为中会体现出显著的"恶化效应"，而在投资不足时则体现出明显的"校正效应"，研究结果对过度自信两面性在总体上呈现正向－负向－逐渐消退的趋势。王海明和曾德明

（2012）从管理者权力角度的中介效应出发，得出了投资者情绪与管理者过度自信存在着相互感染和影响的关系，被投资者们感染和影响的管理者，他们的过度自信进一步强化，又会对企业的管理与评价甚至投资项目等重大决策产生影响。结果表明投资者的情绪会在市场中传导并最终感染管理者，而受到情绪感染的管理者会进一步强化过度自信这一心理特征，从而使得企业的投资支出增加。因此，投资者的情绪与管理者过度自信两者相互的影响，对于投资者与管理者的行为起到了部分中介作用，意味着在投资者过度自信影响了投资者加速和促进自己的投资行为的同时，还可以通过塑造管理者过度自信影响管理者的决策与管理从而促使投资水平的提高。李燕（2011）认为企业投资状况决定了企业发展前景，基于行为金融学理论，在考虑了财务杠杆率、经营现金流量和企业规模等因素，她发现资本市场中投资者的情绪高涨的企业，企业的投资行为越显著，两者存在正相关的关系。但此研究存在着不够深入、没有考虑我国市场特殊性和股票市场的不成熟等缺陷，并且由于直接利用国外投资模型拟合我国的投资行为情况，因而没有考虑上市公司的特殊情况即国有企业的融资约束。

中国的资本市场并不成熟，银行作为市场的参与者更需要根据时代进行不断创新，增强自己的核心竞争力。赵静（2014）在管理者理性和有限理性的视角下，根据中国资本市场具体情况，通过信息不对称理论、感染理论和迎合理论得出结论：首先，在我国资本市场中，银行创新投资行为与投资者情绪显著正相关，未来预期高涨的投资者使管理者增加创新投资强度。其次，不同的管理者表现出的影响程度也不同。管理者越是理性，那么受投资者情绪的影响也会越小，从而理智地调整创新投资行为。而投资者过度自信的状态在感染了管理者后，管理者由于乐观主义或过度自信等原因也会对创新投资行为进行相应的调整。可见，在市场中，银行创新投资行为与过度自信是相辅相成的，当管理者出现过度自信的情况时，会做出增加创新投资强度的决策，两者是正相关的关系。而在不同的管理者中，这种影响的体现也不相同。在理性的情况下，银行管理者进行创新的动机更为显著和复杂。管理者是理性的话，即使在管理者过度自信的状况的影响下，出于经营管理的考虑，也会及时调整投资与创新行为。而非理性的情况下，管理者进行银行的创新动机较为单一。非理性的管理者，在受到过度自信的影响时，会加速进行投资与创新的行为。意味着在不同的管理者过度自信的状况下，进行创新行为的动机也存在着显著的不同。

从国内文献研究结果中可以看到，在一定程度上投资者情绪的确对管理者过度自信具有塑造作用。这与国外学者们的研究结果相一致，即越是富有经验的高层管理者越容易受到情绪因素的影响，而当情绪高涨时，越倾向于表现出过度自信。例如，希里巴和马克伊尼斯（Hribar & McInnis，2012）发现在对那些难以估值的公司进行预测时，分析师的预测与其本身情绪之间存在正相关关系，瓦瑟和维里斯（Walther & Willis，2013）的研究也提供了相似的结果。考内尔等（Cornell et al.，2011）发现，当投资者情绪偏高时，机构投资者会增持会计信息低乏"难以估值"的公司股份，而股票分析师也对同一公司提出更为优惠的建议。此外，我们也发现对于管理者因本身情绪驱动造成管理者过度自信而产生的直接影响探讨并不多见，且对于权责发生制下的信息披露是否受到相应影响尚不清楚。相当多的研究探讨了公司对会计估计项目的决定因素，结果表明公司特征属性（Dichev et al.，2013；Francis et al.，2005），管理层激励机制（Armstrong et al.，2010），资本市场的激励机制（Ayers et al.，2006；Graham et al.，2005；Burgstahler & Dichev，1997），以及约束机制包括公司治理机制、审计师、监管机构和其他外部利益相关者都会对管理者在权责发生制中应计项目估计的决策产生影响。但相较而言，对于会计估计和判断的决策中管理者的非理性因素研究相对较少。布朗等（2012）的研究证据表明，当投资者情绪很高时，经理人会释放更高的收益预测，再一次证实了管理者能够识别投资者情绪并借机利用投资者情绪进行盈利披露。在他们的文章中更为有趣的发现是他们也找到了一些证据表明管理者也会受本身情绪的驱动。也就是说，管理者自身情绪驱动的期望也会影响公司的形式化披露决策。根据杜克大学和CFO杂志《商业展望》共同进行的问卷调查中创立的管理者乐观指数（Ben - David et al., 2013）来衡量管理者情绪，并在回归中把管理者情绪作为一个额外的解释因素。结果发现除了强烈正向的投资者情绪效应外，管理者情绪也对盈余指标的披露起着显著的积极影响。这一结果为研究管理者情绪驱动的过度自信给予了可能，也为本章的研究提供有力的理论支撑，即以管理者情绪为驱动的管理者过度自信应该在公司的披露决策中发挥作用。

为了考察管理者情绪驱动的过度自信是否与权责发生制下利润估计有关，本章把重点放在其对银行贷款损失准备金的影响上。通常而言，在权责发生制下银行会面临各种会计不确定性的估计和判断，使得高层管理者更有机会掌握选择经济业务发生时点的主动权及其最终的决策权。而本章选择贷款损失准备金作为研究对象是为了更好地了解管理层如何通过对银行对外报告的会计收益信息进行控制或调整，故意引导以银行经营业绩和财务报告为主要参考对象的利益相关者决策的行为。首先，贷款损失准备金是管理者对与银行贷款资产有关的损失最直接的估计。其次，就其规模而言，银行贷款损失准备金相对于其他应计项目，具有非常重要的经济意义。比蒂和廖（Beatty & Liao，2014）以2005~2012年的银行为样本，指出全样本贷款损失准备金的平均绝对值占应计利润的平均绝对值高达56%。此外，贷款损失准备金反映了管理者对未来贷款冲销的估计。由于银行必须报告其贷款冲销水平，因此可以利用损失准备金来评估管理者贷款损失估计的准确性。最后，通过研究银行的收益估计，我们可以评估任何贷款损失准备金和情绪驱动的过度自信在何种程度上是源于资本市场激励作用。

关于情绪驱动的管理者过度自信是否影响其对贷款损失准备金的

估计，本章提出如果情绪驱动的过度自信能够影响管理者对贷款损失准备金的估计，那么当管理者情绪高而变得有过度自信倾向时，即管理者对公司未来前景的预期呈现非理性，过高估计未来收益低估潜在风险，管理者将降低贷款损失准备金。此外，当管理者处于过度自信的状态时，进行盈余管理的动机更强烈，盈余管理相对激进，而相对的，管理者没有过度自信倾向时，盈余管理更为保守，这两者之间存在正相关关系，同时也越有动机减少贷款损失准备计提，夸大报告盈余。因此，本章研究假设6.1为：贷款损失准备计提和情绪驱动的管理者过度自信之间的存在负的相关性。

一般来说，当贷款额增加时，理性的管理者可能会增加银行的贷款损失准备金。由于贷款损失准备金的会计核算与坏账损失会计类似，但实际上贷款损失准备金其实是一种"负资产"，用于减少银行应收账款，按应收账款金额计提银行管理层预期因某些损失引起而无法收回的账款，这样可以通过贷款来增加贷款损失准备金，通过净贷款冲销减少贷款储备，能降低成为无法收回的损失准备。因此，当管理未来信心预期指数偏高（例如，管理者们通过正面的积极的信念对未来银行的前景进行的期望），管理者将根据预期为未来的冲销提供贷款损失准备金，导致较低的贷款损失准备金的信息。另外，如果管理者情绪导致了管理者过度自信的非理性倾向并影响其对银行收益估计，那么在管理者情绪高涨时期，过度自信的管理者会同时选择放缓披露贷款冲销金额，以期提高其盈利能力。因此，我们推出本章研究假设6.2：过度自信的银行管理者会减少贷款冲销，二者之间呈负的相关关系。

## 6.2.3 从情绪驱动角度衡量管理者过度自信

对管理者过度自信的衡量一直是相关实证研究成功延展的关键，自马尔门第尔和塔特（Malmendier & Tate，2005）基于管理者期权持有的方法对管理者过度自信衡量以来，许多学者纷纷提出不同的方法。大致归纳如下：

（1）期权法（Malmendier & Tate，2005，2008）。一般来说，管理者更容易面临过高的公司特质风险头寸，为了分散风险，管理者会选择尽早执行期权或减少公司股票的持有量。而过度自信的管理者坚信公司未来的股价会继续攀升，因此选择推迟期权的执行或增加股票的持有头寸以期获利。因此，过度自信的管理者定义为：一是在五年任职期间内，所持有期权两次超值达到67%以上却没有执行期权；二是始终持有期权直到期权最后到期日；三是任职超过十年，且在过去五年内净买入公司股票年份多于在过去五年内净卖出公司股票年份。

（2）媒体评价法（Malmendier & Tate，2008）。马尔门第尔和塔特（2008）对公司的首席财务官（CEOs）样本中创新地使用了知名媒体的这一度量，将凡是出现"自信""可靠的""谨慎的""保守的"之类相关词汇的文章记录下来，根据这些词汇对文章进行整理，将其分为"自信、乐观"和"不自信、不乐观"两类，据此构建一个哑变量。

（3）盈余预测法。该方法是由本—戴维等（Ben－David et al.，2013）提出的，他们对美国上市公司的CEO进行了连续五年每季度问卷调查，调查中让CEO估计一年期和十年期的S&P500市场收益率，并要求给出该估计80%的置信区间，置信区间越窄，表明被CEO对自身估计准确率的自信程度更高，而一年和十年的估计，反映CEO短期和长期的信心水平。

（4）CEO的相对报酬。该方法由哈瓦德（Hayward et al.，1997）提出，他们认为，CEO相对于公司内其他管理者的报酬越高，说明CEO的地位越重要，也越易过度自信。他们用CEO的现金报酬除以现金报酬居第二位的管理者的报酬来衡量。

（5）并购企业的业绩。多卡斯和佩特梅扎斯（Doukas & Petmezas，2007）提出，过度自信的 CEO 自认为他们在诸如多次收购之类的复杂交易中具有高于别人的能力，所以他们往往低估收购中的风险或高估收购的收益。

（6）年龄。考瓦奇克等（Kovalchik et al.，2005）挑选了年龄这一指标进行了研究，发现在经济决策中，年轻的新人出于自身的热情与活力，与经验丰富的老辈相比，更容易出现过度自信行为。弗蒂斯（Forties，2005）则是进一步对年龄进行更深层次的研究，年轻的管理者实践经验不足，认识水平与工作熟练度较低，而年长管理者可能有过决策失误的经历，因此对自身能力的认识更加正确与全面，广阔的知识水平和丰富的社会阅历使他们对自我认知的偏差更低，而且在进行管理决策时，年长的管理者会听取多方意见，收集相关信息，认真钻研，相比对自己认识不全面，没有耐心听取他人意见的年轻人会更容易在决策中出现过度自信的情况。

如上几种测量方法的共同特征是对管理者过度自信的测量采用哑变量的赋值方法，这种方法仅适用于对过度自信单一线性问题的研究。但此后的一些研究中表明过度自信产生的影响不能一概而论，如适度高估能力和初始信息的精确度可以提高预期效用，可以降低代理人风险，减少代理成本，实现公司价值的提高；但是极端的过度自信则会导致人们承担极其具有挑战性的任务（Weinberg，2009）。希米莱斯基（Hmieleski，2009）以创业企业家为研究对象，而不是同以往一样对于高层管理者进行研究，他指出过度自信是存在最优水平的，意味着最优值作为一个分界线，当过度自信的水平低于最优值，他们的业绩水平与过度自信是正向关系，当过度自信水平超过临界值时，业绩水平会与过度自信呈现反向关系。这些研究表明过度自信的影响可能呈现非线性的变化趋势，那么如果要对此深入研究的话，必须依靠连续变量的测量方法。

希里巴等（2014）通过使用标准普尔 CS 房价指数和行业失业率以及贷款损失准备金率等多个指标建立的管理者信心预期指数论证出

管理者情绪对于企业收益的估计有着密切的影响。利用银行的数据得出：管理者的情绪与银行贷款损失准备金率成反比，并且管理者在一段时间内或高或低的情绪所导致的贷款损失准备金的变化进而更大层面的影响到未来的银行冲销。这一研究结果无疑为本章对管理者过度自信的测量提供了重要参考。

基于现有文献已对投资者情绪进行的定义（DeLong *et al.* ，1990；Morck *et al.* ，1990；Chan & Fong，2010；Baker & Wurgler，2006，2007；Sabherwal *et al.* ，2011；Simpson，2013）相似，我们定义的管理者情绪驱动的过度自信，是指管理者对公司未来结果的非理性预期，且这些预期并非源于其得到的所有有效信息。我们从管理者情绪角度考虑管理者过度自信，是基于两个假定前提：首先，管理者过度自信必须受到其情绪的影响，也就是说，管理者对未来公司的收益持有的信念并不能被其获得的有效信息得到合理解释。其次，公司信息披露的过程中能为管理者提供足够的收益估计空间来反映管理者过度自信而产生的非理性预期。本书的过度自信通过管理者的信心预期指数进行衡量，高涨与乐观的管理者信心预期指数即过度自信为较高的信心预期指数，而低迷与悲观的管理者信心预期指数即为较低的信心预期指数，两种信心预期指数都属于个体信心预期指数范畴，需要通过有效的度量指标进行表示。

## 6.2.4 管理者过度自信在不同类型的银行中的影响差异及研究假设

有研究表明不同类型的企业对于过度自信影响程度和作用反应存在明显差异。例如，江海燕（2011）从投资者心理因素对市场产生的影响出发，通过五个指标得出企业投资过度是由于投资者过于自信的原因。此外，她的结果还表明国有控股的企业对于投资者过度自信的迎合程度更高，开拓了之前的研究方向。其中相对于民营上市企业，国有控股上市企业的投资行为为迎合投资者过度自信程度更高，而管理层持股的上市企业的投资水平与投资者过度自信的状态呈现出负相关关系，但是研究中发现预期假设并不显著，原因是持股的管理层更多的考虑企业真实价值的提升而非短期股价的上涨，所以当投资者过度自信时，市场上非理性的管理者为迎合投资者过于自信的状态而不断增加投资，此时项目竞争性增强，成本增加，而相反理性管理者会在此时减少投资。基于此研究结果，我们有理由相信情绪驱动的管理者过度自信对不同类型的银行的影响也存在差异。郭菲（2012）从银行发展现状出发，指出中国经济平稳的发展让中国的银行业处于稳定前进发展的阶段，因此银行的信息披露也因此有了平稳发展的机遇，由此提出中国商业银行整体信息披露的强度会逐年上升的研究假设，并提出了不同性质的商业银行之间由于管理层的治理差别，也存在着信息披露的差异。研究首次通过引入银行网站信息的披露指标这一特殊变量作为研究的银行信息披露的研究变量。结果发现观测期间在 2008～2010 年的银行都处于信息披露逐年好转的发展阶段，同时发现不同性质的银行间具有显著差距。其中，最明显的变量就是银行的规模，规模对于中国的商业银行信息披露状况的影响非常显著。在考虑到中国银行独立制度并不完善，尤其是独立董事制度不完备的背景下，银行的信息披露与银行现金流动性比例和银行偿债能力成反比，这说明流动性高、偿债强的银行不愿意披露自己的信息。因此得出结论银行规模越大，银行更愿意披露自己的信息与数据。此外，她还验证了商业银行独立董事比例越高，银行的信息披露水平越会显著增高，两者存在正向影响的关系。最后，补充说明了银行绩效与银行信息披露的关系，在研究中排除了规模这一因素的影响后，得出中国商业银行信息披露与银行绩效两者成正比，信息披露的质量越高则银行绩效越显著。

综上所述，与非国有上市银行相比，国有控股上市银行的投资行为中为迎合投资者过度自信的程度更高。这是由于非国有上市银行持股的管理层会更多理性的考虑银行真实价值的提升，而非短期股价的上涨，所以投资者出现过于自信的情况时，市场上理性的管理者并不会增加投资，不会去单纯迎合投资者，这样对于利润的竞争性就会更高，成本也会更大，非理性的高层管理者在增加投资时也增加了自己的风险。此外，规模大小不同的银行、上市或未上市的银行、上市时间久和时间短的银行之间，管理者对盈余管理反应也不相同，规模大、上市久的银行管理者对于盈余管理的反应影响显著大于规模小、未上市或上市时间短的银行，会使管理者进行积极主动的盈余管理，并且来迎合市场需求，并更有理由对贷款损失计提和不良贷款冲销进行非理性调整。因此，我们提出研究假设 6.3：国有银行或公开上市银行的管理者与其他非国有／上市的银行管理者相比，管理者更容易情绪驱动的影响，也更容易有过度自信的倾向，且对贷款损失准备金计提和不良贷款冲销的影响更为显著。

## 6.2.5  贷款损失准备金决策的其他影响因素

贷款损失准备金决策的其他影响因素是多方面的。因为存款和贷款作为银行的主要业务，相应的信息披露比较常见，但是从贷款的数量出发，贷款损失准备金和不良贷款的信息则是较为少见，也说明了管理者对于贷款损失和不良贷款这种不利于吸引客户的信息披露较少。相反，敢于披露贷款损失和不良贷款的银行，其管理者对于自己银行的坏账率有一定的把握，适当的披露会使得客户更加深层次了解银行的信息，更加信任银行，从侧面可以吸引更多的客户，对银行的未来大有好处。当然，银行的规模与等级和是否上市或者国有控股，对相关信息的披露影响也很大，规模越大的、等级越高的国有上市的银行与普通银行相比，其管理者对于自己的银行盈利和经营能力更有信心，因此不会随意进行信息的披露。同时依据我国的金融规定，上市的银行强制进行信息披露，但是主要集中披露存款贷款金额，对于贷款损失准备金没有硬性要求，因此可以不考虑。而银行作为金融机构，也是以盈利为目的的企业，因此对于拨备盈利能力的信息研究也是需要的。而银行的规模、等级这些比较容易了解到的信息，披露程度是比较高的，其中规模与等级的衡量指标中包括了银行的资本充足率，资本充足率越高，也就意味着规模越大、等级越高。

根据上述分析，本书从银行财务决策指标中，挑选了贷款损失准备率、银行不良贷款率、银行不良贷款率的变化量、银行规模、年贷款总额的变化量、拨备盈利能力、银行等级和资本充足率等多个指标作为贷款损失准备金决策的其他影响因素。

# 6.3 样本收集及回归结果分析

## 6.3.1 样本选择与数据来源

为检验文中的研究假设，我们选择了 BANKSCOPE 数据库中 2011~2016 年中国 74 家商业银行的数据作为样本进行了实证研究。具体数据来源如下：

首先，情绪驱动的管理者过度自信主要是由管理者信心指数来衡量，相关信息数据主要来源于 2009~2017 年的国家劳动统计年鉴，主要采集了 2011~2016 年的数据 GDP（国内生产总值）年度绝对值的同比，CPI（居民消费价格指数）全国年度同比增长，新房价指数（北京）新建住宅价格指数同比，工业增加值增长同比增长，企业商品价格指数（总指数）同比增长，消费者信心指数（信心）同比增长，货币供应量（货币和准货币）同比增长，外商直接投资数据年度同比增长，财政收入年度同比增长，新增信贷数据年度同比增长和本外币存款当月同比增长等数据，并通过不同的数据指标计算出了两个管理者过度自信变量 $E2$ 和 $E8$。

其次，银行财务信息数据主要来源于 BANKSCOPE 提供的 2011～2016 年的数据，并采集了信息：贷款损失准备率、银行不良贷款率、银行不良贷款率的变化量、银行规模、年贷款总额的变化量、拨备盈利能力、银行等级和资本充足率，同时使用了净冲销率来进行针对贷款损失准备率的补充研究。样本只包括了那些在 2011 年到 2016 年的数据较为完善的银行，其中 2013～2015 年的数据更完整，因此还针对 2013～2015 年子样本期间进行了同样的数据分析。同时检验了在本书中提出的三个假设：假设 6.1：管理者信心预期指数较高，即管理者过度自信时，银行对于贷款损失准备金（ $LLP$ ）对银行信息披露有负相关的影响。假设 6.2：管理者信心预期指数对于不良贷款的冲销率（ $RATIANCO$ ）之间也存在着负相关。假设 6.3：国有银行/上市银行的管理者信心预期指数与银行信息披露与普通银行相比，受管理者信心预期指数的影响较高。

## 6.3.2　变量的选择及度量

### 1. 情绪驱动的管理者过度自信

基于布朗等（2012）的研究，我们沿用了他们的衡量方法，即对管理者情绪驱动的过度自信的主要衡量标准来自杜克大学/CFO 杂志的《商业展望调查》。在这个调查中提供了对管理者情绪的度量结果，这是对管理者未来信念最直接的衡量。该项调查在每个季度都会对数百在许多不同的行业，包括向公共的和私人的公司 CFO 收集他们个人对市场的各种看法。调查问题旨在捕捉财务主管对各种问题（包括企业乐观情绪、增长预期和资本投资计划）的看法的时间变化。其中最典型的问题就是让 CFO 个人回答对未来模样事件的前景预期（变量 $BELIEF$ ）并以 0～100 的数值对变量 $BELIEF$ 赋值，其中数值 0 表示对该事件最悲观的预期，而数值 100 表示对该事件最乐观的预期。变量 $BELIEF$ 作为经理人情绪的衡量理论上应该是由一些宏观经济条件的信息驱动的，这些也同时影响管理者对贷款损失准备金的估计。而在本文对管理者情绪驱动的过度自信定义是除了那些宏观经济因素，管理者情绪不能被信息有效解释的部分，即非理性部分。就此，我们根据数据的可得性和我国市场的特殊性选择了多种影响管理者预期的宏观经济因素，包括 GDP、全国房价指数的回报，商品价格指数、消费者信心指数等多种有关国民经济又同时与贷款损失相关规定相关的经济指标（Beatty & Liao，2011；2014）。为了获得这当中非理性部分，我们使用了如下的 OLS 模型（公式 6.1 和公式 6.2）。

$$BELIEF = \beta_0 + \beta_1 GDP2 + \beta_2 CPI2 + \beta_3 NHP2 + \beta_4 IAVG1 + \beta_5 ECPI2$$
$$+ \beta_6 CCI2 + \beta_7 MS2 + \beta_8 FDI2 + \beta_9 FR2 + \beta_{10} NCD2$$
$$+ \beta_{11} LFD2 + E2 \tag{6.1}$$

$$BELIEF = \beta_0 + \beta_1 GDP2 + \beta_2 NHP2 + \beta_3 IAVG1 + \beta_4 CCI2 + \beta_5 FDI2$$
$$+ \beta_6 FR2 + \beta_7 LFD2 + E8 \tag{6.2}$$

其中变量定义如表 6 – 1 所示，模型中的残差项 $E2$ 和 $E8$ 就是管理者驱动的过度自信的两个变量，即 $E2$ 是通过 $GDP2$、$CPI2$、$NHP2$、$IAVG1$、$ECPI2$、$CCI2$、$MS2$、$FDI2$、$FR2$、$NCD2$ 和 $LFD2$ 计算，$E8$ 是通过 $GDP2$、$NHP2$、$IAVG1$、$CCI2$、$FDI2$、$FR2$ 和 $LFD2$ 计算：

表 6 – 1　管理者过度自信衡量中使用的变量、定义和数据来源

| 变量 | 定义 | 来源 |
|---|---|---|
| $E2$ | 管理者过度自信变量 1 | 见公式 6.1 |
| $E8$ | 管理者过度自信变量 2 | 见公式 6.2 |
| $GDP2$ | GDP（国内生产总值）年度绝对值的同比增长 | 中国劳动统计年鉴 2009 ~ 2017，历年 |

| 变量 | 定义 | 来源 |
|---|---|---|
| $CPI2$ | CPI（居民消费价格指数）全国年度同比增长 | 中国劳动统计年鉴2009~2017，历年 |
| $NHP2$ | 新房价指数（北京）新建住宅价格指数同比 | 中国劳动统计年鉴2009~2017，历年 |
| $IAVG1$ | 工业增加值增长同比增长 | 中国劳动统计年鉴2009~2017，历年 |
| $ECPI2$ | 企业商品价格指数（总指数）同比增长 | 中国劳动统计年鉴2009~2017，历年 |
| $CCI2$ | 消费者信心指数（信心）同比增长 | 中国劳动统计年鉴2009~2017，历年 |
| $MS2$ | 货币供应量（货币和准货币）同比增长 | 中国劳动统计年鉴2009~2017，历年 |
| $FDI2$ | 外商直接投资数据年度同比增长 | 中国劳动统计年鉴2009~2017，历年 |
| $FR2$ | 财政收入年度同比增长 | 中国劳动统计年鉴2009~2017，历年 |
| $NCD2$ | 新增信贷数据年度同比增长 | 中国劳动统计年鉴2009~2017，历年 |
| $LFD2$ | 本外币存款当月同比增长 | 中国劳动统计年鉴2009~2017，历年 |

## 2. 贷款损失准备金（LLP）影响因素的相关变量

为了解释贷款损失准备金（LLP）的相关影响因素，我们使用了BANKSCOPE数据库并采集了信息如：贷款损失准备率、银行不良贷款率、银行不良贷款率的变化量、银行规模、年贷款总额的变化量、拨备盈利能力、银行等级和资本充足率，同时使用了净冲销率来进行针对贷款损失准备率的补充分析。相关变量定义如表6-2所示：

**表6-2　贷款损失准备金分析中使用的变量、定义和数据来源**

| 变量 | 定义 | 来源 |
|---|---|---|
| $LLP$ | LLP贷款损失准备率：贷款损失准备金/贷款总额。 | Bankscope |
| $RATIANCO$ | 不良贷款冲销率 | Bankscope |
| $E2$ | 管理者过度自信1 | 见表6-1 |
| $E8$ | 管理者过度自信2 | 见表6-1 |
| $NPL$ | 银行不良贷款率：年度不良贷款/贷款总额。 | Bankscope |

续表

| 变量 | 定义 | 来源 |
|------|------|------|
| $\Delta NPL$ | 不良贷款变化率：（现期 $NPL$ – 基期 $NPL$）/基期 $NPL$ | Bankscope |
| $SIZE$ | 银行规模：贷款总额的自然对数 | Bankscope |
| $\Delta LOAN$ | 贷款总额的变化率：（现期贷款总额 – 基期贷款总额）/基期贷款总额 | Bankscope |
| $EBP$ | 盈利能力：（息税前利润（$EBT$）+ 贷款损失准备金（$LLP$））/贷款总额 | Bankscope |
| $TIER$ | 银行资本充足率：$Tier\ 1$ 一级资本占资本总额百分比 | Bankscope |
| $LLR$ | 备抵贷款损失金率：备抵贷款损失/贷款总额 | Bankscope |

## 6.3.3 描述性统计

为了得到更多的实证结果，我们把数据分为样本期间来进行统计：2011～2016 年和 2013～2015 年，而观测值也因为样本期间的不同有所变动。其中，表 6－3 汇总了 2011～2016 年有关管理者过度自信衡量中相关变量的统计结果。可以观察到，平均管理者过度自信变量 1（$E2$）为 0.00013，而平均管理者过度自信变量 2（$E8$）约为 0.00086。平均国内生产总值年度绝对值的同比（$GDP2$）约是 0.0769667，平均居民消费价格指数全国年度同比增长（$CPI2$）约为 0.0269，新房价指数（北京）新建住宅价格指数同比（$NHP2$）约为 106.9653，此处我们选择了北京作为新房价的指标。因为北京是我国政治经济文化的中心，代表性较强，而房地产作为目前经济增长势头强劲的行业，价格泡沫使得指数超过了百分百。工业增加值增长同比增长（$IAVG1$）约为 8.5949，企业商品价格指数（总指数）同比增长（$ECPI2$）约为 0.0119，消费者信心指数（信心）同比增长（$CCI2$）约为 – 0.00085，货币供应量（货币和准货币）同比增长（$MS2$）约为 0.1341，外商直接投资数据年度同比增长（$FDI2$）约为 0.0358，财政收入年度同比增长（$FR2$）约为 0.1145，新增信贷数据年度同比增长（$NCD2$）0.1232，本外币存款当月同比增长（$LFD2$）

约为 1.451。

表 6 - 3　　　　　　2011～2016 年有关管理者过度自信衡量中
相关变量的描述性统计 （N = 438）

| 变量 | 均值 | 标准差 | 25% | 中值 | 75% |
|------|------|--------|------|------|------|
| E2 | 0.00013 | 0.0110 | − 0.0086 | − 0.0038 | 0.0035 |
| E8 | 0.00086 | 0.0130 | − 0.0081 | − 0.0033 | 0.0043 |
| GDP2 | 0.0770 | 0.0091 | 0.0698 | 0.0755 | 0.0791 |
| CPI2 | 0.0269 | 0.0129 | 0.0199 | 0.0232 | 0.0265 |
| NHP2 | 106.9653 | 7.3620 | 101.1751 | 103.9916 | 112.2083 |
| IAVG1 | 8.9549 | 3.0751 | 5.4251 | 8.975 | 11.2917 |
| ECPI2 | − 0.0119 | 0.0431 | − 0.0428 | − 0.0029 | 0.0103 |
| CCI2 | − 0.00085 | 0.0188 | − 0.0134 | − 0.0095 | 0.0156 |
| MS2 | 0.1341 | 0.0108 | 0.1232 | 0.1327 | 0.1469 |
| FDI2 | 0.0358 | 0.0505 | − 0.0041 | 0.0344 | 0.0643 |
| FR2 | 0.1145 | 0.0669 | 0.0794 | 0.0943 | 0.1369 |
| NCD2 | 0.1232 | 0.0991 | 0.0949 | 0.1101 | 0.1283 |
| LFD2 | 1.4510 | 3.4450 | − 0.4483 | 0.0411 | 0.5065 |

表 6 - 4 则是汇总了 2013～2015 年有关管理者过度自信衡量中相关变量的统计结果，平均管理者预期信心指数 1（E2） 为 − 0.00462，而平均管理者预期信心指数 2（E8） 约为 − 0.0061。平均国内生产总值年度绝对值的同比 （GDP2） 约是 0.0736，平均居民消费价格指数全国年度同比增长 （CPI2） 约为 0.0202，新房价指数（北京）新建住宅价格指数同比 （NHP2） 约为 106.1444，工业增加值增长同比增长 （IAVG1） 约为 7.725，企业商品价格指数 （总指数） 同比增长 （ECPI2） 约为 − 0.0162，消费者信心指数 （信心） 同比增长 （CCI2） 约为 − 0.0121，货币供应量 （货币和准货币） 同比增长 （MS2） 约为 0.1340，外商直接投资数据年度同比增长 （FDI2） 约为 0.0443，财政收入年度同比增长 （FR2） 约为 0.0893，新增信贷数据年度同比增长 （NCD2） 0.1736，本外币存款当月同比增长 （LFD2）

约为 0.0290。

表 6 - 4　　　　2013 ~ 2015 年有关管理者过度自信衡量中
相关变量的描述性统计（N = 219）

| 变量 | 均值 | 标准差 | 25% | 中值 | 75% |
|------|------|--------|-----|------|-----|
| E2 | - 0.0046 | 0.0058 | - 0.0094 | - 0.0068 | 0.0035 |
| E8 | - 0.0061 | 0.0047 | - 0.0117 | - 0.0062 | - 0.00035 |
| GDP2 | 0.0736 | 0.0034 | 0.0698 | 0.073 | 0.078 |
| CPI2 | 0.0202 | 0.00487 | 0.0144 | 0.0199 | 0.0263 |
| NHP2 | 106.1444 | 4.5808 | 101.175 | 105.5 | 112.2083 |
| IAVG1 | 7.725 | 1.8580 | 5.225 | 8.2917 | 9.6583 |
| ECPI2 | - 0.0162 | 0.0199 | - 0.0428 | - 0.0106 | 0.0049 |
| CCI2 | - 0.0121 | 0.0185 | - 0.012 | - 0.0156 | 0.0327 |
| MS2 | 0.1340 | 0.0107 | 0.1232 | 0.1302 | 0.1485 |
| FDI2 | 0.0443 | 0.02005 | 0.017 | 0.0517 | 0.0643 |
| FR2 | 0.0893 | 0.01001 | 0.0794 | 0.0856 | 0.103 |
| NCD2 | 0.1736 | 0.1021 | 0.0949 | 0.1101 | 0.3159 |
| LFD2 | 0.0290 | 0.3907 | - 0.4483 | 0.0287 | 0.5065 |

通过公式 6.1 和公式 6.2 计算出管理者过度自信变量 $E2$ 和 $E8$，我们根据不同的样本期间，用表 6 - 5 汇总了 2011 ~ 2016 年影响银行贷款损失准备金（$LLP$）决策的所有变量的统计结果。可以观察到，平均贷款损失准备率（$LLP$）为 - 0.0089，平均银行不良贷款率（$NPLL$）约为 0.0124，平均银行不良贷款率的变化量（$\Delta NPLL$）约为 0.7042，平均银行规模（$SIZE$）约为 19.8080，平均年贷款总额的变化量（$\Delta LOAN$）约为 0.1345，平均盈利能力（$EBP$）约为 0.0369，平均资本充足率（$TIER$）约为 0.1313 和平均备抵贷款损失（$LLR$）约为 0.0278，同时使用了净冲销率来进行针对贷款损失准备率的贡献值的研究，其中平均净冲销率（$RATIANCO$）约为 0.3115。

表 6 – 5        2011～2016 年有关贷款损失准备金（LLP）的
所有变量的描述性统计（N = 438）

| 变量 | 均值 | 标准差 | 25% | 中值 | 75% |
|---|---|---|---|---|---|
| LLP | – 0.0089 | 0.0080 | – 0.0048 | – 0.0076 | – 0.0120 |
| RATIANCO | 0.3115 | 0.7562 | 0.053 | 0.2215 | 0.2215 |
| NPL | 0.0124 | 0.0084 | 0.0080 | 0.0107 | 0.0150 |
| ΔNPL | 0.7042 | 2.9243 | 0.1758 | 0.3429 | 0.6249 |
| SIZE | 19.8080 | 2.0837 | 18.4102 | 19.5832 | 21.3393 |
| ΔLOAN | 0.1345 | 0.1159 | 0.0951 | 0.1372 | 0.1752 |
| EBP | 0.0369 | 0.0136 | 0.0309 | 0.0374 | 0.0453 |
| TIER | 0.1313 | 0.0982 | 0.0934 | 0.1058 | 0.1248 |
| LLR | 0.0278 | 0.0116 | 0.0225 | 0.0261 | 0.0314 |

而表 6 – 6 则是汇总了 2013～2015 年有关贷款损失准备金（LLP）的所有变量的统计结果，平均贷款损失准备率（LLP）约为 0.0092，平均银行不良贷款率（NPLL）约为 0.0130，平均银行不良贷款率的变化量（ΔNPLL）约为 0.8069，平均银行规模（SIZE）约为 19.4094，平均年贷款总额的变化量（ΔLOAN）约为 0.1296，平均拨备盈利能力（EBP）约为 0.0367，平均资本充足率（TIER）约为 0.1365 和平均备抵贷款损失（LLR）约为 0.0281，其中平均净冲销率（RATIANCO）约为 0.3188。

表 6 – 6        2013～2015 年有关贷款损失准备金（LLP）的
所有变量的描述性统计（N = 219）

| 变量 | 均值 | 标准差 | 25% | 中值 | 75% |
|---|---|---|---|---|---|
| LLP | 0.0092 | 0.0084 | 0.0049 | 0.0079 | 0.0125 |
| RATIANCO | 0.3188 | 0.8177 | 0.074 | 0.2745 | 0.547 |
| NPL | 0.0130 | 0.0090 | 0.0086 | 0.0115 | 0.0154 |
| ΔNPL | 0.8069 | 3.2273 | 0.2203 | 0.4039 | 0.6874 |
| SIZE | 19.4094 | 1.9920 | 18.2414 | 19.1945 | 20.4656 |
| ΔLOAN | 0.1296 | 0.1243 | 0.0849 | 0.1292 | 0.1730 |

| 变量 | 均值 | 标准差 | 25% | 中值 | 75% |
|------|------|--------|-----|------|-----|
| *EBP* | 0.0367 | 0.0147 | 0.0299 | 0.0373 | 0.0456 |
| *TIER* | 0.1365 | 0.1063 | 0.0935 | 0.1071 | 0.1287 |
| *LLR* | 0.0281 | 0.0124 | 0.0225 | 0.0266 | 0.0317 |

## 6.3.4　相关性分析

表 6-7 介绍了 2011~2016 年样本期间的各主要变量相关性分析，表 6-8 介绍了 2013~2015 年的各主要变量相关性分析。结果大致符合我们的研究假设。其中，管理者过度自信变量 1（*E*2）和管理者过度自信变量 2（*E*8）作为影响贷款损失准备金（*LLP*）的主要因素中重点讨论的对象，均与贷款损失准备金（*LLP*）呈负相关，与我们的研究假设 6.1 一致。同时，管理者过度自信变量 1（*E*2）和管理者过度自信变量 2（*E*8）与不良贷款的冲销率（*RATIANCO*）也存在负相关，与研究假设 6.2 一致。

而银行的不良贷款率（*NPL*）和年度贷款总额的变化量（Δ*LOAN*）与 *LLP* 呈正相关，与不良贷款的冲销率（*RATIANCO*）则是负相关，就是说当不良贷款率增加时，银行贷款总额的变化量也会正向增加，银行的贷款损失准备金也会相应的增加，银行的管理者则会考虑进行贷款损失准备金（*LLP*）相关信息的披露，而不良贷款的冲销率可能由于贷款损失准备金的披露则会有所解决或延缓，因而呈负相关。银行规模（*SIZE*）与贷款损失准备金（*LLP*）负相关，与不良贷款的冲销率（*RATIANCO*）正相关，意味着规模较大的银行由于对自己银行能力的自信和未来的良好预期，倾向于减少披露 *LLP* 的信息，但是由于规模较大，因而不良贷款的数量也较大所以不良贷款的净冲销率也较大。而银行资本充足率（*TIER*）与盈利能力（*EBP*）和备抵贷款损失准备金率（*LLR*）三个因素均与贷款损失准备金（*LLP*）正相关，与不良贷款的冲销率（*RATIANCO*）负相关，这说明

表6-7　2013~2015年的各主要变量相关性分析（N=438）

| | LLP | NPL | ΔNPL | SIZE | ΔLOAN | EBP | TIER | LLR | RATIANCO | E2 | E8 |
|---|---|---|---|---|---|---|---|---|---|---|---|
| LLP | 1 | | | | | | | | | | |
| NPL | 0.5658*** | 1 | | | | | | | | | |
| ΔNPL | 0.0292 | -0.0577 | 1 | | | | | | | | |
| SIZE | -0.0066 | -0.1228* | -0.0994 | 1 | | | | | | | |
| ΔLOAN | 0.0661 | -0.1248* | -0.0562 | 0.2355*** | 1 | | | | | | |
| EBP | 0.1852*** | -0.1677*** | -0.048 | 0.2438*** | 0.2987*** | 1 | | | | | |
| TIER | 0.1347** | 0.4922*** | 0.0789 | -0.4558*** | -0.1915*** | -0.2861*** | 1 | | | | |
| LLR | 0.4606*** | 0.7978*** | -0.0789 | -0.1632** | -0.1299* | 0.1113* | 0.5291*** | 1 | | | |
| RATIANCO | -0.0208 | -0.1761*** | -0.0602 | 0.2082*** | -0.0329 | 0.2600*** | -0.5883*** | -0.2780*** | 1 | | |
| E2 | -0.1889*** | -0.2033** | -0.0793 | 0.1381** | 0.1253* | -0.0877 | -0.0677 | -0.1220** | -0.1677*** | 1 | |
| E8 | -0.1348** | -0.1504** | -0.0678 | 0.2005*** | 0.0908 | -0.0668 | -0.0802 | -0.0782 | -0.0911 | 0.9793*** | 1 |

注：该表格中***，**和*表示变量估计系数分别在1%、5%和10%置信水平上显著。

表6-8　2013～2015年的各主要变量相关性分析（N=219）

| | LLP | NPL | ΔNPL | SIZE | ΔLOAN | EBP | TIER | LLR | RATIANCO | E2 | E8 |
|---|---|---|---|---|---|---|---|---|---|---|---|
| LLP | 1 | | | | | | | | | | |
| NPL | 0.5584*** | 1 | | | | | | | | | |
| ΔNPL | 0.0221 | -0.0661 | 1 | | | | | | | | |
| SIZE | 0.0223 | -0.1311* | -0.0821 | 1 | | | | | | | |
| ΔLOAN | 0.0688 | -0.0982 | -0.0518 | 0.2527*** | 1 | | | | | | |
| EBP | 0.1694** | -0.1779** | -0.0506 | 0.2995*** | 0.2888*** | 1 | | | | | |
| TIER | 0.1358* | 0.5001*** | 0.0703 | -0.4736*** | -0.1839** | -0.2942*** | 1 | | | | |
| LLR | 0.4681*** | 0.8139*** | -0.0813 | -0.1774* | -0.1183 | 0.1073 | 0.5427*** | 1 | | | |
| RATIANCO | -0.1144 | -0.2718*** | -0.0754 | 0.2476*** | -0.0369 | 0.2535*** | -0.6167*** | -0.3314*** | 1 | | |
| E2 | -0.2253*** | -0.2265*** | -0.571 | -0.0420 | 0.0533 | -0.2212*** | -0.0141 | -0.1623** | -0.2511*** | 1 | |
| E8 | -0.1594** | -0.1468** | -0.0223 | -0.0269 | -0.0537 | -0.2710*** | -0.0104 | -0.1015 | -0.1588** | 0.9201*** | 1 |

注：该表格中 ***、** 和 * 表示变量估计系数分别在 1%、5% 和 10% 置信水平上显著。

了资本充足率越高的，拨备盈利能力较好和备抵贷款损失准备金较为充足的银行管理者对自己银行的管理更加自信。不过对于国有或上市银行与其他普通银行的差异在相关性分析中无法显现。

此外，本书的 2011 ~ 2016 年和 2013 ~ 2015 年的两个相关性分析都显示，过度自信变量 E2 和 E8 与 LLP 相关性是负相关，与 RATIAN-CO 也是负相关。这也表明，管理者信心预期指数较高时即过度自信的时候更倾向于降低贷款损失准备金（LLP）的披露，也延缓了不良贷款从而降低了不良贷款的冲效率（RATIANCO），也为下面的回归分析提供了基本支持。

最后，在相关性分析中，发现不良贷款率（NPL）、银行等级（TIER）、资本充足率（LLR）三者相互之间相关性较高，因此针对这三因素之间可能存在的共线性问题进行单独的稳健性分析，建立了五个新的稳健性分析的模型。

## 6.3.5　回归模型的构建

为了分析研究假设 6.1：管理者信心预期指数较高，即管理者有过度自信倾向时，对于贷款损失准备金（LLP）的信息披露有负向的影响，因为过度自信的管理者对于未来预期良好，低估坏账与不良贷款的可能性，因此银行管理者更偏向于不披露贷款损失金（LLP）的相关信息。建立的模型 6.3 和 6.4 如下所示，其中分别使用管理者过度自信变量 E2 和 E8 进行多元回归分析。

$$LLP = \beta_0 + \beta_1 E2 + \beta_2 \Delta NPLL + \beta_3 NPLL + \beta_4 SIZE + \beta_5 \Delta LOAN$$
$$+ \beta_6 EBP + \beta_7 TIER + \beta_8 LLR + \varepsilon \tag{6.3}$$

$$LLP = \beta_0 + \beta_1 E8 + \beta_2 \Delta NPLL + \beta_3 NPLL + \beta_4 SIZE + \beta_5 \Delta LOAN$$
$$+ \beta_6 EBP + \beta_7 TIER + \beta_8 LLR + \varepsilon \tag{6.4}$$

为了分析研究假设 6.2：管理者过度自信与不良贷款的冲销率之间也存在着负相关，也就是说，管理者信心预期指数较高有过度自信倾向时，出于对未来预期较好的预期，会在一定程度上解决银行的部分不良贷款，因此会延缓不良贷款冲销从而降低不良贷款的冲销率，因而造成负相关的关系，建立的模型 6.5 和模型 6.6 如下所示，其中分别使用管理者过度自信变量 $E2$ 和 $E8$ 进行多元回归分析。

$$RATIANCO = \beta_0 + \beta_1 E2 + \beta_2 \Delta NPLL + \beta_3 NPLL + \beta_4 SIZE + \beta_5 \Delta LOAN$$
$$+ \beta_6 EBP + \beta_7 TIER + \beta_8 LLR + \varepsilon \qquad (6.5)$$

$$RATIANCO = \beta_0 + \beta_1 E8 + \beta_2 \Delta NPLL + \beta_3 NPLL + \beta_4 SIZE + \beta_5 \Delta LOAN$$
$$+ \beta_6 EBP + \beta_7 TIER + \beta_8 LLR + \varepsilon \qquad (6.6)$$

最后，我们使用了如上 6.3、6.4、6.5 和 6.6 四个模型分别检验了研究假设 6.3：国有银行/上市银行的管理者与其他银行相比更容易过度自信，因此相关银行倾向于较少的信息披露。

## 6.3.6 回归结果分析

表 6 - 9 显示了 2011 ~ 2016 年的样本期间有关贷款损失准备金（$LLP$）影响因素的混合 $OLS$ 回归的结果。表 6 - 10 表显示了 2013 ~ 2015 年的样本期间有关贷款损失准备金（$LLP$）影响因素的混合 $OLS$ 回归的结果。两个表格中都分别采用了管理者过度自信两个代理变量，其中 Model 1 ~ Model 3 显示的是采用管理者过度自信变量 1（$E2$）及不同自变量组合的回归结果，Model 4 ~ Model 6 显示的是采用管理者过度自信变量 2（$E8$）及不同自变量组合的回归结果。在表 6 - 9 中，贷款损失准备金（$LLP$）与银行的不良贷款率（$NPL$）、不良贷款率的变化量（$\Delta NPL$）呈显著正相关，也就是说当不良贷款增加时，银行也会相应地增加计提贷款损失准备金。银行规模（$SIZE$）与贷款损失准备金呈显著负相关关系表明规模较大的银行对自己银行经营充满自信，对未来有良好的预期，因此选择减少准备金的计提。而银行盈利能力（$EBP$）与 $LLP$ 显著正相关，说明银行较强的盈利能力为计提贷款损失准备金提供资金来源可能。除此之外，银行资本

充足率（*TIER*）与 *LLP* 的显著负相关关系也反映了相同的倾向，当银行面临较优资本状态时，会减少计提贷款损失准备金。表6-9中，最重要的结果是管理者过度自信变量1（*E2*）与贷款损失准备金（*LLP*）负相关关系，这与我们的研究假设6.1相一致，即过度自信的管理者会高估未来收益低估风险，所以会倾向减少贷款损失准备金的计提。最后，管理者过度自信变量2（*E8*）与贷款损失准备金（*LLP*）也显示负相关关系但并非显著。基于不同的样本期间，表6-10也获得与如上相似的结果。

**表6-9　　混合型（POOLED OLS）回归结果：贷款损失准备率（*LLP*）与管理者过度自信关系（2011~2016）**

| 自变量 | 预期 | 因变量：*LLP*（2011~2016） | | | | | |
|---|---|---|---|---|---|---|---|
| | | Model 1 | Model 2 | Model 3 | Model 4 | Model 5 | Model 6 |
| *E2* | – | -0.419<br>(-0.80) | -0.935<br>(-2.67)*** | -0.092<br>(-2.62)*** | | | |
| *E8* | – | | | | -0.254<br>(-0.73) | 0.380<br>(-1.28) | -0.367<br>(-1.22) |
| *NPL* | + | 0.568<br>(4.96)*** | 0.467<br>(5.03)*** | 0.454<br>(4.95)*** | 0.577<br>(5.32)*** | 0.500<br>(5.34)*** | 0.487<br>(5.26)*** |
| Δ*NPL* | + | | | 0.0002<br>(4.03)*** | | | 0.0002<br>(4.14)*** |
| *SIZE* | – | -0.0002<br>(-0.95) | -0.0004<br>(-2.19)** | -0.0005<br>(-2.40)** | -0.0002<br>(-0.94) | 0.0005<br>(-2.56)** | 0.005<br>(-2.76)*** |
| Δ*LOAN* | +/- | | 0.001<br>(0.21) | 0.001<br>(0.23) | | 0.0006<br>(0.12) | 0.0007<br>(0.14) |
| *EBP* | + | 0.159<br>(2.26)** | 0.189<br>(3.92)*** | 0.203<br>(4.22)*** | 0.162<br>(2.29)** | 0.199<br>(4.12)*** | 0.213<br>(4.43)*** |
| *TIER* | – | 0.00008<br>(0.00) | -0.267<br>(-3.12)*** | -0.252<br>(-3.12)*** | 0.0001<br>(0.00) | -0.264<br>(-3.17)*** | -0.025<br>(-3.17)*** |
| *LLR* | +/- | -0.108<br>(-0.12) | -0.146<br>(-0.21) | -0.008<br>(-0.13) | -0.014<br>(-0.15) | -0.034<br>(-0.49) | 0.027<br>(-0.40) |

续表

| 自变量 | 预期 | 因变量：*LLP*（2011~2016） | | | | | |
|---|---|---|---|---|---|---|---|
| | | Model 1 | Model 2 | Model 3 | Model 4 | Model 5 | Model 6 |
| *CONSTANT* | +／- | 0.0007 (0.10) | 0.008 (1.84)* | 0.008 (1.90)* | 0.0007 (0.1) | 0.010 (2.19)** | 0.0097 (2.25)** |
| F－test | | 21.62*** | 16.72*** | 15.11*** | 20.08*** | 14.14*** | 12.61*** |
| $R^2$ | | 0.38 | 0.40 | 0.41 | 0.38 | 0.39 | 0.40 |
| Adj. $R^2$ | | 0.37 | 0.38 | 0.38 | 0.37 | 0.37 | 0.37 |
| Obs | | 235 | 179 | 175 | 235 | 179 | 175 |

注：所有回归均包括了时间虚拟变量。全部回归使用一致的异方差标准差。$t$－统计值显示在括号中。***、**和*显示系数是在1%、5%和10%置信水平上显著。所有变量的定义都提供在表6-2中。

**表6-10 混合型（POOLED OLS）回归结果：贷款损失准备率（*LLP*）与管理者过度自信关系（2013~2015）**

| 自变量 | 预期 | 因变量：*LLP*（2013~2015） | | | | | |
|---|---|---|---|---|---|---|---|
| | | Model 1 | Model 2 | Model 3 | Model 4 | Model 5 | Model 6 |
| *E2* | - | -0.027 (-0.22) | -0.219 (-3.22)*** | -0.215 (-3.15)*** | | | |
| *E8* | - | | | | 0.035 (0.28) | 0.005 (0.05) | 0.012 (0.11) |
| *NPL* | + | 0.521 (3.70)*** | 0.381 (4.28)*** | 0.367 (4.20)*** | 0.540 (4.08)*** | 0.438 (4.77)*** | 0.424 (4.71)*** |
| $\Delta NPL$ | + | | | 0.0002 (3.84)*** | | | 0.0002 (3.81)*** |
| *SIZE* | - | -0.0002 (-0.70) | -0.0005 (-1.97)* | -0.0005 (-2.23)** | -0.0002 (-0.73) | 0.0006 (-2.53)** | -0.006 (-2.78)*** |
| $\Delta LOAN$ | +／- | | 0.001 (0.21) | 0.001 (0.24) | | 0.0008 (0.16) | 0.001 (0.19) |
| *EBP* | + | 0.001 (1.64) | 0.155 (3.00)*** | 0.170 (3.30)*** | 0.146 (1.73)* | 0.177 (3.27)*** | 0.192 (3.57)*** |
| *TIER* | - | 0.001 (-0.06) | -0.029 (-3.00)*** | -0.027 (-2.99)*** | 0.0008 (-0.04) | -0.028 (-3.05)*** | -0.026 (-3.05)*** |

续表

| 自变量 | 预期 | 因变量：*LLP*（2013～2015） | | | | | |
| --- | --- | --- | --- | --- | --- | --- | --- |
| | | Model 1 | Model 2 | Model 3 | Model 4 | Model 5 | Model 6 |
| *LLR* | － | 0.030<br>(0.27) | 0.043<br>(0.56) | －0.049<br>(0.64) | 0.019<br>(0.17) | 0.007<br>(0.09) | 0.013<br>(0.17) |
| *CONSTANT* | ＋/－ | 0.001<br>(0.14) | 0.009<br>(1.70)* | 0.009<br>(1.84)* | 0.001<br>(0.17) | 0.013<br>(2.41)** | 0.013<br>(2.57)** |
| F | | 19.49*** | 16.20*** | 14.50*** | 18.94*** | 10.68*** | 9.43*** |
| R² | | 0.37 | 0.38 | 0.39 | 0.37 | 0.37 | 0.37 |
| Adj. R² | | 0.35 | 0.35 | 0.35 | 0.35 | 0.34 | 0.33 |
| Obs | | 194 | 151 | 147 | 194 | 151 | 147 |

注：所有回归均包括了时间虚拟变量。全部回归使用一致的异方差标准差。$t$ – 统计值显示在括号中。$***$、$**$ 和 $*$ 显示系数是在1%、5%和10%置信水平上显著。所有变量的定义都提供在表6－2中。

表6－11表显示了 2011～2016 年有关不良贷款的冲销率（*RATIANCO*）影响因素的混合 *OLS* 回归的结果。表6－12表显示了 2013～2015 年有关不良贷款的冲销率（*RATIANCO*）影响因素的混合 *OLS* 回归的结果。两个表格中都分别采用了管理者过度自信两个代理变量，其中 Model 1～Model 3 显示的是采用管理者过度自信变量1（*E2*）及不同自变量组合的回归结果，Model 4～Model 6 显示的是采用管理者过度自信变量2（*E8*）及不同自变量组合的回归结果。在表6－11中，不良贷款的冲销率（*RATIANCO*）与银行的不良贷款率（*NPL*）、不良贷款率的变化量（Δ*NPL*）呈显著正相关，这说明当不良贷款增加时，银行也会相应地增加贷款的冲销。银行规模（*SIZE*）与贷款冲销率呈负相关关系但显著度不高。而银行盈利能力（*EBP*）与不良贷款的冲销率（*RATIANCO*）显著正相关，表明盈利能力较强的银行对自己银行经营态度乐观，对未来有较高的预期，因此相应不良贷款的冲销率也会减缓。除此之外，银行资本充足率（*TIER*）与不良贷款的冲销率（*RATIANCO*）显著负相关关系也反映了相同的倾向，当银行面临较优资本状态时，会减少不良贷款的冲销。表6－11中最重要

的结果是管理者过度自信变量 1（E2）与不良贷款的冲销率（RA-
TIANCO）负相关关系，这与研究假设 6.2 相一致，即过度自信的管
理者会高估未来收益低估风险，所以会倾向放缓不良贷款的冲销。最
后，管理者过度自信变量 2（E8）与不良贷款的冲销率（RATIANCO）
也显示负相关但非显著。表 6 – 12 中使用不同的样本期间获得了与表
6 – 11 相似的结果。

表 6 – 11　　混合型（POOLED REGRESSION）回归结果：

净冲销率（RATIANCO）与管理者过度自信关系（2011 ~ 2016）

| 自变量 | 预期 | 因变量：RATIANCO | | | | | |
|---|---|---|---|---|---|---|---|
| | | Model 1 | Model 2 | Model 3 | Model 4 | Model 5 | Model 6 |
| E2 | – | – 10. 770<br>（– 2. 23）** | – 5. 035<br>（– 1. 57） | – 6. 295<br>（– 1. 90）** | | | |
| E8 | – | | | | – 4. 001<br>（– 1. 38） | – 1. 045<br>（– 0. 42） | – 2. 181<br>（– 0. 86） |
| NPL | + | 40. 017<br>（3. 17）*** | 49. 091<br>（4. 38）*** | 51. 291<br>（4. 74）*** | 44. 386<br>（3. 77）*** | 52. 007<br>（4. 85）*** | 54. 160<br>（5. 19）*** |
| ΔNPL | + | | | – 0. 945<br>（– 1. 30） | | | – 0. 892<br>（– 1. 25） |
| SIZE | – | – 0. 020<br>（– 0. 97） | – 0. 382<br>（– 0. 58） | – 0. 0139<br>（– 0. 70） | – 0. 025<br>（– 1. 16） | – 0. 104<br>（– 0. 55） | – 0. 188<br>（– 0. 93） |
| ΔLOAN | + / – | | 0. 001<br>（0. 21） | – 0. 171<br>（– 0. 25） | | – 0. 427<br>（– 0. 66） | – 0. 228<br>（– 0. 33） |
| EBP | + | 10. 307<br>（1. 72）* | 10. 223<br>（2. 57）** | 10. 578<br>（2. 63）*** | 11. 619<br>（1. 90）* | 11. 160<br>（2. 80）*** | 11. 467<br>（2. 84）*** |
| TIER | – | – 5. 284<br>（– 2. 77）*** | – 3. 555<br>（– 5. 55）*** | – 3. 508<br>（– 5. 27）*** | – 5. 289<br>（– 2. 75）*** | – 3. 545<br>（– 5. 44）*** | – 3. 507<br>（– 5. 17）*** |
| LLR | + / – | – 18. 917<br>（– 2. 42）** | – 13. 542<br>（– 2. 08）** | – 16. 123<br>（– 2. 41）** | – 21. 119<br>（– 2. 65）*** | – 15. 120<br>（– 2. 35）** | – 17. 520<br>（– 2. 63）** |
| CONSTANT | + / – | 0. 991<br>（1. 59） | 0. 329<br>（0. 80） | 0. 553<br>（1. 23） | 1. 071<br>（1. 65） | 0. 429<br>（1. 03） | 0. 641<br>（1. 39） |

续表

| 自变量 | 预期 | Model 1 | Model 2 | Model 3 | Model 4 | Model 5 | Model 6 |
|---|---|---|---|---|---|---|---|
| | | 因变量：*RATIANCO* | | | | | |
| F | | $10.37^{***}$ | $16.64^{***}$ | $13.96^{***}$ | $8.96^{***}$ | $12.81^{***}$ | $10.29^{***}$ |
| $R^2$ | | 0.43 | 0.33 | 0.35 | 0.42 | 0.33 | 0.34 |
| Adj. $R^2$ | | 0.41 | 0.30 | 0.31 | 0.40 | 0.30 | 0.31 |
| Obs | | 215 | 167 | 165 | 215 | 167 | 165 |

注：所有回归均包括了时间虚拟变量。全部回归使用一致的异方差标准差。$t$ - 统计值显示在括号中。*** 、** 和 * 显示系数是在1%、5%和10%置信水平上显著。所有变量的定义都提供在表6 - 2中。

表6 - 12    混合型（POOLED REGRESSION）回归结果：

净冲销率（*RATIANCO*）与管理者过度自信关系（2013 ~ 2015）

| 自变量 | 预期 | Model 1 | Model 2 | Model 3 | Model 4 | Model 5 | Model 6 |
|---|---|---|---|---|---|---|---|
| | | 因变量：*RATIANCO* | | | | | |
| E2 | − | −29.492 $(−2.61)^{**}$ | −13.907 $(−2.65)^{***}$ | −15.997 $(−2.91)^{***}$ | | | |
| E8 | − | | | | −19.500 $(−1.77)^{*}$ | 4.121 (0.48) | 0.732 (0.09) |
| NPL | + | 23.135 (1.50) | 39.325 $(3.36)^{***}$ | 41.682 $(3.66)^{***}$ | 30.470 $(2.11)^{**}$ | 44.372 $(4.02)^{***}$ | 46.456 $(4.26)^{***}$ |
| ΔNPL | + | | | −0.089 $(−1.25)$ | | | −0.079 $(−1.16)$ |
| SIZE | − | −0.030 $(−1.23)$ | −0.006 $(−0.27)$ | −0.015 $(−0.62)$ | −0.032 $(−1.23)$ | −0.018 $(−0.77)$ | −0.025 $(−1.01)$ |
| ΔLOAN | +/− | | −0.377 $(−0.55)$ | −0.170 $(−0.24)$ | | −0.419 $(−0.62)$ | −0.235 $(−0.33)$ |
| EBP | + | 4.780 (0.73) | 6.805 $(1.91)^{*}$ | 7.218 $(1.99)^{**}$ | 6.669 (0.97) | 8.874 $(2.35)^{***}$ | 9.052 $(2.34)^{**}$ |
| TIER | − | −5.350 $(−2.75)^{***}$ | −3.609 $(−5.47)^{***}$ | −3.558 $(−5.27)^{***}$ | −5.403 $(−2.71)^{***}$ | −3.545 $(−5.23)^{***}$ | −3.523 $(−5.03)^{***}$ |
| LLR | +/− | −11.541 $(−1.33)^{**}$ | −8.601 $(−1.23)$ | −11.292 $(−1.54)$ | −14.401 $(−1.60)$ | −11.718 $(−1.67)^{*}$ | −13.897 $(−1.88)^{*}$ |

续表

| 自变量 | 预期 | 因变量：*RATIANCO* | | | | | |
| --- | --- | --- | --- | --- | --- | --- | --- |
| | | Model 1 | Model 2 | Model 3 | Model 4 | Model 5 | Model 6 |
| *CONSTANT* | + / − | 1.299<br>(1.83) | 0.393<br>(0.86) | 0.604<br>(1.19) | 1.282<br>(1.77) | 0.692<br>(1.39) | 0.862<br>(1.58) |
| F | | 6.71 *** | 18.49 *** | 14.58 *** | 5.12 *** | 13.14 *** | 10.06 *** |
| $R^2$ | | 0.45 | 0.31 | 0.32 | 0.42 | 0.30 | 0.31 |
| Adj. $R^2$ | | 0.43 | 0.27 | 0.28 | 0.40 | 0.26 | 0.27 |
| Obs | | 175 | 139 | 137 | 175 | 139 | 137 |

注：所有回归均包括了时间虚拟变量。全部回归使用一致的异方差标准差。$t$ – 统计值显示在括号中。*** 、** 和 * 显示系数是在1%、5%和10%置信水平上显著。所有变量的定义都提供在表6 – 2中。

鉴于管理者过度自信变量 *E2* 在之前的回归中显著度更强，并且2013 ~ 2015 年的样本期间中各变量数据较完整，因此我们选择以2013 ~ 2015 年的 74 家银行进行了研究假设 6.3 的检验，其中包括 5 家国有控股银行和 23 家上市银行，一共 28 家国有/上市银行以及其余 46 家普通银行。其中表 6 – 13 是针对贷款损失准备率（*LLP*）与管理者过度自信（*E2*）之间关系的国有/上市银行（*Dum* =1）与其他银行（*Dum* =0）的比较分析，而表 6 – 14 是针对净冲销率（*RATIANCO*）与管理者过度自信（*E2*）之间关系的国有/上市银行与其他银行的比较分析。对于国有上市银行（*Dum* =1）的结果中可以看出，国有/上市银行贷款损失准备金（*LLP*）与不良贷款冲销率（*RATIANCO*）都和管理者过度自信（*E2*）显著负相关，国有上市银行的管理者由于对银行的盈利能力和经营水平的良好预期，更容易过度自信，因此不愿意主动披露银行的信息，而在其他普通银行（*Dum* =0）的回归中这一关系虽然为负，但置信水平并不显著，这一结果与研究假设 6.3 相一致。此外，在其他银行中，贷款损失准备金（*LLP*）和不良贷款冲销率（*RATIANCO*）与银行的不良贷款率（*NPL*）、不良贷款率的变化量（Δ*NPL*）、盈利能力（*EBP*）以及资本充足率（*TIER*）呈显著相关，这也说明其他银行由于知名度不高，经营风格更为谨慎，因此会更多地考虑其资本状况和现金流充沛情况，这从另一角度再次表明其他银行的管理者要比国有/上市银行管理者倾向于过度自信的可能性更低。

表 6–13　　混合型回归结果（2013~2015）：贷款损失准备率（LLP）
与管理者过度自信（E2）–国有/上市银行与其他银行的比较分析

| 自变量 | 预期 | 因变量：LLP（2013~2015） | | | | | |
|---|---|---|---|---|---|---|---|
| | | Model 1 | Model 2 | Model 3 | Model 1 | Model 2 | Model 3 |
| | | Dum = 1 | Dum = 1 | Dum = 1 | Dum = 0 | Dum = 0 | Dum = 0 |
| E2 | – | -0.268 (-2.96)*** | -0.275 (-2.48)** | -0.264 (-2.35)** | 0.093 (0.50) | -0.154 (-0.39) | -0.158 (-0.38) |
| NPL | + | 0.408 (2.18)** | 0.490 (2.26)** | 0.357 (1.57) | 0.542 (2.76)*** | 0.393 (3.32)*** | 0.373 (3.33)*** |
| ΔNPL | + | | | 0.003 (1.96)* | | | 0.0001 (3.31)*** |
| SIZE | – | -0.0006 (-2.32)** | -0.0006 (-1.62) | -0.0002 (-0.70) | 7.471 (0.01) | -0.0004 (-0.62) | -0.0005 (-0.84) |
| ΔLOAN | + / – | | 0.015 (0.82) | 0.018 (1.02) | | -0.0006 (-0.09) | 0.0001 (0.02) |
| EBP | + | 0.104 (1.48) | 0.067 (0.74) | 0.065 (0.80) | 0.126 (0.94) | 0.175 (2.45)** | 0.201 (2.85)*** |
| TIER | – | -0.075 (-2.20)** | -0.081 (-2.19)** | -0.080 (-2.24)** | 0.0002 (0.01) | -0.025 (-2.49)** | -0.024 (-2.49)** |
| LLR | + / – | 0.010 (0.11) | 0.028 (0.31) | 0.069 (0.72) | 0.025 (0.14) | 0.025 (0.21) | 0.032 (0.27) |
| CONSTANT | + / – | 0.020 (2.65)*** | 0.017 (1.54) | 0.008 (0.80) | -0.002 (-0.19) | 0.007 (0.61) | 0.009 (0.75) |
| F | | 11.66*** | 8.56*** | 7.96*** | 13.19*** | 7.61*** | 6.47*** |
| $R^2$ | | 0.39 | 0.37 | 0.42 | 0.39 | 0.41 | 0.41 |
| Adj. $R^2$ | | 0.34 | 0.30 | 0.35 | 0.35 | 0.35 | 0.33 |

注：其中 Dum = 1 表示国有控股或上市银行，Dum = 0 表示其他银行。所有回归均包括了时间虚拟变量。全部回归使用一致的异方差标准差。t–统计值反应在括号中。 ***、** 和 * 显示系数是在1%、5%和10%置信水平上显著。所有变量的定义都提供在表6–2中。

**表6-14** 混合型回归结果（2013~2015）：净冲销率（*RATIANCO*）与管理者过度自信（*E2*）-国有/上市银行与其他银行的比较分析

| 自变量 | 预期 | 因变量：*RATIANCO*（2013~2015） | | | | | |
|---|---|---|---|---|---|---|---|
| | | Model 1 | Model 2 | Model 3 | Model 1 | Model 2 | Model 3 |
| | | *Dum* = 1 | *Dum* = 1 | *Dum* = 1 | *Dum* = 0 | *Dum* = 0 | *Dum* = 0 |
| *E2* | - | -21.750 | -23.640 | -24.145 | -34.933 | 7.873 | -3.392 |
| | | (-2.82)*** | (-2.78)*** | (-2.93)*** | (-1.92)* | (0.20) | (-0.09) |
| *NPL* | + | 26.378 | 28.586 | 34.641 | 27.718 | 43.655 | 46.722 |
| | | (1.52) | (1.46) | (1.93)* | (1.25) | (2.50)** | (2.56)** |
| Δ*NPL* | + | | | -0.136 | | | -0.068 |
| | | | | (-1.18) | | | (-0.88) |
| *SIZE* | - | 0.019 | 0.026 | 0.011 | -0.100 | -0.037 | -0.059 |
| | | (0.98) | (1.21) | (0.42) | (-1.56) | (-0.44) | (-0.61) |
| Δ*LOAN* | +/- | | 0.258 | 0.133 | | -0.338 | -0.056 |
| | | | (0.19) | (0.10) | | (-0.31) | (-0.04) |
| *EBP* | + | 5.595 | 6.482 | 6.587 | 6.272 | 4.948 | 6.047 |
| | | (1.04) | (0.94) | (0.97) | (0.56) | (1.17) | (1.33) |
| *TIER* | - | -6.912 | -7.031 | -7.076 | -5.533 | -3.785 | -3.764 |
| | | (-2.63)*** | (-2.38)** | (-2.37)** | (-2.62)*** | (-3.85)*** | (-3.66)*** |
| *LLR* | + | -14.161 | -13.275 | -15.120 | -16.013 | -10.720 | -14.116 |
| | | (-1.98)* | (-1.90)* | (-2.21)** | (-1.00) | (-0.90) | (-1.05) |
| *CONSTANT* | +/- | 0.473 | 0.180 | 0.566 | 2.615 | 1.222 | 1.574 |
| | | (0.92) | (0.26) | (0.66) | (1.95)* | (0.83) | (0.92) |
| F | | 9.08*** | 9.03*** | 8.14*** | 3.63*** | 26.02*** | 15.13*** |
| $R^2$ | | 0.32 | 0.31 | 0.33 | 0.47 | 0.33 | 0.34 |
| Adj. $R^2$ | | 0.27 | 0.23 | 0.24 | 0.4 | 0.25 | 0.24 |

注：其中 *Dum* =1 表示国有控股或上市银行，*Dum* =0 表示其他银行。所有回归均包括了时间虚拟变量。全部回归使用一致的异方差标准差。*t* - 统计值反应在括号中。***、** 和 * 显示系数是在1%、5%和10%置信水平上显著。所有变量的定义都提供在表6-2中。

## 6.3.7 稳健性分析

在后续的稳健性分析中选择我们选择了2013~2015年的数据进行分析，并且由于不良贷款率（*NPL*），银行等级（*TIER*），资本充足率（$LLR$）三者相互之间相关性较高，为避免共线性，针对这三个变量，新建立了五组分析模型进行稳健性分析：

$$\text{Model a1：} LLP = \beta_0 + \beta_1 E2 + \beta_2 SIZE + \beta_3 EBP + \beta_4 LLR + \varepsilon \quad (6.7)$$

$$\text{Model a2：} RATIANCO = \beta_0 + \beta_1 E2 + \beta_2 SIZE + \beta_3 EBP + \beta_4 LLR + \varepsilon$$
$$(6.8)$$

$$\text{Model b1：} LLP = \beta_0 + \beta_1 E2 + \beta_2 SIZE + \beta_3 EBP + \beta_4 TIER + \varepsilon \quad (6.9)$$

$$\text{Model b2：} RATIANCO = \beta_0 + \beta_1 E2 + \beta_2 SIZE + \beta_3 EBP + \beta_4 TIER + \varepsilon$$
$$(6.10)$$

$$\text{Model c1：} LLP = \beta_0 + \beta_1 E2 + \beta_2 NPLL + \beta_3 SIZE + \beta_4 EBP + \varepsilon \quad (6.11)$$

$$\text{Model c2：} RATIANCO = \beta_0 + \beta_1 E2 + \beta_2 NPLL + \beta_3 SIZE + \beta_4 EBP + \varepsilon$$
$$(6.12)$$

$$\text{Model d1：} LLP = \beta_0 + \beta_1 E2 + \beta_2 SIZE + \beta_3 EBP + \beta TIER_4 + \beta_5 LLR + \varepsilon$$
$$(6.13)$$

$$\text{Model d2：} RATIANCO = \beta_0 + \beta_1 E2 + \beta_2 SIZE + \beta_3 EBP + \beta TIER_4$$
$$+ \beta_5 LLR + \varepsilon \quad (6.14)$$

$$\text{Model e1：} LLP = \beta_0 + \beta_1 E2 + \beta_2 NPLL + \beta_3 SIZE + \beta_4 EBP$$
$$+ \beta_5 TIER + \varepsilon \quad (6.15)$$

$$\text{Model e2：} RATIANCO = \beta_0 + \beta_1 E2 + \beta_2 NPLL + \beta_3 SIZE + \beta_4 EBP$$
$$+ \beta_5 TIER + \varepsilon \quad (6.16)$$

在稳健性分析中，表 6 – 15 是针对贷款损失准备金（$LLP$）与管理者过度自信的关系通过上述新的 5 个模型所做的回归结果分析，表 6 – 16 是针对不良贷款的净冲销率（$RATIANCO$）与管理者过度自信的关系所做的回归结果分析。通过这两个表可以看出，在考虑了共线性，将三个变量分开进行回归，与之前的结果一致，管理者过度自信与贷款损失准备金和净冲销率都是显著负相关，与研究假设 6.1 和研究假设 6.2 的结论一致。

表6-15　贷款损失准备率（*LLP*）与管理者过度自信（*E2*）
关系的稳健性分析（2013~2015）

| 自变量 | 预期 | 因变量：*LLP* | | | | |
|---|---|---|---|---|---|---|
| | | Model a1 | Model b1 | Model c1 | Model d1 | Model e1 |
| *E2* | − | −0.348<br>（−5.60）*** | −0.360<br>（−5.52）*** | −0.231<br>（−3.41）*** | −0.351<br>（−5.52）*** | −0.199<br>（−3.07）*** |
| *NPL* | + | | | 0.312<br>（3.16）*** | | 0.412<br>（5.80）*** |
| Δ*NPL* | + | 0.00009<br>（1.40） | 0.00005<br>（0.83） | 0.0001<br>（2.72）*** | 0.0002<br>（2.36）** | 0.0002<br>（3.88）*** |
| *SIZE* | − | −0.0007<br>（−0.12） | −0.0004<br>（−1.42） | −0.0001<br>（−0.62） | −0.0004<br>（−1.53） | −0.0005<br>（−2.30）** |
| Δ*LOAN* | +/− | 0.0007<br>（0.12） | 0.00005<br>（0.01） | −0.00003<br>（−0.01） | 0.0027<br>（0.48） | 0.0009<br>（0.18） |
| *EBP* | + | 0.148<br>（2.21）** | 0.145<br>（3.34）*** | 0.209<br>（3.81）*** | 0.086<br>（1.69）* | 0.185<br>（4.59）*** |
| *TIER* | − | | −0.008<br>（−0.85） | | −0.032<br>（−2.85）*** | −0.025<br>（−2.90）*** |
| *LLR* | +/− | 0.151<br>（1.85）* | | | 0.291<br>（4.22）*** | |
| *CONSTANT* | +/− | −0.002<br>（−0.37） | 0.011<br>（1.72）* | −0.001<br>（−0.22） | 0.007<br>（1.31） | 0.010<br>（1.95）* |
| F | | 13.27*** | 10.89*** | 16.81*** | 12.49*** | 16.23*** |
| $R^2$ | | 0.22 | 0.18 | 0.31 | 0.32 | 0.38 |
| Adj. $R^2$ | | 0.19 | 0.17 | 0.28 | 0.28 | 0.35 |
| Obs | | 147 | 147 | 147 | 147 | 147 |

　　注：所有回归均包括了时间虚拟变量。全部回归使用一致的异方差标准差。*t*-统计值反应在括号中。***、**和*显示系数是在1%、5%和10%置信水平上显著。所有变量的定义都提供在表6-2中。

表 6 - 16    净冲销率（*RATIANCO*）与管理者过度自信关系的
稳健性分析（2013 ~ 2015）

| 自变量 | 预期 | 因变量：RATIANCO | | | | |
|---|---|---|---|---|---|---|
| | | Model a2 | Model b2 | Model c2 | Model d2 | Model e2 |
| E2 | − | − 0.3330<br>（− 4.29）*** | − 0.380<br>（− 4.94）*** | − 0.227<br>（− 2.00）** | − 0.365<br>（− 4.85）*** | − 0.255<br>（− 2.34）** |
| NPL | + | | | 0.375<br>（1.78）* | | 0.412<br>（2.08）** |
| ΔNPL | + | 0.004<br>（2.72）*** | 0.004<br>（2.69）*** | 0.003<br>（1.76）* | 0.004<br>（2.86）*** | 0.003<br>（1.77）* |
| SIZE | − | 0.0002<br>（0.46） | 0.0002<br>（0.60） | − 0.0001<br>（− 0.41） | 0.0001<br>（0.37） | − 0.0002<br>（− 0.76） |
| ΔLOAN | + / − | 0.020<br>（1.31） | 0.017<br>（0.92） | 0.021<br>（1.30） | 0.017<br>（1.01） | 0.018<br>（0.99） |
| EBP | + | 0.045<br>（0.65） | 0.041<br>（0.59） | 0.104<br>（1.39） | 0.022<br>（0.32） | 0.079<br>（1.08） |
| TIER | − | | − 0.075<br>（− 2.08） | | − 0.071<br>（− 2.02）** | − 0.083<br>（− 2.36）** |
| LLR | + / − | 0.149<br>（1.83）* | | | 0.139<br>（1.69）* | |
| CONSTANT | + / − | − 0.006<br>（− 0.64） | 0.005<br>（0.45） | − 0.002<br>（− 0.17） | 0.003<br>（0.31） | − 0.010<br>（0.97） |
| F | | 8.75 *** | 9.47 *** | 8.17 *** | 8.86 *** | 9.04 *** |
| R² | | 0.35 | 0.36 | 0.37 | 0.39 | 0.41 |
| Adj. R² | | 0.30 | 0.31 | 0.31 | 0.32 | 0.35 |
| Obs | | 75 | 75 | 75 | 75 | 75 |

注：所有回归均包括了时间虚拟变量。全部回归使用一致的异方差标准差。t - 统计值反应在括号中。*** 、** 和 * 显示系数是在 1% 、5% 和 10% 置信水平上显著。所有变量的定义都提供在表 6 - 2 中。

表 6 - 17 和表 6 - 18 是对于国有上市银行与非国有上市的普通银行的贷款损失准备金的回归结果分析，可以看出银行管理者信心预期指数和贷款损失准备金是负相关，意味着国有上市银行的管理者更容易出现过度自信的情况，并且由于过度自信，对于自己银行的经营能

力和盈利能力的良好预期，倾向于不主动披露银行信息，与研究假设
6.1 一致。表6-19 和表6-20 是对于国有上市银行与非国有上市的
普通银行的不良贷款的净冲销率的回归结果分析，也得出了银行管理
者信心预期指数和不良贷款的冲销率是负相关，与研究假设6.2 一
致，因此也验证了之前所提出的假设6.3，国有上市银行的管理者与
普通银行管理者相比，更容易过度自信，不主动进行银行信息的
披露。

表6-17　　　　国有上市银行贷款损失准备与管理者
过度自信的稳健性分析（2013～2015）

| | | 因变量：LLP | | | | |
|---|---|---|---|---|---|---|
| | | Model a1 | Model b1 | Model c1 | Model d1 | Model e1 |
| 自变量 | 预期 | Dum = 1 | Dum = 1 | Dum = 1 | Dum = 1 | Dum = 1 |
| E2 | − | − 0.3330<br>（− 4.29）*** | − 0.380<br>（− 4.94）*** | − 0.227<br>（− 2.00）** | − 0.365<br>（− 4.85）*** | − 0.255<br>（− 2.34）** |
| NPL | + | | | 0.375<br>（1.78）* | | 0.412<br>（2.08）** |
| ΔNPL | + | 0.004<br>（2.72）*** | 0.004<br>（2.69）*** | 0.003<br>（1.76）* | 0.004<br>（2.86）*** | 0.003<br>（1.77）* |
| SIZE | − | 0.0002<br>（0.46） | 0.0002<br>（0.60） | − 0.0001<br>（− 0.41） | 0.0001<br>（0.37） | − 0.0002<br>（− 0.76） |
| ΔLOAN | + / − | 0.020<br>（1.31） | 0.017<br>（0.92） | 0.021<br>（1.30） | 0.017<br>（1.01） | 0.018<br>（0.99） |
| EBP | + | 0.045<br>（0.65） | 0.041<br>（0.59） | 0.104<br>（1.39） | 0.022<br>（0.32） | 0.079<br>（1.08） |
| TIER | − | | − 0.075<br>（− 2.08） | | − 0.071<br>（− 2.02）** | − 0.083<br>（− 2.36）** |
| LLR | + / − | 0.149<br>（1.83）* | | | 0.139<br>（1.69）* | |
| CONSTANT | + / − | − 0.006<br>（− 0.64） | 0.005<br>（0.45） | − 0.002<br>（− 0.17） | 0.003<br>（0.31） | − 0.010<br>（0.97） |

续表

| | | 因变量：LLP | | | | |
|---|---|---|---|---|---|---|
| | | Model a1 | Model b1 | Model c1 | Model d1 | Model e1 |
| 自变量 | 预期 | Dum = 1 | Dum = 1 | Dum = 1 | Dum = 1 | Dum = 1 |
| F | | 8.75*** | 9.47*** | 8.17*** | 8.86*** | 9.04*** |
| R² | | 0.35 | 0.36 | 0.37 | 0.39 | 0.41 |
| Adj. R² | | 0.30 | 0.31 | 0.31 | 0.32 | 0.35 |
| Obs | | 75 | 75 | 75 | 75 | 75 |

注：因变量与其他变量均是 2013~2015 年的国有控股/上市银行的观测值。所有回归均包括了时间虚拟变量。全部回归使用一致的异方差标准差。$t$-统计值反应在括号中。***、**和*显示系数是在 1%、5%和 10%置信水平上显著。所有变量的定义都提供在表 6-2 中。

表 6-18　　　非国有/上市银行贷款损失准备与管理者
过度自信的稳健性分析（2013~2015）

| | | 因变量：LLP | | | | |
|---|---|---|---|---|---|---|
| | | Model a1 | Model b1 | Model c1 | Model d1 | Model e1 |
| 自变量 | 预期 | Dum = 0 | Dum = 0 | Dum = 0 | Dum = 0 | Dum = 0 |
| E2 | − | −0.105<br>(−0.25) | −0.163<br>(−0.29) | −0.078<br>(−0.18) | −0.204<br>(−0.59) | −0.153<br>(−0.37) |
| NPL | + | | | 0.311<br>(3.58)*** | | 0.404<br>(5.16)*** |
| ΔNPL | + | 0.00005<br>(1.08) | 4.431<br>(0.10) | 0.00008<br>(2.39)** | 0.0001<br>(2.45)** | 0.0001<br>(3.30) |
| SIZE | − | 0.0008<br>(1.59) | −0.00003<br>(−0.04) | 0.0004<br>(0.81) | −0.0004<br>(−0.06) | −0.0006<br>(−0.91) |
| ΔLOAN | +/− | −0.003<br>(−0.46) | −0.002<br>(−0.22) | −0.004<br>(−0.52) | 0.001<br>(0.18)* | −0.00002<br>(−0.00) |
| EBP | + | 0.182<br>(2.04)** | 0.185<br>(3.11)*** | 0.238<br>(3.25)*** | 0.115<br>(1.61) | 0.209<br>(3.92)*** |
| TIER | − | | −0.005<br>(−0.57) | | −0.032<br>(−2.73)*** | −0.023<br>(−2.62)** |
| LLR | +/− | 0.182<br>(2.02)** | | | 0.326<br>(3.91)*** | |

续表

| 自变量 | 预期 | 因变量: LLP | | | | |
|---|---|---|---|---|---|---|
| | | Model a1 | Model b1 | Model c1 | Model d1 | Model e1 |
| | | Dum = 0 | Dum = 0 | Dum = 0 | Dum = 0 | Dum = 0 |
| CONSTANT | + / − | −0.017<br>(−1.67)* | 0.005<br>(0.36) | −0.010<br>(1.04) | 0.0006<br>(0.05) | 0.010<br>(0.81) |
| F | | 5.87*** | 3.14*** | 7.83*** | 6.11*** | 7.46*** |
| $R^2$ | | 0.24 | 0.15 | 0.33 | 0.35 | 0.41 |
| Adj. $R^2$ | | 0.17 | 0.07 | 0.27 | 0.28 | 0.34 |
| Obs | | 72 | 72 | 72 | 72 | 72 |

注: 因变量与其他变量均是 2013～2015 年的非国有/上市银行的观测值。所有回归均包括了时间虚拟变量。全部回归使用一致的异方差标准差。$t$ - 统计值反应在括号中。*** 、 ** 和 * 显示系数是在 1%、5% 和 10% 置信水平上显著。所有变量的定义都提供在表 6 - 2 中。

表 6 - 19　　国有/上市银行不良贷款冲销率与管理者
过度自信的稳健性分析 (2013～2015)

| 自变量 | 预期 | 因变量: RATIANCO | | | | |
|---|---|---|---|---|---|---|
| | | Model a2 | Model b2 | Model c2 | Model d2 | Model d2 |
| | | Dum = 1 | Dum = 1 | Dum = 1 | Dum = 1 | Dum = 1 |
| E2 | − | −30.878<br>(−5.38)*** | −32.951<br>(−5.52)*** | −23.947<br>(−2.93)** | −33.881<br>(−5.80)*** | −26.092<br>(−3.31)** |
| NPL | + | | | 19.747<br>(1.29) | | 22.622<br>(1.54) |
| ΔNPL | + | −0.072<br>(−0.75) | −0.058<br>(−0.61)*** | −0.100<br>(−1.01)* | −0.066<br>(−0.70) | −0.099<br>(−0.98) |
| SIZE | − | 0.048<br>(1.62) | 0.039<br>(1.42) | 0.022<br>(0.80) | 0.044<br>(1.60) | 0.014<br>(0.57) |
| ΔLOAN | + | 0.259<br>(0.23) | 0.056<br>(0.05) | 0.339<br>(0.31) | 0.042<br>(0.03) | 0.123<br>(0.10) |
| EBP | + | 4.444<br>(0.78) | 1.380<br>(0.24) | 5.391<br>(0.88) | 2.462<br>(0.42)** | 3.492<br>(0.57) |
| TIER | − | | −5.944<br>(−2.16)** | | −6.159<br>(−2.16)** | −6.427<br>(−2.29)** |

| 自变量 | 预期 | 因变量：*RATIANCO* | | | | |
|--------|------|---------|---------|---------|---------|---------|
| | | Model a2 | Model b2 | Model c2 | Model d2 | Model d2 |
| | | *Dum* = 1 | *Dum* = 1 | *Dum* = 1 | *Dum* = 1 | *Dum* = 1 |
| *LLR* | − | − 7.460<br>( − 1.38) | | | − 8.296<br>( − 1.47) | |
| *CONSTANT* | + | − 0.740<br>( − 1.01) | − 0.011<br>( − 0.01) | − 0.610<br>( − 0.89) | 0.076<br>(0.09) | 0.262<br>(0.34) |
| F | | 7.25 *** | 8.35 *** | 6.94 *** | 7.99 *** | 7.21 *** |
| $R^2$ | | 0.23 | 0.26 | 0.24 | 0.27 | 0.28 |
| Adj. $R^2$ | | 0.16 | 0.19 | 0.17 | 0.19 | 0.21 |
| Obs | | 75 | 75 | 75 | 75 | 75 |

注：因变量与其他变量均是 2013～2015 年的国有控股/上市银行的观测值。所有回归均包括了时间虚拟变量。全部回归使用一致的异方差标准差。$t$ – 统计值反应在括号中。*** 、** 和 * 显示系数是在 1% 、5% 和 10% 置信水平上显著。所有变量的定义都提供在表 6 – 2 中。

**表 6 – 20　　　非国有/上市银行不良贷款冲销率与管理者**

**过度自信的稳健性分析（2013～2015）**

| 自变量 | 预期 | 因变量：*RATIANCO* | | | | |
|--------|------|---------|---------|---------|---------|---------|
| | | Model a2 | Model b2 | Model c2 | Model d2 | Model d2 |
| | | *Dum* = 0 | *Dum* = 0 | *Dum* = 0 | *Dum* = 0 | *Dum* = 0 |
| *E2* | − | 25.343<br>(0.55) | 4.803<br>(0.10) | 28.372<br>(0.67) | 7.426<br>(0.20) | 0.495<br>(0.01) |
| *NPL* | + | | | 9.971<br>(0.71) | | 31.692<br>(2.87) *** |
| Δ*NPL* | + | − 0.028<br>( − 0.33) | − 0.061<br>( − 0.84) | − 0.012<br>( − 0.13) | − 0.007<br>( − 0.10) | − 0.040<br>( − 0.55) |
| *SIZE* | − | 0.140<br>(1.68) * | − 0.002<br>( − 0.02) | 0.161<br>(1.65) | 0.014<br>(0.15) | − 0.033<br>( − 0.34) |
| Δ*LOAN* | + | − 1.203<br>( − 0.97) | − 0.177<br>( − 0.14) | − 1.392<br>( − 1.08) | − 0.189<br>( − 0.15) | − 0.100<br>( − 0.08) |
| *EBP* | + | 7.083<br>(1.37) | 0.475<br>(0.10) | 8.841<br>(1.50) | − 3.623<br>( − 0.69) | 2.301<br>(0.61) |

续表

| 自变量 | 预期 | 因变量：RATIANCO | | | | |
|---|---|---|---|---|---|---|
| | | Model a2 | Model b2 | Model c2 | Model d2 | Model d2 |
| | | Dum = 0 | Dum = 0 | Dum = 0 | Dum = 0 | Dum = 0 |
| TIER | − | | − 2.664<br>( − 4.65 ) *** | | − 4.289<br>( − 3.96 ) *** | − 4.185<br>( − 4.61 ) *** |
| LLR | − | − 0.764<br>( − 0.09 ) | | | 20.083<br>(2.38 ) ** | |
| CONSTANT | + | − 2.060<br>( − 1.48 ) | 0.936<br>(0.54 ) | − 2.648<br>( − 1.76 ) | 0.413<br>(0.26 ) | 1.120<br>(0.66 ) |
| F | | 1.93 * | 27.89 *** | 2.24 *** | 42.95 *** | 30.29 *** |
| R² | | 0.09 | 0.21 | 0.11 | 0.28 | 0.33 |
| Obs | | 62 | 62 | 62 | 62 | 62 |

注：因变量与其他变量均是 2013 ~ 2015 年的非国有/上市银行的观测值。所有回归均包括了时间虚拟变量。全部回归使用一致的异方差标准差。$t$ - 统计值反应在括号中。***、** 和 * 显示系数是在 1%、5% 和 10% 置信水平上显著。所有变量的定义都提供在表 6 - 2 中。

# 6.4　本章小结

通过管理者信心预期指数衡量情绪驱动的管理者过度自信，可以得出银行管理者过度自信对银行贷款损失相关信息披露有着负向的影响。影响结果是一方面是在管理者信心预期指数较高即过度自信的情况下对于银行财务管理存在着过度投资和积极扩张的正向效应；另一方面则是管理者过度自信与银行的贷款损失准备金和不良贷款率冲销的信息披露存在负向关系，当管理层预期指数较高管理者过度自信时，银行管理者倾向于不主动披露自己的信息。因此验证了研究假设 6.1 和假设 6.2 的管理者过度自信与银行进行贷款损失准备金（LLP）的披露负相关，以及管理者过度自信与不良贷款的冲销率（RATIAN-CO）之间存在负相关的关系。而针对 2013 ~ 2015 年的国有上市与非国有上市银行的数据比较分析可得，在国有上市公司中管理者过度自信与银行贷款损失准备金（*LLP*）显著负相关，也与银行不良贷款的冲销率（*RATIANCO*）显著负相关，因此也验证了之前研究假设 6.3，国有或上市银行的管理者更容易出现过度自信的情况，倾向于不主动进行银行信息的披露。

结合上述研究得出的结论，发现管理者的过度自信可以被其情绪驱动，进而影响银行的信息披露决策，而国有/上市银行对信息披露的影响更为显著，对此本章提出以下几点建议：

首先，监管层应加强管理者情绪的监管与引导。情绪驱动的管理者过度自信对银行的投资行为和盈余管理尤其是信息披露都具有显著影响，会促进银行的投资行为或是积极盈余管理，也是银行影响信息披露的重要因素。通过塑造与正确引导银行管理者的心理预期去感染相关银行投资者，可以间接促进银行的发展。银行想成功规避虚拟经济对于实体经济的冲击，尤其是在第三方支付对实体银行造成巨大冲击的今天，在银行管理者信心预期较低落的时期，监管层尤其应该通过合适的经济政策，从而提升管理者信心，而在管理者信心指数较为高涨的时候，有效抑制高涨的信心指数便显得尤为关键。当然，对于理性管理者的培养也十分重要，如何规避管理者自身的非理性因素，也是监管的一项重要内容。

其次，政府的相关政策应结合实际不断完善。终极控制性质为政府的银行，其管理者对银行信息披露的影响较强，也使得银行的投资行为和盈余管理的动机增加。意味着政府不仅对于市场的经济大环境具有干预和调节的重要作用，而且对于在管理者过度自信等各种非理性因素介入了银行管理财务决策的过程之后也具有监控协调的作用。因此，政府要制定合理的宏观政策，通过行政手段和经济手段的结合，注意区分不同的制度环境和条件，在一种制度环境下有效的措施不一定适合另一种制度环境，来进行实体经济的振兴。也就是有关政府控制的制度环境与现有的绩效考核机制应当结合实际不断完善，努力实现银行管理的合理化，切实实现银行利益和管理者权益的相互协调。

最后，银行管理者应理性运营，坚持可持续发展。管理者过度自信与银行的投资行为和盈余管理之间存在着相互作用的关系，对于信息披露也存在两面性的结果。一方面管理者过度自信对银行积极投资、强烈的盈余管理和主动的信息披露意愿具有显著的正向效应；但另一方面银行管理者应该在结合经济制度环境和资源配置的现有状况的前提下，区别对待自己的决策对于影响银行管理行为的经济后果，以便最大限度发挥管理者自信的正面效应，规避其不利影响。这意味着管理者过度自信对银行资本配置的合理流动和货币的合理流通都有着积极的效应，但更重要的是对于信息披露的经济结果。意义在于银行管理层对整个金融行业发展态势应该有清晰地认识，坚持银行长期价值最大化的理念配置资本，减少自己的非理性因素影响，合理的制定投资策略，致力于更科学合理化的管理与运营，使银行的可持续发展能力不断增强。

# 第7章

# 对中国银行信息披露机制的启示

## 7.1 我国银行信息披露政策的转变

就目前来说，世界上许多国家的银行对于信息披露都有着自愿性和强制性要求。由于不同国家实行的制度不同，因此银行披露方式也不相同。在我国，银行信息的披露是必须的，并有法律强制规定，体现了信息披露的强制性。不过，这种强制性披露形式更有利于保护外部投资者的权益，任何银行和个人都不得以其他理由逃避。此外，我国银行所披露的信息中必须包含国家法律中明确规定的披露信息，能让证监会准确真实地掌握银行的内部信息。但是这样的披露要求会给银行融资时带来更多的负担。因此，在制定相关法律法规和执行的过程中，必须要考虑成本问题。此外，国内对于银行的监管并没有确定的形式，比如，证监会要求银行在信息披露时必须包括相关审计部门的意见，对此进行强制说明，也就是说，银行所披露的内容是为了达到证监会的要求。

我国在2004年2月颁布了《商业银行资本充足率管理办法》，条例中对银行的披露行为明确提出了相应的要求，其中包括信息主体，信息频率和信息所要表达的内容以及信息揭示地点等。但是，目前我国商业银行的运行模式刚刚开始转变，对新资本协议处于初步实施阶段，因此，对于某些想要转变模式实施新资本协议的银行，还需相关部门进行审核，这也就间接导致了银行无法满足信息披露的程度性，时效性以及速度性等性能要求。在接下来的分析中就新资本协议执行方面的相关内容，对目前国内 4 家大型国有银行作分析。

首先，2006 年香港上市的中国工商银行在其 2010 年的年度报告了明确了战略目标，其中包括大力推行实施新资本协议，完善信用内部评审法，市场内部模型法以及程序风险计量法等运行方法。此外，提出要提高研究成果在风险管理中的利用率，保证与管理完全融洽结合，并对信用风险内部评审法的运用进行跟踪检查，大幅度增加评审模型。在市场的推广中，全方位宣传使用内部风险模型法，并以内部模型法为基本结构，在此基础上完善市场管理规章制度，完善金融市场的主要业务以及风险管理系统的大致基本框架。

其次，2005 年在香港上市中国建设银行在 2007 年已经开始推行了新资本协议，在 2008 年已经着手准备新资本协议运行需要的前提工作。在他们制定的最新规定中，要求在运行新资本协议必须对内部客户进行系统性评审，并进行划分等级，使其满足风险量化的要求。此外，开发企业数据系统库，其中包括建立风险性数据的相关集合，在此基础上建立市场风险量化，操作风险量化，资本经济风险量化以及整体风险性管理、抵押品的管理以及风险性总计等各种量化系统，作为新资本协议运行的基本前提。2010 年初，建设银行就向银监会提出了申请，请求执行新资本协议。此后在 2010 年的年报中，银行对其资本充足率、行业贷款所面向的产品产生的质量、风险管理（重点包括信用风险管理，流动性风险管理，市场风险管理等）以及管理政策、战略目标等进行了具体的描述。并且，以财务报表中附表备注形式对信用风险来源、客户贷款以及垫资都进行了相关分析。

再其次，2006 年在香港上市的中国银行，在其 2010 年年度报表中，明确要全方位推进新资本协议的准备工作，以适应为基本要求，将目标进行分段，采取稳扎稳打，小步前进的战略手段。在监督管理工作上，其第一阶段的工作进行的相对顺利，取得了较好的成绩。在信用风险领域上，以内部评审为基本体系，要求在信用风险的管理上，必须完善管理体系。而对于市场风险管理和操作风险管理提出要有步骤、有计划地进行。近几年，银行不断对内部模型法进行优化，持续跟踪验证操作风险并且完成了业务线的划拨和计量方法，对于管理工具采用分点，范围划分的方式并进行推广。

最后，中国农业银行于 2010 年完成股改在香港和上海上市，在其相关年度报告中，对新资本协议信息披露了也做了相应的工作。银行主要以完善内部体系为目标，让其在银监会在最大范围内对新资本协议进行评估，从而加快银行模式的转变。实行组织内部评测，跟踪内部评测结果，修葺相关制度。逐渐推行零售业内运部的评审体系，对零售信用风险数据进行整合，从而实行零售贷款以及评价风险的新业务。此外，还提出加强建设主动性，操作性大的评估识别新系统，研究开发新的系统，对有关损失数据进行整合。

由此可见，中国大型银行对执行新资本协议都是相当的重视，尤其是新资本协议的运行措施和执行情况以及管理制度。就现况分析来看，银行都制定出了相对应的执行战略，并且作了内部相关体系建设等大量的执行准备性工作。虽然在年度报表中对与资本充足率等各种指标进行了披露，对风险管理指标做了一定程度的披露，但是不难发现，在所披露的信息中，很多都过于表面化，对于具体的行为却没有具体的披露内容。此外，国内许多中小型银行的运行情况与四大银行相仿。

# 7.2　优化我国银行信息披露机制的对策建议

在资本市场全球化发展和资本协定实施不断推进的大环境下，我

国银行会计信息披露监督机制的建立及银行自愿性会计信息披露战略
地位的不断提升而逐步走向成熟。随着我国银行相关监管的不断完
善，未来我国银行体系会更为明朗和透明，商业银行非标类资产投资
将受到更为严格的限制。而信息对称性是信用交易即金融运行不可缺
少的条件，一个透明、规范、标准化的银行体系更有利于我国金融体
系的稳定。央行出台相应的措施加旨在加强对银行的分类监管。包括
各类金融机构在内的各类新型杠杆化运行机制的系统性检测，促进银
行业的健康发展；改进对货币供应量的测算与控制机制；应关注新型
金融，同时要主动地调控货币供应量，充分考虑银行代表的金融区域
所创造的货币。未来银行会计信息披露将在遵循成本与效益原则的基
础上，更加注重信息披露的规范化以及信息的相关性、可靠性和适当
性。下面我们将分别从政府、行业以及管理者角度对我国银行信息披
露机制提出了对策建议。

## 7.2.1　政府应明确监管目标

首先，加强政府监管的主导作用，合理转换政府监管理念，科学
监管。在我国，银行披露信息的使用者很大部分是中小投资者，能否
有效保护其合法利益，决定着银行发展能否有效、健康和可持续性。
通过强化政府监管的主导地位，保证资本市场诚信力和政府部门的公
信力能有效保护银行储户和投资者利益。银行储户和投资者对市场发
展的未来预期以及由此确立的信心相关影响着我国金融市场的稳定
发展。

为了使这一基本目标的顺利实现，从根本上转变监管的理念是我
国监管部门首要考虑的工作。第一，监管部门应由被动的事后监管转
为主动的事前监管。近几年来，我国监管部门往往是在银行业信息披
露问题不断曝光后，才会被动地处理，这个问题在全球银行业也是如
此。这突显了在整个监管过程中监管部门发现问题、预防问题的能力

严重欠缺。而目前我国监管部门限于人力和物力等条件，只能处理一部分问题，对监管中的关键点难以发挥真正的作用。所以我国监管部门应及时从被动的事后监管转为主动的体制性监管。第二，监管部门应由从风险控制转变为揭示风险的监管。长期以来我国监管部门都以控制风险作为监管目的，以指标和银行表面业绩作为监管的关注点，使得资本市场中存在的风险不断累积。因此，随着资本市场不断发展，监管部门应遵从揭示风险的思路来进行监管。第三，监管部门应从行政监管转变为市场化科学监管为主的监管方式。我国行政监管存在着明显的缺陷，对某些方面的监管可能过于偏向，使得监管效力不足。因此，应该提倡市场化科学监管。

其次，提倡政府依法适度监管。这主要通过增加政府监管人员的数量，提高素质及加强相关职业培训。为了保证对银行信息披露良好的监管效果，就必须要求有足够的相关职业技能和熟悉监管法律法规的政府监管人员去执行监管政策，而其中监管人员专业水平及其综合素质决定了监管的效率和效果。因此，培养政府监管人员的高素质是提高信息披露监管的有效手段。除此之外，监管机构的职责应该明晰，监管机构应当采取标准化的监管程序。比如，监管机构的工作具体运作要能公开化，监管信息披露要透明，这也是实现有效信息披露监管的关键。但这些最终取决于政府是否能依法适度监管。政府监管不足，使得信息披露无法有良好的透明度，导致市场失灵。而政府若过度监管，会引起监管效率的递减，抑制银行自愿披露的热情，限制金融创新活力，从而导致市场失灵的不利后果。因此，监管机构适度监管也是实现有效信息披露的关键。

最后，政府尽快制定有关商业银行市场退出的操作办法。在提高市场对于银行的监督管理过程中，必定会形成优胜劣汰的格局。而就目前而言，对于一些被市场淘汰的商业银行，有关监管部门并没有制定出一套相关的退出方案，导致信息披露和市场约束都失去了效用。因此，我国应该制定出一系列金融机构退出方案，提高市场约束力。

我们建议从几个方面考虑：首先，制定退出方案的相关法律法规，明确实施细则。对于被市场淘汰和被迫退出的过程，基本原则，裁定的相关机构，运作流程以及损失的利益等内容都要进行详细说明，做到有迹可循，有法可依。其次，降低政府对于市场的监管作用，充分利用市场，提升市场约束作用。最后，建立银行存款保险制度，避免个体市场退出产生的负面溢出效应，对于那些严重违纪，负债累累的商业银行要强制性的要求，不能给予政策保护。

## 7.2.2　银行业应明确信息披露的目标，加快银行业全面革新

首先，加强商业银行信息披露的适用性。随着经济的发展，金融业已经成为我国经济来源的强力之柱，它为我国社会资源的有效循环利用提供保障，这对银行信息披露提出了更高的要求。但在披露的内容，金融企业和非金融企业的披露还存在差别，主要是：披露的内容不同；披露的主要负债不同；风险信息不同。首先在披露的内容上，企业的资产多为固定资产，因此，在信息内容的披露上主要是固定资产和存货的类别、原价值、折旧值、周转值等。而银行则不同，在银行的资产中多为融资资产，对于每个融资来源和情况都要一一分析说明。其中包括贷款的类别和结构（客户结构、质量结构、行业结构和资产概算等）。其次，在负债披露上，相对于一般企业，银行多为融资资产，而主要来源是客户存款，因此银行的稳定主要是根据负债的大小进行判断的。所以，存款的种类以及结构和平均利率都是银行负债披露内容的重点部分。此外，在风险信息上，一般企业风险主要影响的是企业盈利多少，例如供应商的风险、产品的更新风险、市场产品需求量风险、行业竞争风险和政策影响风险，而银行主要面临的是货币汇率的风险，因为货币是银行主要融资形式，银行主要以货币为交易产品。

从披露内容的全面性来说，一般企业的信息披露可以吸引外部投

资者，但是过多披露也容易引发公众误会，更有可能会泄露企业的关键信息，降低竞争能力。因此，对于商业银行，信息披露应该有一个合理范围，在范围以内的信息会给银行带来巨大的运行收益，但是随着披露信息内容的增加导致公众对于银行的过多了解，反而会给银行增加负担，如果披露内容过于不利信息，还会降低银行运行收益，造成银行恐慌性挤兑。

其次，在商业银行改革的市场化进程中加强信息披露的市场规范性。一直以来，我国银行业都是国有银行占据主导地位。我国银行商业利益相关者和社会个别组织机构几乎不可能获取到关于银行任何可利用的消息。股份制商业银行的上市，在一定程度上约束了政府对于银行的监管，促进了市场监管作用。在我国的银行运行程序中，存在着许多问题，其中还包含了影响信息披露的一些因素。因此，必须深化对于银行市场的改革，从而加强银行内部系统的控制，完善企业内部的自我管理。中国目前正处在利率市场化的初级阶段，对利率的决定有比较大的影响，强化民营银行监管，规范金融机构的发展。这些都是加强商业银行在信息披露市场规范的基础。同时，注重银行金融创新的全面发展中信息披露的网络化。长期以来的保守经营方式和企业文化使得我国商业银行在创新型金融背景下遭受了不少的冲击，商业银行要把握好改革发展的浪潮，坚定改革方向。商业银行的发展需要设置战略性计划，全面提升对金融创新发展的重视程度。商业银行要延伸服务链条，加大金融服务与客户交易行为的融合，整合上下游资源。首先，注重基础信息建设，加大开发网络银行的力度，但同时也要继续保持原有的优势业务，实现网络银行与传统银行相互融合与发展。只有好的信息技术，才能获取客户数据从而分析客户行为，为创新业务发展提供先决条件。其次，注重开发线上金融业务，实现线上与线下相结合。最后，要打破原有制度的束缚，实行更加科学的、更有效率的服务体制。

此外，在实现金融去中介化，注意服务移动化过程中的互联网金融信息披露。传统银行在融资过程中，由于严格的信用审查机制和审批机制，导致了其金字塔形的结构。这使得信息在各个结点的传递，缺少及时性。互联网金融打破这种信息传递路径，未来通过互联网金融，用户和金融机构直接对接，省去金融中介，加快信息的反馈，最终将实现金融的无中介化，那时资源配置的效率将达到更高的水平，金融的普惠性得到良好的体现。此外，现在的年轻人大部分用手机、笔记本上网，而且随着通信技术的升级，手机等移动终端设备的渗透，手机成为必备品。这是互联网金融服务移动化的前提条件，未来互联网金融公司，将主要通过 APP 进行在线业务办理，并逐步减少实体网点数量。服务移动化，就要求移动互联网公司能够对顾客的需求实时响应，这对信息系统有了更为严格的要求。这当中，值得注意的是，现在很多互联网公司以商业秘密为由，拒绝信息披露，这无疑让公众监督无法起作用，2016 年中国互联网金融协会发布了《互联网金融信息披露标准》，虽然目前还未实施，但也是很好的开端。在实行信息披露后，投资者可以获悉行业一般的报酬水平，在投资时，面对畸高收益时，会考虑其收益的真实性；另外，监管部门可以对互联网企业实行更有效的监管，企业的投资行为也会被捕捉到，只有这样，在出现大规模资金转移时，才能第一时间发现，从而对投资者资金实现有效保护。

再其次，要充分展现审计中介机构市场中约束的作用。在展现商业银行市场中的约束作用，如果单靠银行自律，遵循相关信息披露规定是不够的，不能够达到安全监管的目的。银行在进行披露的过程中，有很多信息都是虚假的，不具有真实性。因此，要尽可能避免一切虚假信息的出现，也是提高监管力度的方法之一。目前，我们应该重点审查中介机构是否具有独立性、权威性和公正性。保证中介机构在对银行的审计过程中做到公平、公正、公开。此外，加强对于中介机构的素质和实力培养，强调基础专业能力，提高基本效益。另外，就市场本身而言，也应该扩大其惩罚力度，发挥市场本应该就有的震慑力。

最后，借公开披露信息，加强完善我国银行信息系统的监管。在本着对我国实际情况的考虑下，从监管当局的角度看，比如公开信息披露，用这种方法来加强改善并且完善信息系统的监管，让监管标准和监管效果都得到有效的提升。从美国银行监管信息系统的建设经验中观察可见，形成银行监管信息源头的至关重要的内容是商业银行对外界公开披露，我们可以根据实际情况，对商业银行提出公开信息披露的形式要求，比如对外界公开信息披露的格式要求、有关内容等等，当然还包括国家银行监管要求的其余相关信息。就现代银行而言，监管必须要有好的监管信息系统。银行的监管系统大致包括有指标体系的相关设计、相关数据的实际验证和数据的分析等很多重要方面的因素，并且，指标体系的相关设计和实际验证以及数据的分析在监管信息系统的过程中应扮演重要的角色。

## 7.2.3　健全完善上市银行高管激励机制信息披露制度

当前经济市场，国内大多数银行对高层管理人员激励机制特别是薪酬情况的披露相当"保守"，这样就导致员工无法通过信息比较来明确自己实际的薪酬水平，也因此导致银行薪酬激励机制不能完全发挥应当的作用。近几年，大部分银行都披露了银行董事、监事及高管人员的年薪数额，甚至还有高管持股比例。可以看出近几年国内银行在披露高管薪酬信息的方面得到很大改进。但是我们还是可以发现，各家银行年报中反映的关于高层管理人员薪酬的信息大多都不完整，有一部分银行并没有根据政策的要求对其内部所有高管的薪酬纤细数据、持股情况和其他福利的信息进行公开，对于高管人员薪酬的内容以及业务加成考核标准等信息也只是简单地使用"正在确认中，待确认后再行公布"等字句表达，没有及时对高管薪酬信息做详细的披露，信息透明化很不合理。这种信息披露不足的状况不利于监管机构和社会公众对其实施有效监督，也使投资者无法全面判断该银行状况，同时也会大大局限银行薪酬激励机制所应该起到的激励作用。因此应该提倡规范银行信息公布的格式、内容和程序，提高各家银行年报中关于高层管理人员薪酬部分信息公布的透明度，使各家银行高层管理人员的薪酬激励机制更加权威化。

银行在对高层管理人员的薪酬公布不仅要全面，更要确保所公布信息的真实和及时。各家银行不但要及时向社会公开关于本行高层管理人员的薪酬状况等主要数据，还要不定期地披露一些临时公告，例如高层管理人员薪酬的变动、绩效奖金及其他各种形式的福利的内容、长期股权激励情况的状况。

# 7.3　建立健全银行管理者约束和激励机制

首先，建立约束管理者过度自信的有效机制，以平衡管理者的过度自信水平，避免过度自信的管理者采取对银行不利的财务行为。通过我们前几章的理论分析和实证分析，管理者非理性行为的确会对银行的信息披露政策产生一定的影响。因此，要有效识别管理者过度自信的特征，并对其过度自信进行有效度量。在现实中理性和非理性是共存的，并且可能会相互影响，而非理性行为的研究对立足于现实的实证分析更具实践意义。基于行为经济理论的研究并不是对传统经济理论的否定，而是对传统治理理论的进一步延伸与拓展。同时，要仔细探究管理者过度自信引起的信息披露行为对银行的影响，分析利弊。认知偏差所引起非理性行为，并不一定产生消极的经济后果，在某种程度上能产生积极的效果（如技术创新）。要充分考虑到非理性行为以及各利益主体交互行为所产生的综合影响，对银行相关责任人非理性行为产生的经济、社会效应进行动态跟踪分析。

其次，从银行经营决策源头—管理者入手，更能体现现代银行管理中事前防范、源头控制的前瞻性策略。因此，应该建立科学、合理的高管遴选评估机制。中国银行业改革历经十年，但至今尚未建立高管的市场化选拔聘用机制，仍停留在中组部任命的方式。因此，可以试着将行政任命的高管人员与市场化选聘人员分开，除少数领导岗位外，其他高管应按市场化原则进行遴选，考核激励也应适应银行自身经营和竞争的需要。银行的经营管理需要较高的专业能力，而良好的公司治理机制，可以确保将合格的银行家推选到关键的岗位上。与此同时，银行家市场的竞争性和高度流动性，也能对现任银行管理层形成有效的外部制约。而我国目前，绝大多数机构，包括大型国有银行、部分股份制商业银行和城商行、农村金融机构等在内，银行高管并不是由董事会遵循市场机制产生的，而是由不同层级的政府机构任命。应该说，这种体制是我国银行业改革历程的产物，有其合理之处。但客观上，这种体制不仅在银行家遴选上有很大的缺陷，也极大限制了银行家市场的流动性。近年来，我国银行业高管选拔开始寻求其他路径：同行引进；内部选拔；市场化公开选拔（行业外空降）。然而目前聘用制度仍存在许多不完善之处。在众多银行高管大调整中从同行引进人才已成为选聘的主流路径，同行引进人才，即为国内商业银行机构内高管的人员调拨。其优势之处在于行业内高管熟悉银行内部高层管理，经验丰富，并且可以通过该选拔方式汲取其他银行的优秀业务经验，引入一些新鲜血液。然而这种选拔方式也会造成高管在适应新的机构职位时一段缓冲期，为了熟悉其不同于之前所在职位应处理的业务，并且团队内人员关系还要注意协调。此外，在新一轮的高管变动中，许多内部人员也成为后起之秀，成为各大银行首要考虑的高管人选，其最大优势在于已经适应行内管理层责任及义务，熟悉行内各股东及董事会成员，并且忠诚度较高，认同银行价值理念，并能更好实现银行发展目标以及长期战略。然而内部选拔方式可能引起银行创新度不够，缺少借鉴与改革，甚至导致高层人员联系过于密切产生腐败的后果。人才市场化成为其他行业招聘基层员工和高管的新趋势的同时，也让许多银行对其聘用高管引起思考并逐渐采用这种方式。公开化选拔可以让银行加大创新力度，新任高管摆脱固态方式进行的新的决策，也可能让银行在资本市场中得到进一步的发展与提高。然而其缺陷在于选拔周期长，经过选拔后的高管也会因进入行内出现管理层异质性，团队内人员间需要适应期，做出决策时会出现意见不一致情况，影响银行决策甚至发展战略。

此外，管理层内部异质性匹配也是在高管遴选中需要注意的问题。在现代企业管理的过程中，管理者发挥着很大的作用，其不仅负责企业的正常运营情况，而且还对企业的内部控制有着很大的影响。所以在对企业内部控制进行研究的同时，应该注重对管理者异质性特征的研究。异质性主要体现在年龄、性别、教育、任期、专业方面。在经过高管背景特征遴选出候选人时还应当在认真分析好高管背景特征的基础上，充分考虑高管内部协调性、整体性，使其体系得到完善，使高管团队内部实现优势互补，避免人员冗余，最大程度上发挥出每个高管的优势，充分体现出其能力。因此，董事会在遴选高管时应当进行充分讨论，使高管年龄处于同一阶层，平衡好男女比例，通过审核参与选拔者的简历和参考外部媒体评论甄选出经验丰富、学历较高、对企业忠诚度较高、具有专业知识背景、认同行内发展理念的人选。因此，高管背景特征与其内部异质性也是密不可分的。鉴于银行与一般企业经营业务与面临风险不同，银行董事会更应注意管理层每位候选人对待风险态度、面对政策变化的灵活性以及业务转型问题，团队内既不能全部选用过于保守型人才，也不能全部任用激进型人才。

再其次，建立科学有效的薪酬激励制度也有利于建立合理、有效的机制，约束管理者过度自信引起的相关决策异化行为。目前国内银行的高管激励机制大多呈现类似特点，如薪酬激励机制大多与银行经营绩效相挂钩，但依旧存在一些瑕疵；银行在对高层管理人员工作绩效进行评判时指标非常简单，缺失全面的评判指标；薪酬激励机制也依然用短期激励的货币性报酬为主，实际上还是没有长期激励作用的股权方式。因此，就目前来看，国内银行高管激励机制并没有完全发挥出对高管理想的激励和约束作用。我们务必借鉴国外银行激励制度的成功经验，并从国内银行的实际情况出发，取其精华去其糟粕，不断健全我国银行的高管激励机制。

从国外商业银行组织架构中可以看到，该机制应该由银行董事会的薪酬考核委员会来完成。充分发挥董事会薪酬委员会的作用，确保能够有效独立地判断薪酬政策以及风险资本和流动性管理的激励机制。银行的大股东可以通过自己委派的董事来影响银行的薪酬机制，但要尽量避免直接以行政法规条文进行管制同时，设立独立董事领导下的稽核委员会，安排监管机构人员和外部会计师事务所等中间机构列席银行薪酬与考核委员会会议，引入第三方保证公平公正。在目前的薪酬制度中，商业银行高层管理者的薪酬由基本年薪和绩效年薪两部分构成，方案可调整为由基本年薪、绩效年薪、任期激励收入三部分构成（安刚刚等，2014）。增加任期激励收入，不但可以使高管在任职期间加强管理，进一步提高管理效率，推动业务银行转型，还可以增强高管忠诚度，使其适应银行业经营特性，在面对银行的风险时，因为受到有效激励能够增强处理风险灵活性，从而有效提高银行业绩。所以，银行应当逐步引入对管理者的长期激励计划，包括高层持股计划，如股票期权、长期福利计划、在职福利计划、退休福利计划等，明确高管薪酬与银行经营状况挂钩的预期，从而优化薪酬结构，契合短期激励与长期激励。

当然，也可以探索股权激励的具体实施方案，灵活采取其他激励方式。股权激励的目的是激励管理层的积极性，使股东和管理层利益一致，为股东创造最大的价值，因此股权激励会对公司的价值增长带来正面的提升。但也有学者研究发现股权激励并不一定能够起到预期效果（牛国良和吕勇，2016），真正地对高管起到激励作用。因此，股权激励在股权激励设计中，不仅仅是简单的设置一个股价的预期，更要考虑高管薪酬与员工薪酬的比例，薪酬水平与银行盈利指标的关联程度，财务指标之间更紧密的联系，只有这样才能最大程度、最高效率地实现股东价值最大化。同时，银行也要根据国家政策、市场变化等向高管提供福利，比如增加年休假，提供出国交流培训，加强专业培训等。在制定高层管理人员薪酬激励机制时，银行要理智分析自身的经营状况和资本结构，既要利用对高层管理人员短期行为的激励作用，更要重视对他们长期行为的激励影响，把高层管理人员获利与银行的存亡结合在一起，制定出适合银行高层管理人员薪酬激励机制。适当增加员工持股比例，将短期和长期激励方式相综合，使银行高层管理人员与股东的利益接近平衡。董事会同高管进行交流时也应时常询问其需求与对薪酬制度的建议。银行还应加强对银行高层的精神激励作用。提高人文关怀，激发其主人翁意识。

除了薪酬激励外，还可以依据不同背景的银行的实际运行情况，实行不同的激励组合以满足高层管理人员的多元化需求。譬如，对于国内股份制银行，对高层管理人员的激励可以倾向于增加股权比例待遇等设置；而针对国有银行，对高层管理人员的激励应该倾向于在升职等方面的设置；针对地方银行，对高层管理人员的激励可以使用将薪酬待遇和政治地位相综合。因此，我国商业银行在设计高管激励模式时，应充分考虑每家银行不同的经营水平和实力，设计科学合理的激励组合模式，既要注重对商业银行高级管理人员短期行为的激励，又要重视对长期行为的激励。通过长期激励与短期奖励加强高管对于银行忠诚度，提高其工作效率，从而更好更快推动银行各项业务发展。

再其次，建立健全业绩考核评价机制。各家银行在对高层管理人员绩效进行评判时，所选定的指标不应该仅考虑银行的业务任务量，还应该全面衡量银行资本的安全性和稳定性。此外，即使是行政任命的领导干部，在考核激励上，也应在一定程度上兼顾银行经营绩效，以避免行政主导的人事变动对银行长期战略延续性可能产生的影响。

在高管经过选拔，与银行签订合同工作一定时间后，银行董事会应制定专门考核机构对每位高管进行考核，从而检验初步制定的聘用制度，研究薪酬制度是否起到了有效的激励作用。在考核机制中，也应进行量化考核，银行高管表现应与银行业绩直接挂钩，分配好银行业绩影响比重与个人综合能力影响比重。董事会可以通过背对背谈话及专家小组讨论方法评价高管个人能力和表现，从而检验是否符合遴选时高管综合能力。如果高管在考核制度中达到各项指标，或者出色完成各项任务，董事会应当参照完善后的薪酬激励机制，进一步增加激励；相反，若未能在各项指标中达标，董事会应该启用惩罚机制。对于未能完成某些职责的高管，董事会应当与其进行沟通交流指出问题，情节较严重者可以采取公开警告，减少或者取消各项激励。银行在对高管进行考核后，应该及时更新对新一轮管理层的评价，与之前完善后的聘用制度中的人员评价进行对比，从而调整效应的各项聘用指标，同时还应该深入分析激励机制有效性。因此，银行高管的聘用制度、薪酬激励制度与考核制度是相辅相成，密切联系的。银行也应不断完善建立相应体系，避免出现资金浪费，招聘周期长引起招聘低效从而未能达到与其遴选结果，最终在符合国家要求下建立起完整高效的任用机制。

总之，各家银行不但要对其高层管理人员的绩效进行科学地评判，而且要选定能够表现银行市场化的指标。在这个基础上，各银行才能依据自己的特点创建合适的高管薪酬激励机制，明确考核方法和考核内容。具体说来，就是各家银行要利用高负债的经营特点为基础，选取每股收益、总资产收益率、和净资产收益率等作为显示银行获利高低的基数，选取资本充足率、核心资本充足率和不良贷款率等作为显示银行资本安全性程度和流动性程度的数据。各家银行还可以利用自身的资产结构、资产规模和经营方式特色等，创立科学合理的评判框架。

最后，除了创建绩效评价机制外，还要注意对银行高层管理人员工作绩效评判指标最大化的盲目追求，可以通过借鉴同行业的平均状况，再根据银行高层管理人员各自为银行带来的业务量进行量化，进而进行综合评判。评判机制的制定权应由各家银行董事会薪酬委员会制定，由监督委员会督促执行。薪酬委员会应该充分显示它的职能作用，严格遵从评判机制的准则，尊重市场的态度，确保决策判断的独立性和客观性，在及时对各家银行考评执行效果进行反馈后，与各家银行沟通并提出相关改进建议，有效掌握绩效考评效果，进一步改善和健全绩效评价机制。

# 7.4　本章小结

通过以上分析，在对银行的会计信息披露问题的相关分析中，我们认识到完善商业银行的会计信息披露有着很重要的现实意义。在全球范围内，不断爆发的金融危机和推陈出新的金融创新环境下，加强信息披露就可以达到一定的强化市场约束力的作用，促使银行的有效性配置资金，控制相关风险，达到一定的稳健性经营。尽管我国监管机构对上市银行的一些信息披露提出了很多较为苛刻的要求，但是跟国际标准的制度相比较，仍然有一定差距，需要进一步的完善和改进。

此外，商业银行有效实施内部控制机制是保证优良信息质量的内在重要条件。商业银行应进一步完善自身的治理结构以及之后的衡量标准体系，只有这样才能保证其所信息披露的真实性、准确性和完整性。而制定的信息披露规则不仅要明确去怎样披露问题，更要逐步从凸显的问题中去确定应该披露哪些问题，起到一定的防范预警作用。

监管机构和银行还要能全局考虑、协调统一。加强完善并且改善商业银行的信息披露的要求必须从全面考虑，协同方方面面，大家共同努力，营造创建一个优良的制度环境。监管机构应做出不同的方针去针对程度不同发展的银行，阶段性地推进不同的信息披露标准。如，国有银行作为市场的主要组成部分，其发展以及完善应受到市场自身发展程度性的制约，所以上市银行要比非上市银行的信息披露得更多，并且全国性的银行要比地方性银行信息披露得也是更多。

总之，随着我国金融体制的不断改革，金融市场的不断发展，提高商业银行披露会计信息的质量，增加透明度，是我国商业银行必须面对的一个问题。我们要尽量依照巴塞尔资本协定原则以及国际会计准则的要求，并参考其他国家的经验，逐步与国际惯例中的要求接轨，加强改善并且完善商业银行中信息披露的相关制度规定。

第 8 章

# 回顾与展望

## 8.1　主要内容和结论

　　作为资本市场中最为活跃的金融机构，银行的主要业务为存款贷款等货币与信贷业务，它是商品货币经济发展到一定阶段的产物。银行是否稳健运行必然影响到金融业，而金融业的健康发展是国家经济飞速发展的前提保障。目前我国与国际金融市场的依存度不断加大，导致我国的经济体系会很容易受到全球金融形势的影响。商业银行信息披露作为我国进一步完善市场经济机制、强化银行市场约束、提高金融透明度亟待解决的重要课题。因此，深入分析和了解银行业的信息披露机制的本质问题，不仅可以有效地指导银行正确发展的方向，提供我国银行的可操作措施，而且可以从制度上，市场监管的工作上提供有益的指导和建议。

　　本书尝试从贷款损失准备和公允价值计量方法两个角度入手，借鉴国内外银行信息披露研究的已有成果，结合欧洲主权债务危机的时代背景和经济轨迹，不仅从理论和实证上证明了信息披露问题的重要性，而且提供了从信息不对称角度来研究银行信息披露的基本理论框架和体系。它主要包括以下研究内容和结论：

（1）在分析银行基本理论的基础上，围绕着银行信息披露研究中的两个重点研究领域，贷款损失准备和公允价值计量，引出信息披露存在的问题，并回顾和总结了已有银行信息披露研究的理论，在提出研究不足的同时，融入了管理者非理性行为的理念，指出了本书进一步研究的方向。

（2）发达国家对于银行信息披露问题的研究较为成熟，由于外部资本市场发展比较完善，研究更多地注重在信息不对称问题上，但对金融危机为背景的研究还较为零散。本书尝试以 2009 年欧洲主权债务危机为背景，对欧洲银行作为主权债券的主要持有者如何遭受损失，进而外部投资者投资对银行的风险管理能力产生质疑，通过建立理论框架，进行了分析。

研究发现，主权债务危机的爆发使投资者对银行信息披露的透明度提高了要求，从而使得投资者寻求获得银行的风险属性等更多财务信息，例如贷款损失准备，甚至要求当前银行提高信息的精确度等。具体而言，自欧洲主权债务危机爆发以来，欧洲银行减少了贷款损失准备的计提，同时增加了年度报告的长度，包括年度报告中的风险管理部分的长度也增加了。通过实证研究发现，欧洲主权债务危机下，银行更倾向于降低贷款损失准备，但同时为了消除投资者对银行风险管理能力的质疑，向外界传递良好信号，银行普遍倾向于增加年报或风险管理报告来增加信息披露。此外，进一步研究了银行管理者过度自信对银行贷款损失准备计提具体影响。结果发现，由于过度自信的银行管理者高估未来银行表现低估风险，使得贷款损失准备计提进一步减少，证实了我们的研究假设。

（3）基于上述的研究发现，我们进一步考虑了银行在欧债危机中对损失识别及时性的问题，比较了在两种会计方法公允价值和历史成本计量法下金融资产价值的变动对损失的确认。在公允价值会计中，损失的及时识别是通过使用当前的市场价格估值来实现，而在历史成本会计中，损失的及时识别是通过国际会计准则第 39 号规定的几个规则来实现的。作为延续，我们同样研究了银行管理者过度自信对银行在损失识别中的具体影响。具体而言，我们认为2009～2011年欧洲的主权债务危机提供了一个潜在的经济环境，它可能会促使银行经理推迟/加速对损失确认，而银行管理者的非理性因素可能在损失确认中产生了额外的影响。因此，我们推测，公允价值计量中对损失的确认要比历史成本会计中对损失的确认要及时，且这种差异在欧洲债务危机中增加了。之后的实证研究证明了在危机期间使用历史成本计量的银行和使用公允价值计量的银行对损失的确认确实存在更大的差异，也显示了欧洲债务危机期间欧洲银行进行盈余管理的一种迹象。同时，过度自信的管理者即使在危机时期仍会高估其投资项目的现金流，所以所在银行在损失确认上会比其他非过度自信的管理者所在银行显得更加缓慢。

（4）基于前面对欧洲银行的研究结果，鉴于我国银行的特殊性，本书又从高层管理者过度自信角度对（银行贷款损失准备金）信息披露的关系进行了深度探讨与分析。我们首先定性分析了管理者过度自信的根源，并且引入了情绪驱动的管理者过度自信的概念，采用信心预期指数进行衡量，讨论了银行贷款损失准备有关信息披露行为，论证了银行管理者过度自信存在对于投资、研发和盈余管理等多方面的财务影响，进行影响相关财务信息的披露。我们选取了BANK-SCOPE中的2011～2016年中国74家商业银行的相关数据作为样本进行了实证研究，研究结果表明：银行高层管理者的过度自信对于银行信息的披露呈显著负相关关系；即银行管理者过度自信时对于银行的财务信息不会积极主动披露，呈负相关关系。这也再一次证实了银行管理者的非理性行为对信息披露决策产生影响。同时，我们还发现国有或上市银行的管理者更容易出现过度自信的情况，因此倾向于不主动进行银行信息的披露。

（5）在以上理论和实证结果的基础上，本书最后提出未来银行会计信息披露将在遵循成本与效益原则的基础上，更加注重信息披露的规范化以及信息的相关性、可靠性和适当性。并且还应重视从引导与控制来提升银行管理者的过度自信从而使银行的财务管理与决策更加合理，银行信息披露改革继续深化等建议。

# 8.2 进一步展望

### 1. 本书研究的局限性

首先，银行业财务会计的研究一直备受银行会计学学者们的重视，但因银行业微观理论的研究起步较晚，其理论主要集中于银行与市场投资者之间以及银行与市场监管者之间的信息不对称问题，而对银行借款人和存款人之间的信息不对称问题却涉及不多。但银行借款人和存款人之间的信息不对称对于研究银行财务报告起到的特殊作用不容忽视。特别是，银行的不同资产衍生出的信息不对称问题也为与银行会计信息披露问题提供了广阔的研究平台，也是本书研究中存在的局限性和未来努力方向。

其次，本书试图从管理者过度自信的衡量角度，探讨了管理者过度自信产生的根源，提出了情绪驱动的管理者过度自信。但具体研究涉及范围还有限，未来有必要全面认识管理者非理性的具体影响因素。例如，拥有职业/教育方面成功历史的管理者可能会认为他们更有经验，更可能表现为过于自信。性别的差异也可能可以预测人的过度自信程度，如男性比女性更容易过度自信。但如何更好地从多因素角度考虑，系统衡量管理者过度自信是本书中未能讨论的问题，如果在研究中能建立动态管理者过度自信衡量模型，那么就能更有效地测量管理者的过度自信。

最后，在本书中，主要将管理者过度自信作为实证分析的重点，而对其他非理性行为还未能进行深入探讨。但现实中所存在的每个决策结果，可能是由多种非理性因素共同作用的结果，因此，运用不同的方式对不同因素（如高层管理者们的个体认知偏差和群体认知偏差）所引起的非理性行为进行先解析再综合的分析显得尤为必要。此外，本书中探讨的管理者过度自信行为是以团体行为表现出来，在实际分析中，应该重点讨论管理层个体成员对群体行为的影响力，如果某成员影响力较弱的话，即使个体存在认知偏差，也很难反映在群体决策当中。

**2. 未来研究展望**

目前关于银行业财务会计研究还有几个基本但尚未解决的理论问题需要更加深入地分析和求证。

（1）关于银行会计信息的价值和风险相关性的研究中，大多数研究主要集中在股票市场的分析，且并没有试图区分代理问题和信息信号理论的假设。这与银行微观经济理论中，债务资金对银行的重要性以及银行管理者与存款人或其他债权人之间的信息不对称的作用重要性不相符。除了已有文献中的研究，还有其他潜在的问题有待学者们进一步考察：首先，如何把贷款损失准备的信息效应与监管资本产生的信息效应分离开来。有研究表明，对银行贷款损失准备的缺乏有效监管就会降低资本监管的有效性，银行资本不足很大程度上是由于计提贷款损失准备不足引发的。从理论上看，两者存在相互联系，但同时也要正确区分它们所产生的信息效应，从而使得监管部门商业银行有针对性的提供相应监督和信息披露。其次，随着外部资本市场的不断完善，信息不对称问题可能会逐渐较少，但并不会最终消失，因此银行信息披露将深刻影响银行业的发展，而对于发展中国家来说，更是任重道远。

（2）关于银行自由裁量财务报告与资本和盈余管理之间关系的研究中，以往文献发现在不同的监管制度下都有自由裁量权资本管理的可能存在。但目前支持自由裁量权盈余管理的证据还较为模糊，这主要是由于盈余管理目标的定义还不明确。收益平滑的目的在银行业文献中没有得到清晰的定义，并且在文献中还忽略了银行微观经济理论中重要的银行与储户间信息问题，没有讨论该信息问题是否影响盈利和资本管理的可能性。最后，在文献中还没有形成贷款损失准备金的统一的实证模型。除了已有文献研究过的问题，如果进一步分析制度、文化等方面的路径对于理解和深化信息披露理论的研究提供更丰富的理论内涵，可能的方向包括：在巴塞尔协定期间是否有任何证据表明贷款损失准备金和监管资本比率的相关关系，如何能最好地捕捉衡量盈余和资本管理。

（3）关于银行的经济行为是否受到会计制度和会计质量的影响研究中，从目前文献的研究结果来看，银行的确会因为会计方法改变而改变他们的经济行为，这些会计方法的改变主要来自于监管资本要求中包括公允价值确认、资产证券化和贷款损失准备金规定。但就会计方法和监管资本之间是否存在直接联系，实证结果仍然不能令人满意。后期的研究可以从目前提出的前瞻性的贷款损失准备金制度是否会导致银行更有效地借贷及风险承担行为入手，充分考虑外部监管机制的变化和相互关系。但这样的研究需要寻找一个有效的不受法规影响的参照组，而事实上法规往往对所有银行都产生约束，因此很难得到一个合适的参照组，那么观察到的变化也有可能不应单单归因于新的监管制度。甚至如果在研究中提出的是某个监管制度的建议，旨在预测其可能会改变银行行为的影响时，都会面临更大的方法论上的挑战。

（4）从非理性和理性研究框架交叉来研究银行信息披露机制的问题，可能会产生更多的结果，本书只是着重从管理者过度自信的角度出发，关注新的可能的替代治理机制及其影响。由于已有的研究资料的欠缺，无论从研究方法还是研究思路，可能都存在错误或疏漏，这也有待于同行专家的批评指正和今后的继续探索。

# 参 考 文 献

［1］ Acharya, V. A Theory of Systemic Risk and Design of Prudential Bank Regulation ［R］. Mimeo, New York University, 2000.

［2］ Acharya, V. and Yorulmazer, T. Too many to fail—An analysis of time-inconsistency in bank closure policies ［J］. Journal of Financial Intermediation, 2007, 16: 1 –31.

［3］ Admati, A. DeMarzo, P. Helwig, M. and Pfleiderer, P. In: Fallacies, Irrelevant Facts, and Myths in the Discussion of Capital Regulation: Why Bank Equity is not Expensive ［R］. 2010, Rock Center for Corporate Governance at Stanford University Working Paper No. 114, MPI Collective Goods Preprint, No. 2012, 5.

［4］ Ahmed, A. Thomas, S. and Takeda, C. Bank loan loss provisions: a reexamination of capital management, earnings management & signaling effects ［J］. Journal of Accounting & Economics, 1999, 28: 1 –26.

［5］ Ahmed, A. Kilic, E. and Lobo, G. Does recognition versus disclosure mater? Evidence from the value relevance of banks recognized and disclosed derivative financial instruments ［J］. Accounting Review, 2006, 81: 567 –588.

［6］ Ahmed, A. Kilic, E. and Lobo, G. The effect of SFAS133 on the risk relevance of accounting measures on banks' derivative exposures ［J］. The Accounting Review, 2011, 86: 769 –804.

[7] Ahmed K. and Nicholls, D. The impact of non-financial company characteristics on mandatory disclosure compliance in developing countries: The case of Bangladesh [J]. The International Journal of Accounting, 1994, 29 (1): 62 – 77.

[8] Akerlof, G. A. The market for lemons: Qualitative uncertainty and the market mechanism [J]. Quarterly Journal of Economics, 1970, 84: 488 – 500.

[9] Allen, F. and Gale, D. Financial innovation and risk sharing [M]. 1994, Cambridge, Mass.: MIT Press.

[10] Allen, F. and Gale, D. A welfare comparison of intermediaries in Germany and the U. S. [J]. European Economic Review, 1995, 39 (2): 179 – 209.

[11] Allen, F. and Gale, D. Financial markets, intermediaries, and intertemporal smoothing [J]. Journal of Political Economy, 1997, 105 (3): 523 – 546.

[12] Allen, F. and Gale, D. Optimal financial crises [J]. Journal of Finance, 1998, 53 (4): 1245 – 1284.

[13] Allen, F. and Gale, D. Comparing financial systems [M]. 2000a, Cambridge, Mass.: MIT Press.

[14] Allen, F. and Gale, D. Financial contagion [J]. Journal of Political Economy, 2000b, 108: 1 – 33.

[15] Allen, F. Carletti, E. and Marquez, R. Credit market competition and capital regulation [J]. The Review of Financial Studies, 2011, 24: 983 – 1018.

[16] Altamuro, A. and Zhang, H. The financial reporting of fair value based on managerial inputs versus market inputs: evidence from mortgage servicing rights [J]. Review of Accounting Studies, 2013, 18: 833 – 858.

[17] Anandarajan, A. Hasan, I. and McCarthy, C. Use of loan loss provisions for capital, earnings management and signaling by Australian banks [J]. Accounting and Finance, 2007, 47: 357 - 379.

[18] Armstrong, C. S. Jagolinzer, A. D. and Larcker, D. F. Chief executive officer equity incentives and accounting irregularities [J]. Journal of Accounting Research, 2010, 48: 225 - 271.

[19] Arora, N. Richardson, S. and Tuna, I. Asset reliability and security prices: evidence from credit markets [J]. Review of Accounting Studies, 2014, 19: 363 - 395.

[20] Ayers, B. C. Jiang, J. (Xuefeng), Yeung, P. E. Discretionary accruals and earnings management: An analysis of pseudo earnings targets [J]. Accounting Review, 2006, 81: 617 - 652.

[21] Badertscher, B. Burks, J. Easton, P. A convenient scapegoat: fair value accounting by commercial banks during the financial crisis [J]. The Accounting Review, 2012, 87: 59 - 90.

[22] Baker, M. and Wurgler, J. Market timing and capital structure [J]. Journal of Finance, 2002, 57: 1 - 32.

[23] Baker, M. and Wurgler, J. Appearing and disappearing dividends: The link to catering incentives [J]. Journal of Financial Economics, 2004, 73: 271 - 288.

[24] Baker, M. and Wurgler, J. Investor sentiment and the cross-section of stock returns [J]. Journal of Finance, 2006, 61: 1645 - 1680.

[25] Baker, M. and Wurgler, J. Investor sentiment in the stock market [J]. Journal of Economic Perspectives. 2007, 21: 129 - 151.

[26] Baker, M. and Wurgler, J. Behavioral corporate finance: An updated survey [M]. Constantinides, G. M., Harris, M., Stulz, R. M., eds. Handbook of the Economics of Finance, 2013, Vol. 2, Chap. 5

(Elsevier, New York): 357 –424.

[27] Ball, R. and Shivakumar. L. Earnings quality in UK private firms: comparative loss recognition timeliness [J]. Journal of Accounting and Economics. 2005, 39: 83 – 128.

[28] Ball, R. Jayaraman, S. and Shivakumar, L. The Effect of Mark – to – Market Accounting for Financial Assets and Liabilities on Financial Reporting Transparency and Information Asymmetry in Banks [R]. Working Paper, 2013.

[29] Banerjee, S. Dai, L. Humphery – Jenner, M. and Nanda, V. Top Dogs: Overconfident Executives and New CEO Selection [R]. Working Paper, 2015.

[30] Barber, B. M. and Odean, T. Boys will be boys: gender, overconfidence, and common stock investment [J]. The Quarterly Journal of Economics, 2001, 110 (1): 261 –293.

[31] Barberis, N. and Thaler, R. A Survey of Behavioural finance [M]. Handbook of the Economics of Finance, Edited by G. M. Constatinides, M. Harris and R. Stulz, Elsevier Science B. V. , 2003, 1052 – 1121.

[32] Barth, M. Fair Value accounting: evidence from investment securities and the market valuation of banks [J]. The Accounting Review, 1994, 69: 1 –25.

[33] Barth, M. Landsman, W. and Wahlen, J. Fair value accounting: effects on banks' earnings volatility, regulatory capital, and value of contractual cash flows [J]. Journal of Banking & Finance, 1995, 19: 577 –605.

[34] Barth, M. Beaver, W. and Landsman, W. Value-relevance of banks' fair value disclosures under SFAS no. 107 [J]. The Accounting Review, 1996, 71: 513 –537.

［35］ Barth, M. Beaver, W. and Landsman, W. The relevance of the value-relevance literature for financial accounting standard setting: another view ［J］. Journal of Accounting & Economics, 2001, 31: 77 – 104.

［36］ Barth, M. E. Landsman, W. R. and Lang, M. H. International Accounting Standards and Accounting Quality ［J］. Journal of Accounting Research, 2008, 46 （3）: 467 – 498.

［37］ Basu, S. The conservatism principle and the asymmetric timeliness of earnings ［J］. Journal of Accounting and Economics, 1997, 24: 3 – 37.

［38］ Beatty, A. and Liao, S. Do delays in expected loss recognition affect banks' willingness to lend? ［J］. Journal of Accounting Economics, 2011, 52: 1 – 20.

［39］ Beatty, A. Liao, S. Financial accounting in the banking industry: A review of the empirical literature ［J］. Journal of Accounting Economics, 2014, 58: 339 – 383.

［40］ Becht, M. Bolton, P. and Roell, A. Why bank governance is different ［J］. Oxford Review of Economic Policy, 2011, 27: 437 – 463.

［41］ Ben – David I. Graham, J. R. and Harvey, C. R. Managerial overconfidence and corporate policies ［R］. National Bureau of Economic Research Working Paper, 2007.

［42］ Ben – David, I. Graham, J. R. and Harvey, C. R. Managerial miscalibration ［J］. Quarterly Journal of Economics, 2013, 128: 1547 – 1584.

［43］ Berger, A. DeYoung, R. Flannery, M. Lee, D. and Oztekin, O. How do Large Banking Organizations Manage their Capital Ratios? ［R］. Research Working Paper, The Federal Reserve Bank of Kansas City Economic Research Department, 2008.

[44] Berger, A. Herring, R. and Szego, G. The role of capital in financial institutions [J]. Journal of Banking & Finance, 1995, 19: 393 – 430.

[45] Bergman, N. K. and Roychowdhury, S. Investor sentiment and corporate disclosure [J]. Journal of Accounting Research, 2008, 46: 1057 – 1083.

[46] Bernard, V. Merton, R. and Palepu, K. Mark-to-market accounting for banks and thrifts-lessons from the Danish experience [J]. Journal of Accounting Research, 1995, 33: 1 – 32.

[47] Beatty, A. Chamberlain, S. and Magliolo, J. Managing financial reports of commercial banks: the influence of taxes, regulatory capital, and earnings [J]. Journal of Accounting Research, 1995, 33: 231 – 261.

[48] Beatty, A. Chamberlain, S. and Magliolo, J. An empirical analysis of the economic implications of fair value accounting for investment securities [J]. Journal of Accounting & Economics, 1996, 22: 43 – 77.

[49] Beatty, A. and Liao, S. Do delays in expected loss recognition affect banks' willingness to lend? [J]. Journal of Accounting & Economics, 2011, 52: 1 – 20.

[50] Beatty, A. Ke, B. and Petronti, K. Differential earnings management to avoid earnings declines and losses across publicly and privately held banks [J]. The Accounting Review, 2002, 77: 547 – 570.

[51] Beatty, A. and Liao, S. Regulatory Capital Ratios, Loan Loss Provisioning and Pro-cyclicality [R]. Working paper, Fisher Collage of Business, The Ohio State University, 2009.

[52] Beatty, A. Liao, S. and Weber, J. Evidence on the determinants and economic consequences of delegated monitoring [J]. Journal of Accounting & Economics, 2012, 53: 555 – 576.

[53] Beaver, W. and Eger, C. Ryan, S. Wolfson, M. 1989. Financial reporting, supplemental disclosures, and bank share prices [J]. Journal of Accounting Research 27, 157 – 178.

[54] Beaver, W. and Engel, E. Discretionary behavior with respect to allowances for loan losses and the behavior of security prices [J]. Journal of Accounting & Economics, 1996, 22: 177 – 206.

[55] Beaver, W. and Venkatachalam, M. Differential pricing of components of bank loan fair values [J]. Journal of Accounting, Audit and Finance, 2003, 18: 41 – 67.

[56] Bikker, J. A. and Metzemakers, P. A. J. Bank Provisioning Behavior and Procyclicality [J]. International Financial Markets, Institute and Money, 2005, 15: 141 – 157.

[57] Blackwell, N. and Santomero, A. Bank credit rationing and the customer relation [J]. Journal of Monetary Economics, 1982, 9 (1): 121 – 129.

[58] Blankespoor C., E. Linsmeier, T. J. Petroni, K. R. and Shakespeare, Fair value accounting for financial instruments: does it improve the association between bank leverage and credit risk? [J]. The Accounting Review, 2013, 88: 1143 – 1177.

[59] Bolton, P. Regulating Bank Equity Capital. Working paper, 2011.

[60] Bolton, P. and Dewatripont, M. Contract Theory [M]. 2006, The MIT Press, Cambridge, MA.

[61] Bolton, P. and Freixas, X. Corporate finance and the monetary transmission mechanism [J]. Review of financial Studies, 2006, 19: 829 – 870.

[62] Botosan, C. Disclosure level and the cost of equity capital [J]. The Accounting Review, 1997, 72: 323 – 349

[63] Bouvatier, V. and Lepetit, L. Banks'Procyclical Behavior: Does Provisioning Matter? [J]. International Financial Markets, Institute and Money, 2008, 18: 513 – 526.

[64] Bowman, E. H. and Haire, M. A. A strategic posture towards corporate social responsibility [J]. California Management Review, 1975, 18 (2): 49 – 58.

[65] Boyd, J. and Prescott. E. Financial intermediary coalitions [J]. Journal of Economic Theory, 1986, 38: 211 – 232.

[66] Broecker, T. Credit worthiness tests and interbank competition [J]. Econometrica, 1990, 58: 429 – 452.

[67] Brown R. D. , N. C. Christensen, T. E. Elliott, W. B. and Mergenthaler, Investor sentiment and pro forma earnings disclosures [J]. Journal of Accounting Research, 2012, 50: 1 – 40.

[68] Burgstalher, D. and Dichev, I. Earnings management to avoid earnings decreases and losses [J]. Journal of Accounting Economics, 1997, 24: 99 – 126.

[69] Bushman, R. and Williams, C. Accounting discretion, loan loss provisioning, and discipline of banks' risk-taking [J]. Journal of Accounting & Economics, 2012, 54: 1 – 18.

[70] Bushman, R. and Williams, C. Delayed Expected Loss Recognition and the Risk Profile of Banks [J]. Journal of Accounting Research, 2015, 53 (3): 511 – 553

[71] Calomiris, C. Regulation, industrial structure, and instability in U. S. banking: An historical perspective [M]. In Structural change in banking, ed. M. Klausner and L. White, New York: New York University, 1993.

[72] Calomiris, C. and Gorton, G. The origins of banking panics [M]. in Financial Markets and Financial Crisis. University of Chicago

Press, Chicago, 1991, 109 – 172.

［73］ Calomiris, C. W. and Kahn, C. M. The role of demandable debt in structuring optimal banking arrangements ［J］. American Economic Review, 1991, 81 （3）: 497 – 513.

［74］ Calvo, G. and Mendoza, E. Rational contagion and the globalization of securities markets ［J］. Journal of International Economics, 2000, 51: 79 – 113.

［75］ Camerer, C. and Lovallo, D. Overconfidence and excess entry: An experimental approach ［J］. American Economic Review, 1999, 89 （1）: 306 – 318.

［76］ Camerer, C. and Malmendier, U. Behavioral Economics and its Applications ［M］. Chapter Behavioral Economics of Organizations. Princeton University Press, 2007.

［77］ Cerasi, V. and Daltung. S. The optimal size of a bank: Costs and benefits of diversification ［J］. European Economic Review, 2000, 44 （9）: 1701 – 1726.

［78］ Chan, S. Y. and Fong, W. M. Individual investors' sentiment and temporary stock price pressure ［J］. Journal of Business Finance and Accounting, 2010, 31: 823 – 836.

［79］ Chari, V. V. and Jagannathan. R. Banking panics, information and rational expectations equilibrium ［J］. Journal of Finance, 1988, 43 （3）: 749 – 761.

［80］ Chen, Y. Banking panics: The role of the first-come, first-served rule and information externalities ［J］. Journal of Political Economy, 1999, 107: 946 – 968.

［81］ Cheng, K. Accounting discretion and fair value reporting: a study of versus banks' fair value reporting of mortgage based securities ［J］. Journal of Business Finance and Accounting, 2012, 39: 531 – 566.

[82] Chow, C. W. and Wong – Boren, A. Voluntary Financial Disclosure by Mexican Corporations [J]. Accounting Review, 1987, 7: 533 – 541.

[83] Collins, J. Shackelford, D. and Wahlen, J. Bank differences in the coordination of regulatory capital, earnings, and taxes [J]. Journal of Accounting Research, 1995, 33: 263 – 291.

[84] Cornell, B. and Landsman, W. R. Stubben, S. R. Do institutional investors and security analysts mitigate the effects of investor sentiment? Working Paper, 2011.

[85] Cornett, M. Rezaee, Z. and Tehranian, H. An investigation of capital market reactions to pronouncements on fair value-accounting [J]. Journal of Accounting & Economics, 1996, 22: 119 – 154.

[86] Cornett, M. Marcus, A. J. and Tehranian, H. Corporate governance and pay-for-performance: The impact of earnings management [J]. Journal of Financial Economics, 2008, 87 (2): 357 – 373.

[87] Dang, T. Gorton, G. Holmstrom, B. and Ordonez, G. Bank as Secret Keepers, Columbia University Working Paper, 2013.

[88] Dasgupta, A. Financial contagion through capital connections: a model of the origin and spread of bank panics [J]. Journal of the European Economic Association, 2004, 2: 1049 – 1084.

[89] De Bandt, O. and Hartmann. P. Systemic risk in banking: A survey [M]. In Financial crises, contagion and the lender of last resort, ed. C. Goodhart and G. Illing. London: Oxford University Press, 2002.

[90] DeAngelo, H. and Stulz, R. 2013. Why High Leverage is Optimal for Banks. OSU Working Paper.

[91] DeLong, J. B. Shleifer, A. Summers, L. H. and Waldmann, R. J. Positive feedback investment strategies and destabilizing rational spec-

ulation [J]. Journal of Finance, 1990, 45: 379 – 395.

[92] De Meza, D. and Webb. D. Too much investment: A problem of asymmetric information [J]. Quarterly Journal of Economics, 1987, 102 (2): 281 – 292.

[93] Dewatripont, M. and Tirole, J. The Prudential Regulation of Banks [M]. MIT Press, Cambridge, MA, 1994.

[94] Dewatripont, M. Freixas, X. and Tirole, J. Balancing the Banks: Global Lessons from the Financial Crisis [M]. Princeton Press, Princeton, NJ, 2010.

[95] Dichev, I. D. Graham, J. and Harvey, C. R. Earnings quality: Evidence from the field [J]. Journal of Accounting Economics, 2013, 56: 1 – 33.

[96] Diamond, D. and Dybvig, P. Bank runs, deposit insurance and liquidity [J]. Journal of Political Economy, 1983, 91: 401 – 419.

[97] Diamond, D. W. Financial intermediation and delegated monitoring [J]. Review of Economic Studies, 1984, 51 (3): 393 – 414.

[98] Diamond, D. W. 1997. Liquidity, banks, and markets [J]. Journal of Political Economy 105 (5): 928 – 956.

[99] Diamond, D. W. and Dybvig, P. H. Bank runs, deposit insurance, and liquidity [J]. Journal of Political Economy, 1983, 91 (3): 401 – 419.

[100] Diamond, D. W. and Rajan, R. G. Liquidity risk, liquidity creation and financial fragility: A theory of banking [J]. Journal of Political Economy, 2001, 109 (2): 287 – 327.

[101] Diamond, D. W. and Rajan, R. G. Liquidity shortage and banking crises [J]. Journal of Finance, 2005, 60 (2): 615 – 647.

[102] Diamond, D. and Verrecchia, R. Disclosure, liquidity, and the cost of capital [J]. The Journal of Finance, 1991, 46: 1325 – 1359.

[103] Dohmen, T. and Falk, A. Performance Pay and Multidimensional Sorting: Productivity, Preferences, and Gender [J]. American Economic Review, 2006, 101 (2): 556 - 590.

[104] Dong, M. Ryan, S. and Zhang, X. Preserving Amortized Costs Within a Fair - Value - Accounting Framework: Reclassification of Gains and Losses on Available - for - Sale Securities Upon Realization [R]. Working Paper, NYU, 2012.

[105] Doukas, J. A. and Petmezas, D. Acquisitions, overconfident managers and self-attribution bias [J]. European Financial Management, 2007, 13: 531 - 577.

[106] EBA, 2012, www. eba. europa. eu/risk - analysis - and - data/eu - wide - stress - testing/2011/result

[107] Eccher, E. Ramesh, K. and Thiagarajan, S. Fair value disclosures by bank holding companies [J]. Journal of Accounting & Economics, 1996, 22: 79 - 117.

[108] Edwards, J. and Ogilvie. S. Universal banks and German industrialization: A reappraisal [J]. Economic History Review, 1996, 49 (3): 427 - 446.

[109] Elliot, J. Hanna, D. and Shaw, W. The evaluation by the financial markets of changes in bank loan loss reserve levels [J]. The Accounting Review, 1991, 66: 847 - 861.

[110] Eng, L. L. and Mak, Y. T. Corporate governance and voluntary disclosure [J]. Journal of Accounting and Public Policy, 2003, 22 (4): 325 - 345.

[111] Farhi, E. l. and Tirole, J. Collective moral hazard, maturity mismatch and systemic bailouts [J]. American Economic Review, 2012, 102: 60 - 93.

[112] Ferguson, M. J. Lam, K. and Lee, G. M. Voluntary Disclo-

sure by State-owned Enterprises Listed on the Stock Exchange of Hong Kong [J]. Journal of International Financial Management & Accounting, 2002, 13 (2): 125 – 152.

[113] Fields, T. Lys, T. Vincent, L. Empirical research on accounting choice [J]. Journal of Accounting & Economics, 2001, 31: 255 – 307.

[114] Flannery, M. J. Debt maturity and the deadweight cost of leverage: Optimally financing banking firms [J]. American Economic Review, 1994, 84 (1): 320 – 331.

[115] Flannery, M. J. Kwan, S. H. and Nimalendran, M. The 2007 – 2009 financial crisis and bank opaqueness [J]. Journal of Financial Intermediation, 2013, 22: 55 – 84.

[116] Flannery, M. J. Kwan, S. H. Nimalendran, M. 2004. Market evidence on the opaqueness of banking firms' assets [J]. Journal of Financial Economics 71, 419 – 460.

[117] Forbes, D. P. Are Some Entrepreneurs More Overconfident Than Others? [J]. Journal of Business Venturing, 2005, 20 (5): 623 – 640.

[118] Francis, J. LaFond, R. Olsson, P. and Schipper, K. The market pricing of accruals quality [J]. Journal of Accounting Economics, 2005, 39: 295 – 327.

[119] Freimer, M. and Gordon, M. Why bankers ration credit [J]. Quarterly Journal of Economics, 1965, 79: 397 – 410.

[120] Freixas, X. Parigi, B. and Rochet, J. C. Systemic risk, interbank relations, and liquidity provision by the central bank [J]. Journal of Money, Credit and Banking, 2000, 32 (2): 611 – 638.

[121] Freixas, X. Rochet, J. C. Microeconomics of Banking [M]. 2$^{nd}$ ed. MIT Press, Cambridge, MA, 2008.

[122] Friedman, M. and Schwartz, A. A monetary history of the United States, 1867 – 1960 [M]. Princeton, N. J.: Princeton University Press, 1963.

[123] Frost G. R. and Wilmshurst T. D. Corporate Environmental reporting: A test of legitimacy theory [J]. Accounting, Auditing and Accountability Journal, 2005, 13 (1): 10 – 26.

[124] Galasso, A. and Simcoe, T. CEO overconfidence and innovation [J]. Management Science, 2010, 57 (8): 1469 – 1484.

[125] Gebhardt, G. and Novotny – Farkas., Z. Mandatory IFRS Adoption and Accounting Quality of European Banks [J]. Journal of Business Finance & Accounting, 2011, 38 (3) & (4): 289 – 333.

[126] Gerschenkron, A. Economic backwardness in historical perspective [M]. Cambridge, Mass.: Harvard University Press, 1962.

[127] Gervais, S. Heaton, J. B. and Odean, T. Overconfidence, investment policy, and manager welfare [R]. Mimeo, Duke University, 2007.

[128] Gervais, S. Heaton, J. B. and Odean, T. Overconfidence, compensation contracts, and capital budgeting [J]. Journal of Finance, 2011, 66 (5): 1735 – 1777.

[129] Gilchrist, S. Himmelberg, C. P. Huberman, G. 2005. Do stock price bubbles influence corporate investment? [J]. Journal of Monetary Economics, 52: 805 – 827.

[130] Giner, B. and W. Rees. On the Asymmetric Recognition of Good and Bad News in France, Germany and the United Kingdom [J]. Journal of Business Finance & Accounting, 2001, 28 (9) & (10): 1285 – 1331.

[131] Glaser, M. Schäfers, P. and Weber, M. Corporate Investment: Is the CEO Alone Responsible for the Relation? SSRN Working Pa-

per, 2008.

[132] Goel, A. M. and Thakor, A. V. Overconfidence, CEO selection and corporate governance [J]. Journal of Finance, 2010, 63 (6): 2737 – 2784.

[133] Goldfarb, A. and Xiao, M. Who thinks about the competition? Managerial ability and strategic entry in US local telephone markets [J]. American Economic Review, 2011, 101 (7): 3130 – 3161.

[134] Goldstein, I. and Pauzner, A. Contagion of self-fulfilling financial crises due to diversification of investment portfolios [J]. Journal of Economic Theory, 2004, 119: 151 – 183.

[135] Gorton, G. Banks' suspension of convertibility [J]. Journal of Monetary Economics, 1985, 15: 177 – 193.

[136] Gorton, G. and Pennacchi, G. Financial intermediaries and liquidity creation [J]. Journal of Finance, 1990, 45 (1): 49 – 71.

[137] Gorton, G. and Pennacchi, G. Money market funds and finance companies: Are they the banks of the future? [M]. In Structural change in banking, ed. M. Klausner and L. White. New York: Irwin, 1993.

[138] Graham, J. R. Harvey, C. R. and Rajgopal, S. The economic implications of corporate financial reporting [J]. Journal of Accounting Economics, 2005, 40: 3 – 73.

[139] Grffin, P. Wallch, A. and Samoa, J. Latin American lending by major U. S. banks: the effects of disclosures about nonaccrual: loans and loan loss provisions [J]. The Accounting Review, 1991, 66: 830 – 846.

[140] Gropp, R. and Heider, F. The Determinants of Bank Capital Structure. European Central Bank Working Paper No. 1096, 2009.

[141] Grossman, S. J. and Hart, O. D. Disclosure Laws and Take-

over Bids [J]. Journal of Finance, 1980, 35 (2): 323 -334

[142] Grossman, S. J. and Stiglitz, J. On the impossibility of informationally efficient markets [J]. American Economic Review, 1980, 70: 393 -408.

[143] Guidry, F. Leone, J. A. and Rock, S. Earnings-based bonus plans and earnings management by business-unit managers [J]. Journal of Accounting and Economics, 1999, 26: 113 -142.

[144] Hagen, K. P. Default risk, homemade leverage, and the Modigliani - Miller theorem: A note [J]. American Economic Review, 1976, 66 (1): 199 -203.

[145] Hanson, S. Kashyap, A. and Stein, J. A macroprudential approach to financial regulation [J]. Journal of Economic Perspectives, 2011, 25: 3 -28.

[146] Hart, O. and Moore, J. A theory of debt based on the inalienability of human capital [J]. Quarterly Journal of Economics, 1994, 109: 841 -879.

[147] Hackbarth, D. Managerial Traits and Capital Structure Decisions [J]. Journal of Financial and Quantitative Analysis, 2008, 43: 843 -881.

[148] Hayward, L. A. M. and Donald, C. H. Explaining the Premiums Paid for Large Acquisitions: Evidence of CEO Hubris [J]. Journal of Administrative Science Quarterly, 1997, 42 (1): 103 -127.

[149] Healy, P. M. and Palepu, K. The effect of firms' financial disclosure strategies on stock prices [J]. Accounting Horizons, 1993, 7: 1 -11.

[150] Healy, P. M. and Palepu, K. Information asymmetry, corporate disclosure, and the capital markets: A review of the empirical disclosure literature [J]. Journal of Accounting & Economics, 2001, 103 (1 -

3）：405 - 440.

［151］Heaton，J. B. Managerial optimism and corporate finance ［J］. Financial Management，2002，summer：33 - 45.

［152］Helliar，C. V. Power，D. M. Sinclair，C. D. Managerial irrationality in financial decision making ［J］. Managerial Finance，2005，31（4）：1 - 11.

［153］Hellwig，M. Banking，financial intermediation and corporate finance ［M］. In European financial integration，ed. A. Giovannini and C. Mayer. Cambridge：Cambridge University Press，1991.

［154］Hirshleifer，D. Low，A. and Teoh，S. H. Are overconfident CEOs better innovators? ［J］. Journal of Finance，2012，67：1457 - 1498.

［155］Hmieleski，K. M and Baron，R. A. Entrepreneurs' Optimism and New Venture Performance：A Social Cognitive Perspective ［J］. Academy of Management Journal，2009，52（3）：473 - 488.

［156］Hodder，L. Kohlbeck，M. and McAnally，M. Accounting choices and risk management：SFAS 115 and U. S. bank holding companies ［J］. Contemporary Accounting Research，2002，19：225 - 270.

［157］Holmström，B. and Tirole. J. Financial intermediation，loanable funds，and the real sector ［J］. Quarterly Journal of Economics，1997，112（3）：663 - 691.

［158］Holmström，B. Commentary：The Panic of 2007 ［R］. Working Paper，2009.

［159］Holod，D. and Peek，J. Asymmetric information and liquidity constraints：a new test ［J］. Journal of Banking & Finance，2007，31：2425 - 2451.

［160］Holthausen，R. and Watts，R. The relevance of the value relevance literature for financial accounting standard setting ［J］. Journal of Accounting & Economics，2001，31：3 - 75.

[161] Hribar, P. and McInnis, J. Investor sentiment and analysts' earnings forecast errors [J]. Management Science, 2012, 58: 293 – 307.

[162] Hribar, P. and Quinn, P. Managers and investor sentiment [R]. Working Paper. University of Iowa, 2013.

[163] Hribar, P. Melessa, S. J. Small, R. C. and Wilde, J. H. Does Managerial Sentiment Affect Accrual Estimates? Evidence from the Banking Industry [R]. Working Paper, University of Iowa, 2014.

[164] Inchausti, B. G. The Infiuence of Company Characteristics and Accounting Regulation on Information Disclosed by Spanish Firms [J]. The European Accounting Review, 1997, 6 (1): 45 – 68.

[165] Jacklin, C. J. 1987. Demand deposits, trading restrictions and risk sharing. In Contractual arrangements for intertemporal trade, ed. E. Prescott and N. Wallace. Minneapolis: University of Minnesota Press.

[166] Jacklin, C. J. and Bhattacharya, S. Distinguishing panics and information-based bank runs: Welfare and policy implications [J]. Journal of Political Economy, 1988, 96 (3): 568 – 592.

[167] Jaffee, D. and Modigliani, F. A theory and test of credit rationing [J]. American Economic Review, 1969, 59: 850 – 872.

[168] Jaffee, D. and Russell, T. Imperfect information, uncertainty and credit rationing [J]. Quarterly Journal of Economics, 1976, 90: 651 – 666.

[169] Jensen, M. and Meckling, W. R. Theory of the firm, managerial behavior, agency costs and ownership structure [J]. Journal of Financial Economics, 1976, 3: 305 – 360.

[170] Jensen. M. Agency cost of free cash flow, corporate finance and takeover [J]. American Economic Review, 1986, 76: 323 – 339.

[171] Kashyap, A. K. Raghuram, G. R. and Stein, J. C. Rethin-

king Capital Regulation ［R］. Federal Reserve Bank of Kansas City Sympo-
sium, 2008.

［172］ Kemmerer, E. W. Seasonal variations in the relative demand
for money and capital in the United States ［M］. Washington: Government
Printing Office, 1910.

［173］ Kim, M. S. and Kross, W. The impact of the 1989 change in
bank capital standards on loan loss provisions and loan write-offs ［J］.
Journal of Accounting & Economics, 1998, 25: 69 – 99.

［174］ King, M. A. and S. Wadhwani, Transmission of volatility be-
tween stock markets ［J］. Review of Financial Studies, 1990, 3: 5 – 33.

［175］ Klausner, M. and L. White. Bank regulatory reform and bank
structure ［M］. In Structural change in banking, ed. M. Klausner and
L. White. New York: New York University, 1993.

［176］ Kodres, L. and M. Pritsker, A rational expectations model of
financial contagion ［J］. Journal of Finance, 2002, 57: 769 – 799.

［177］ Kovalchik, S. Camerer, C. F. Grether, D. M. Plott, C. R.
and Allman, J. M. Aging and Decision Making: A Comparison between
Neurologically Healthy Elderly and Young Individuals ［J］. Journal of Eco-
nomic Behavior & Organization, 2005, 58 (1): 79 – 94.

［178］ Krasa, C. M. and Villamil, A. P. Monitoring the monitor: An
incentive structure for a financial intermediary ［J］. Journal of Economic
Theory, 1992, 57: 197 – 221.

［179］ Krueger, A. B. and Mas, A. Strikes, Scabs, And Tread
Separations: Labor Strife And The Production Of Defective Bridgestone/
Firestone Tires ［J］. Journal of Political Economy, 2004, 112 (2,
Apr): 253 – 289.

［180］ Kyle, Albert S. and Xiong, W. Contagion as a wealth effect
［J］. Journal of Finance, 2001, 56: 1401 – 1440.

[181] Laeven, L. and Majnoni, G. Loan Loss Provisioning and Economic Slowdowns: Too Much, Too Late? [J]. Journal of Financial Intermediation, 2003, 12: 178 – 197.

[182] Lagunoff, R. and Schreft, S. L. A Model of Financial Fragility [J]. Journal of Economic Theory, 2001, 99 (1 – 2): 220 – 264.

[183] Lang, M. and Lundholm, R. Cross – Sectional Determinant of Analyst Ratings of Corporate Disclosures [J]. Journal of Accounting Research, 1993, 31: 246 – 271.

[184] Lang, M. Raedy, J. S. and Wilson, W. Earnings Management and Cross Listing: Are Reconciled Earnings Comparable to US Earnings? [J]. Journal of Accounting and Economics, 2008, 42 (1&2): 255 – 283.

[185] Leftwich, R. Watts R. L. and Zimmerman, J. L. Voluntary Corporate Disclosure: The Case of Interim Reporting [J]. Journal of Accounting Research, 1981, 19 (1): 50 – 77

[186] Leland, H. E. and Pyle, D. H. Informational asymmetries, financial structure and financial intermediation [J]. Journal of Finance, 1977, 32: 371 – 387.

[187] Leone, A. J. and Rock, S. Empirical tests of budget ratcheting and its effect on managers' discretionary accrual choices [J]. Journal of Accounting and Economics, 2002, 33: 43 – 67.

[188] Leuz, C. and Schrand, C. Disclosure and the cost of capital: evidence from firms' responses to the Enron shock. NBER Working Paper 14897, 2009.

[189] Levine, R. Financial Development and Economic Growth: Views and Agenda [J]. Journal of Economic Literature, 1997, 35 (2): 688 – 726.

[190] Lin, Y. Hu, S. and Chen, M. Managerial optimism and cor-

porate investment: some empirical evidence from Taiwan [J]. Pacific –
Basin Finance Journal, 2005, 13: 523 – 546.

[191] Liu, C. and Ryan, S. The effect of bank loan portfolio com-
position on the market reaction to and anticipation of provisions for loan los-
ses [J]. Journal of Accounting Research, 1995, 33: 77 – 94.

[192] Liu, C. Ryan, S. and Wahlen, J. Differential valuation im-
plications of loan loss provisions across banks and fiscal quarters [J]. The
Accounting Review, 1997, 72: 133 – 146.

[193] Livne, G. Markarian, G. and Milne, A. Bankers' compensa-
tion and fair value accounting [J]. Journal of Corporate Finance, 2011,
17: 1096 – 1115.

[194] Ludwig, S. Wichardt, P. C. and Wickhorst, H. Overconfi-
dence Can Improve an Agent's Relative and Absolute Performance in Con-
tests [J]. Economics Letters, 2009, 110 (3): 193 – 196.

[195] Malmendier, U. and Tate, G. CEO overconfidence and cor-
porate investment [J]. Journal of Finance, 2005, 60 (6): 2661 –
2700.

[196] Malmendier, U. and Tate, G. Who makes acquisitions? CEO
overconfidence and the market's reaction [J]. Journal of Financial Eco-
nomics, 2008, 89 (1): 20 – 43.

[197] Malmendier, U. Tate, G. and Yan, J. Overconfidence and
Early – Life Experiences: The Effect of Managerial Traits on Corporate Fi-
nancial Policies [J]. Journal of Finance, 2011, 66 (5): 1687 – 1733.

[198] Mayer, C. New issues in corporate finance [J]. European
Economic Review, 1988, 32 (5): 1167 – 1183.

[199] McAndrews, J. and Roberds. W, Payment intermediation and
the origins of banking [R]. Working paper, Federal Reserve Bank of At-
lanta, 1999.

[200] McNichols, M. and Wilson, G. P. Evidence of Earnings Management from the Provision for Bad Debts [J]. Journal of Accounting Research, 1988, 26: 1 – 33.

[201] McNichols, M. F. Research design issues in earnings management studies [J]. Journal of Accounting and Public Policy, 2000, 19: 313 – 345.

[202] Merton, R. C. Operation and regulation in financial intermediation: A functional perspective [M]. In Operation and regulation of financial markets, ed. P. Englund. Stockholm: Economic Council, 1993.

[203] Monnet, C. Quintin, E. Rational Opacity [J]. Working Paper, 2013.

[204] Milgrom, P. Good News and Bad News: Representation Theorems and Applications [J]. Bell Journal of Economics, 1981, 12 (2): 380 – 391.

[205] Miller, M. Do the M&M propositions apply to banks? [J]. Journal of Banking and Finance, 1995, 19: 483 – 489.

[206] Miron, J. A. Financial panics, the seasonality of the nominal interest rate, and the founding of the Fed [J]. American Economic Review, 1986, 76 (1): 125 – 140.

[207] Morck, R. Shleifer, A. Vishny, R. Shapiro, M. and Poterba, J. M. The stock market and investment: is the market a sideshow? [J]. Brookings Papers on Economic Activity, 1990, 2: 157 – 215.

[208] Morgan, D. P. Rating banks: risk and uncertainty in an opaque industry [J]. American Economic Review, 2002, 92 (4): 874 – 888.

[209] Morgan, D. P. and Stiroh, K. J. Market discipline of banks: the asset test [J]. Journal of Financial Services Research, 2001, 20: 195 – 208.

[210] Moreno, D. and Takalo, T. Optimal Bank Transparency [J]. Journal of Money Credit & Banking, 2016, 48 (1): 203 –231.

[211] Moyer, S. Capital adequacy ratio regulations and accounting choices in commercial banks [J]. Journal of Accounting & Economics, 1990, 13: 123 –154.

[212] Myers, S. and Majluf, N. Corporate financing and investment decisions when firms have information that investors do not have [J]. Journal of Financial Economics, 1984, 13 (2): 187 –221.

[213] Nelson, K. 1996. Fair value accounting for commercial banks: An empirical analysis of SFAS no. 107 [J]. The Accounting Review 71, 161 –182.

[214] Nichols, D. C. Wahlen, J. M. and Wieland, M. M. Publicly traded versus privately held: implications for conditional conservatism in bank accounting [J]. Review of Accounting Studies, 2008, 14 (1): 88 –122.

[215] Nichols, C. Wieland, M. Whalen, J. Publicly-traded versus privately-held: implications for conditional conservatism in bank accounting [J]. Review of Accounting Studies, 2009, 14: 88 –122.

[216] Oh, F. D. Contagion of a liquidity crisis between two firms [J]. Journal of Financial Economics, 2013, 107 (2): 386 –400.

[217] Peek, E. The Value of Accounting. Working Paper. Erasmus University, 2011.

[218] Peura, S. and Keppo, J. Optimal bank capital with costly recapitalization [J]. Journal of Business, 2006, 79: 2163 –2201.

[219] Piotroski, J. D. The impact of discretionary segment reporting behavior on investor beliefs and stock prices, Working Paper, University of Chicago, 1999.

[220] Plantin, G. Sapra, H. and Shin, H. Marking-to-market: pan-

acea or Pandora's box？ ［J］. Journal of Accounting Research, 2008, 46:
435 – 460.

［221］ Polk, C. and Sapienza, P. The stock market and corporate
investment: A test of catering theory ［J］. Review of Financial Studies,
2008, 22: 187 – 217.

［222］ Postlewaite, A. and Vives, X. Bank runs as an equilibrium
phenomenon ［J］. Journal of Political Economy, 1987, 95 (3): 485 –
491.

［223］ Qi, J. Deposit liquidity and bank monitoring ［J］. Journal of
Financial Intermediation, 1998, 7 (2): 198 – 218.

［224］ Rajan, R. G. Insiders and outsiders: The choice between in-
formed and arm's-length debt ［J］. Journal of Finance, 1992, 47 (4):
1367 – 1400.

［225］ Rajan, R. G. and Zingales, L. Financial Development and
Economic Growth ［J］. American Economic Review, 1988, 88 (3): 559 –
586.

［226］ Raonic, I. McLeay, S. and Asimakopoulos, I. The Timeli-
ness of Income Recognition by European Companies: An Analysis of Insti-
tutional and Market Complexity ［J］. Journal of Business Finance & Ac-
counting, 2004, 31 (1&2): 115 – 148.

［227］ Riedl, E. and Serafeim, G. Information risk and fair values:
an examination of equity betas ［J］. Journal of Accounting Research,
2011, 49: 1083 – 1122.

［228］ Riley, J. Credit rationing: A further remark ［J］. American
Economic Review, 1987, 77 (1): 224 – 227.

［229］ Roberts, R. Determinants of corporate social responsibility
disclosure: An application of stakeholder theory ［J］. Accounting, Organ-
izations and Society, 1992, 17 (6): 595 – 612.

[230] Roll, R. The hubris hypothesis of corporate takeovers [J]. Journal of Business, 1986, 59 (2): 197-216.

[231] Ryan, S. G. Fair Value Accounting: Understanding the Issues Raised by the Credit Crunch [R]. Council of Institutional Investors, 2008.

[232] Sarma, N. CEO overconfidence, CEO dominance, and corporate acquisitions [J]. Journal of Economics and Business, 2007, 59: 358-379.

[233] Sabherwal, S. Sarkar, S. K. and Zhang, Y. Do Internet stock message boards influence trading? Evidence from heavily discussed stocks with no fundamental news [J]. Journal of Business Finance and Accounting, 2011, 38: 1209-1237.

[234] Schrand, C. M. and Zechman, S. Executive overconfidence and the slippery slope to financial misreporting [J]. Journal of Accounting & Economics, 2011, 53 (1): 311-329.

[235] Seybert, N. and Yang, H. The Party's Over: The Role of Earnings Guidance in Resolving Sentiment - Driven Overvaluation [J]. INFORMS, 2012, 58 (2): 308-319.

[236] Shefrin, H. Do investors expect higher returns from safer stocks than from riskier stocks [J]. Journal of Psychology and Financial Markets, 2001, 4: 176-181.

[237] Shrieves, R. and Dahl, D. Discretionary accounting and the behavior of Japanese banks under financial duress [J]. Journal of Banking and Finance, 2003, 27: 1219-1243.

[238] Simon, H. A behavioral model of rational choice [J]. Quarterly Journal of Economics, 1955, 69: 99-118.

[239] Simpson, A. Does investor sentiment affect earnings management? [J]. Journal of Business Finance & Accounting, 2013, 40: 869-

900.

[240] Smith, V. L. A theory and test of credit rationing: Some generalizations [J]. American Economic Review, 1972, 62: 66 – 76.

[241] Song, C. Thomas, W. and Yi, H. Value relevance of FAS157 fair value hierarchy information and the impact of corporate governance mechanisms [J]. Accounting Review, 2010, 85: 1375 – 1410.

[242] Spence, M. A. Job market signaling [J]. Quarterly Journal of Economics, 1973, 87 (3): 355 – 374.

[243] Stanton, R. Wallace, N. The Bear's Lair: index credit default swaps and the subprime mortgage crisis [J]. Review of Financial Studies, 2011, 24: 3250 – 3280.

[244] Statman, M. and Caldwell, D. Applying behavioural finance to capital budgeting: project terminations [J]. Financial Management, 1987, 16 (4): 7 – 15.

[245] Stiglitz, J. and Weiss, A. Credit rationing in markets with imperfect information [J]. American Economic Review, 1981, 71 (3): 393 – 410.

[246] Tirole, J. The Theory of Corporate Finance [J]. Princeton University Press, Princeton, New Jersey, 2006.

[247] Van den Heuvel, S. The Bank Capital Channel of Monetary Policy. Working Paper, Federal Reserve Board of Governors, 2009.

[248] Venkatachalam, M. Value-relevance of banks' derivatives disclosures [J]. Journal of Accounting & Economics, 1996, 22: 327 – 355.

[249] Verrecchia, R. E. Essays on disclosure [J]. Journal of Accounting and Economics, 2001, 32: 97 – 180.

[250] Vigna, S. D. and Malmendier, U. Not to Go to the Gym Paying [J]. American Economic Review, 2006, 96 (3): 694 – 719.

［251］Vichitsarawong, T. Eng, L. L. and Meek, G. K. The Impact of the Asian Financial Crisis on Conservatism and Timeliness of Earnings: Evidence from Hong Kong, Malaysia, Singapore, and Thailand ［J］. Journal of International Financial Management & Accounting, 2010, 21 (1): 32 – 61.

［252］Vyas, D. The Timeliness of Write-downs by U. S Financial Institutions during the Financial Crisis of 2007 – 2008 ［J］. Journal of Accounting Research, 2011, 49 (3): 823 – 860.

［253］Wahlen, J. The nature of information in commercial bank loan loss disclosures ［J］. The Accounting Review, 1994, 69: 455 – 478.

［254］Walther, B. R. and Willis, R. H. Do investor expectations affect sell-side analysts' forecast bias and forecast accuracy? ［J］. Review of Accounting Studies, 2012, 18: 207 – 227.

［255］Wallace, N. Narrow banking meets the Diamond – Dybvig model ［J］. Federal Reserve Bank of Minneapolis. Quarterly Review, 1996, 20 (1): 3 – 13.

［256］Weinberg B. A. A Model of Overconfidence ［J］. Pacific Economic Review, 2009, 14 (4): 502 – 515.

［257］Williamson, S. D. Costly monitoring, loan contracts, and equilibrium credit rationing ［J］. Quarterly Journal of Economics, 1987, 102 (1): 135 – 145.

［258］Wong, F. The association between SFAS No. 119 derivatives disclosures and the foreign exchange risk exposure of manufacturing firms ［J］. Journal of Accounting Research, 2000, 38: 387 – 417.

［259］艾林:《中国商业银行盈余管理行为研究》, 重庆大学博士学位论文, 2013 年版。

［260］安刚刚、胡尔查、贾鹏:《我国商业银行公司治理问题研究》, 载于《经济师》2014 年版, 第 162 ~ 165 页。

[261] 蔡逸轩:《商业银行贷款损失准备会计政策选择动因实证研究》,载于《会计之友》2009年版,第59~60页。

[262] 陈超、魏静宜、曹利:《中国商业银行通过贷款损失准备计提进行盈余平滑吗?》,载于《金融研究》2015年版,第46~63页。

[263] 陈许东、何艳军、张镇疆:《商业银行贷款损失准备的计提动机——基于中国商业银行的实证研究》,载于《投资研究》2014年版,第4~16页。

[264] 崔光霞:《我国上市商业银行贷款损失准备计提与盈余管理、资本管理研究》,西南财经大学硕士论文,2014年版。

[265] 翟光宇、陈剑:《资本充足率高代表资本充足吗?—基于中国上市银行2007~2011年季度数据分析》,载于《国际金融研究》2011年版,第65~72页。

[266] 杜鹏:《我国上市商业银行盈余管理问题研究》,兰州商学院硕士论文,2012年。

[267] 段军山、邹新月、周伟山:《贷款行为、盈余管理与贷款损失准备的动态调整》,载于《金融论坛》2011年版,第31~36页。

[268] 郭菲:《中国商业银行信息披露的影响因素及效应研究—基于中国商业银行网站信息披露的实证分析》,山东大学硕士论文,2012年版。

[269] 姜付秀、伊志宏、苏飞、黄磊:《管理者背景特征与企业过度投资行为》,载于《管理世界》2009年版,第130~139页。

[270] 姜付秀、张敏、陆正飞、陈才东:《管理者过度自信、企业扩张与财务困境》,载于《经济研究》2009年版,第131~143页。

[271] 江海燕:《投资者情绪对企业投资行为影响的研究》,中南大学硕士学论文,2011年。

[272] 郝颖、刘星、林朝南:《我国上市公司高管人员过度自信与投资决策的实证研究》,载于《中国管理科学》2005年版,第142~

148 页。

[273] 花贵如:《投资者情绪对企业投资行为的影响研究》,南开大学博士论文,2010 年版。

[274] 黄有为、史建平:《贷款损失准备和盈余平滑—基于国内外资、中资上市和非上市商业银行的研究》,载于《中央财经大学学报》2016 年版,第 49~58 页。

[275] 李明辉:《试论自愿性信息披露》,载于《财经论丛》2001 年版,第 70~75 页。

[276] 李燕:《投资者情绪对企业投资行为的影响研究》,大连理工大学硕士论文,2011 年版。

[277] 陆正华、马颖翩:《上市银行贷款减值准备计提的财务影响因素——基于 A 股市场面板数据的实证研究》,载于《会计之友》2009 年版,第 95~97 页。

[278] 牛国良、吕勇:《商业银行股权激励效果实证研究——基于 VAR 的对比分析》,载于《经济师》2016 年版,第 178~181 页。

[279] 沈艺峰、陈舒乙:《董事会过度自信、CEO 变更与公司经营业绩关系的实证研究》,载于《管理学报》2009 年版,第 1340~1346、1383 页。

[280] 唐兴华:《基于利润平滑的我国商业银行盈余管理问题研究——来自贷款损失准备计提行为的证据》,中央财经大学硕士论文,2011 年版。

[281] 王海明、曾德明:《投资者情绪对企业投资行为的影响》,载于《统计与决策》2012 年版,第 184~186 页。

[282] 王小稳:《关于银行贷款损失准备的实证研究》,载于《中国管理信息化》2010 年版,第 53~55 页。

[283] 许友传、杨继光:《商业银行贷款损失准备与盈余管理动机》,载于《经济科学》2010 年版,第 94~103 页。

[284] 许友传:《中国银行后瞻性的贷款损失准备管理及其逆周

期效应》，载于《经济科学》2011 年版，第 62～73 页。

　　[285] 杨清香、俞麟、宋丽：《内部控制信息披露与市场反应研究——来自中国沪市上市公司的经验证据》，载于《南开管理评论》2012 年版，第 123～130 页。

　　[286] 张瑞稳、张靖曼：《关于银行贷款损失准备的实证研究》，载于《中国管理信息化》2014 年版，第 53～55 页。

　　[287] 张宗新、张晓荣、廖士光：《上市公司自愿性信息披露行为有效吗？——基于 1998～2003 年中国证券市场的检验》，载于《经济学（季刊）》2005 年版，第 369～386 页。

　　[288] 赵静：《投资者情绪对企业研发投资行为影响及作用机理研究》，河南财经政法大学硕士论文，2014 年版。

　　[289] 郑佳怡：《中国商业银行盈余管理的行为研究》，载于《中国管理信息化》2016 年版，第 8～10 页。

　　[290] 周红、武建：《信息披露对商业银行的市场约束影响研究》，载于《中国注册会计师》2013 年版，第 71～74 页。